मल्लिका

मूल रूप से बंगाल की लेकिन जन्मस्थान और निश्चित जन्मतिथि अज्ञात। बाद में वाराणसी में निवास। यह स्पष्ट नहीं है कि वाराणसी कब आईं। सम्भवतः बाल विधवा होने के कई वर्षों बाद यहाँ आईं या लाई गईं और परिस्थितिवश यहीं रह गईं।

वाराणसी में ही अनुमानतः 1873 या इससे कुछ वर्ष पहले अपने समवयस्क भारतेन्दु हरिश्चन्द्र से सम्पर्क हुआ। फिर उनके बीच प्रेम सम्बन्ध बना जिसका गहरा प्रभाव दोनों के रचनात्मक जीवन पर पड़ा। भारतेन्दु के असमय निधन के कुछेक वर्षों बाद निराधार होकर वाराणसी से वृन्दावन जाने को विवश हुईं। इसके बाद उनके बारे में कुछ पता नहीं चला।

उनकी कृतियों में *राधारानी, सौन्दर्यमयी, पूर्णप्रकाश चन्द्रप्रभा, पारस्य, कुमुदिनी* तथा *निराभिमानदानी* उपन्यास प्रमुख हैं। गीत और लेख भी लिखे। *रहस्य चन्द्रिका* नामक पत्रिका का सम्पादन और मल्लिका चन्द्र एंड कम्पनी का संचालन भी किया।

डॉ. राजकुमार

जन्म 1961 के सावन महीने की नागपंचमी को इलाहाबाद (अब कौशाम्बी) जिले के इब्राहिमपुर गाँव में। इलाहाबाद विश्वविद्यालय से स्नातक। जे.एन.यू., नई दिल्ली से एम.ए., एम.फिल. और पीएच.डी.।

प्रकाशित पुस्तकें : *आधुनिक हिन्दी साहित्य का चौथा दशक; साहित्यिक संस्कृति और आधुनिकता; हिन्दी की साहित्यिक संस्कृति और भारतीय आधुनिकता; कहानियाँ रिश्तों की : दादा-दादी, नाना-नानी* (सम्पादित); *औपनिवेशिक दौर में हिन्दी शोधालोचना* (सम्पादित); *हिन्दी की जातीय संस्कृति और औपनिवेशिकता; ट्रांसकल्चरल एशियन मॉडर्निटीज* (सम्पादित)।

विज़िटिग प्रोफ़ेसर : पेंट विश्वविद्यालय, बेल्जियम, 2015 और 2016।

सम्प्रति : प्रोफ़ेसर, हिन्दी विभाग, काशी हिन्दू विश्वविद्यालय, वाराणसी-221005

ई-मेल : dr.kumar.raj@gmail.com

सहयोगी सम्पादक

डॉ. संजय कुमार

काशी हिन्दू विश्वविद्यालय के अंग्रेज़ी विभाग में प्राध्यापक। बतौर फुलब्राइट स्कॉलर, टेक्सास विश्वविद्यालय, ऑस्टिन, बॉस्टन विश्वविद्यालय और जॉन एफ़ केनेडी प्रेसीडेंसीयल लाइब्रेरी, बॉस्टन में शोध कार्य किया है। आधुनिक अमेरिकी साहित्य और समकालीन पश्चिमी साहित्य विमर्श और आलोचना तथा देशज आधुनिकता के अध्येता।

प्रकाशित पुस्तकें : *चाइना, इंडिया एंड ऑल्टरनेटिव एशियन मॉडरनिटीज* (सह-सम्पादित); *सुर संसार : सुधीर-संजय संवाद*।

डॉ. अर्चना कुमार

बनारस हिन्दू विश्वविद्यालय के अंग्रेज़ी विभाग में प्रोफेसर। 'स्त्रियों की मौखिक अभिव्यक्तियाँ' विषय पर एक दशक से शोध और लेखन। प्रवासी भारतीय संस्कृति के दस्तावेज़ीकरण एवं अध्ययन हेतु सलाहकार के रूप में कार्य। फिलहाल *प्रवासी हिन्दू संस्कृति और जेंडर* पुस्तक के लेखन में संलग्न।

मल्लिका समग्र

सम्पादक

डॉ. राजकुमार

सहयोगी सम्पादक

डॉ. संजय कुमार

डॉ. अर्चना कुमार

राजकमल पेपरबैक्स

राजकमल पेपरबैक्स में
पहला संस्करण : 2021

राजकमल पेपरबैक्स : उत्कृष्ट साहित्य के जनसुलभ संस्करण

राजकमल प्रकाशन प्रा.लि.
1-बी, नेताजी सुभाष मार्ग, दरियागंज
नई दिल्ली-110 002
द्वारा प्रकाशित

शाखाएँ : अशोक राजपथ, साइंस कॉलेज के सामने, पटना-800 006
पहली मंजिल, दरबारी बिल्डिंग, महात्मा गांधी मार्ग, प्रयागराज-211 001
36 ए, शेक्सपियर सरणी, कोलकाता-700 017

वेबसाइट : www.rajkamalprakashan.com
ई-मेल : info@rajkamalprakashan.com

वैभव प्रोडक्ट्स
ट्रोनिका सिटी, गाजियाबाद (उत्तर प्रदेश)
द्वारा मुद्रित

मूल्य : ₹299

MALLIKA SAMAGRA
Edited by Dr. Rajkumar

ISBN : 978-93-90971-34-3

प्रो. गिरीशचन्द्र चौधरी
की स्मृति को
समर्पित

क्रम

परिशिष्ट

उन्नीसवीं सदी में परम्परा, आधुनिकता और मल्लिका

डॉ. राजकुमार

कुछ लोगों का मानना है कि भारतेन्दु के रहते मल्लिका के नाम से कोई रचना प्रकाशित नहीं हुई थी। यह मान्यता तथ्यों पर आधारित नहीं जान पड़ती। बांग्ला से हिन्दी में रूपान्तरित 'सौन्दर्यमयी' उपन्यास (अमर यंत्रालय, वाराणसी, 1887) मल्लिका के नाम से प्रकाशित हुआ था। सौन्दर्यमयी से पहले 'राधारानी' उपन्यास मल्लिका चन्द्र एंड कम्पनी से सन् 1883 में छपा था। उपन्यास लेखिका का नाम इसके साथ नहीं दिया गया है, नाम के स्थान पर सिर्फ 'पति प्राण अबला' लिखा हुआ है। इसे भी किसी बांग्ला उपन्यास या कहानी का रूपान्तर माना गया है। उल्लेखनीय है कि मल्लिका चन्द्र एंड कम्पनी की स्थापना भारतेन्दु ने मल्लिका को आर्थिक रूप से आत्मनिर्भर बनाने के लिए की थी। ब्रजरत्न दास समेत कई लोग ऐसा मानते हैं कि यह रूपान्तरण मल्लिका का ही है। इसके अतिरिक्त 'कुलीन कन्या' अथवा 'पूर्णप्रकाश चन्द्रप्रभा' उपन्यास का प्रकाशन खड्गविलास प्रेस से सन् 1888 में हुआ। वसुधा डालमिया (2006) के अनुसार यह उपन्यास भारतेन्दु के नाम से छपा था लेकिन अन्य स्रोतों से पता चलता है कि इस उपन्यास के साथ किसी लेखक का नाम नहीं दिया गया था। ये तीनों प्रकाशित पुस्तकें नागरी प्रचारिणी सभा के पुस्तकालय समेत कहीं उपलब्ध नहीं हैं। (भरपूर कोशिश के बावजूद कम से कम हमें प्राप्त नहीं हो सकी हैं, यदि ये ग्रन्थ किसी के पास मौजूद हों, तो हमें उपलब्ध कराने की कृपा करें। हम उसके आभारी होंगे)। सौभाग्य से नागरी प्रचारिणी सभा की पत्रिका 'नागरी' ने सन् 2001 (संवत 2058) के अंक 1, 3, 4 में मल्लिका की तीन रचनाओं 'सौन्दर्यमयी', 'पूर्णप्रकाश चन्द्रप्रभा' और 'पारस्य' का पुनः प्रकाशन किया। 'नागरी' के ये अंक आज भी सभा के पुस्तकालय में सुलभ हैं और इन्हें कोई भी देख सकता है। मल्लिका की रचनाओं का प्रकाशन आरम्भ करते समय पत्रिका के सम्पादकीय में लिखा गया है कि उनकी अधिकांश रचनाएँ सभा के 'आर्यभाषा पुस्तकालय' में उपलब्ध हैं। लेकिन

हमने जब उन पुस्तकों को 'आर्यभाषा पुस्तकालय' में देखने की कोशिश की तो पता चला कि आज की तारीख में उनमें से कोई भी पुस्तक मौजूद नहीं है। यहाँ तक कि ग्रन्थ सूची से भी इनके नाम नदारद हैं। 'राधारानी' का नाम सूची में तो है, लेकिन पुस्तकालय में ये ग्रन्थ कहीं नहीं है। सभा की पत्रिका ने यदि 'सौन्दर्यमयी' और 'पूर्णप्रकाश और चन्द्रप्रभा' का प्रकाशन न कर दिया होता तो उन्हें खोज पाना भी नामुमकिन नहीं, तो मुश्किल जरूर हो जाता। बहुत कोशिश करने के बाद भी 'राधारानी' को खोज पाने में हम कामयाब नहीं हुए। इसलिए फिलहाल सभा की पत्रिका में प्रकाशित 'सौन्दर्यमयी', 'पूर्णप्रकाश चन्द्रप्रभा' और 'पारस्य' को ही प्रकाशन के लिए दे पा रहे हैं। भविष्य में 'राधारानी' उपन्यास यदि उपलब्ध हो जाता है तो उसे मल्लिका की रचनाओं के साथ दिया जाएगा।

इन तीनों उपन्यासों को बांग्ला में प्रकाशित किसी न किसी कृति के अनुवाद के रूप में प्रस्तुत किया गया। लेकिन सच्चाई यह है कि ये आधुनिक अर्थों में किसी पूर्व प्रकाशित रचना के अनुवाद नहीं हैं। कदाचित् इसीलिए 'मूल लेखक' का नामोल्लेख करने की जरूरत नहीं समझी गई। जैसे 'रामचरितमानस' को वाल्मीकि की 'रामायण' का अनुवाद कहना सही नहीं है, वैसे ही इन रचनाओं को बांग्ला में प्रकाशित किन्हीं रचनाओं का अनुवाद मानना उचित नहीं होगा। मल्लिका ने इनके अतिरिक्त दो और आख्यायिकाएँ लिखी थीं। इनमें से एक आख्यायिका 'कुमुदिनी' 'कथादेश' में दो किस्तों में छप चुकी है। दूसरी आख्यायिका 'निरभिमानदानी' अभी तक कहीं भी प्रकाशित नहीं हुई है। भारतेन्दु के वंशज प्रो. गिरीशचन्द्र चौधरी के सौजन्य से यह हमें प्राप्त हुई और इसका प्रकाशन पहली बार किया जा रहा है। चौधरी साहब के पास इन दोनों आख्यायिकाओं की पांडुलिपियाँ जीर्ण-शीर्ण अवस्था में सुरक्षित हैं और उनके अनुसार ये पांडुलिपियाँ मल्लिका की हस्तलिपि में हैं। उनके सौजन्य से इन पांडुलिपियों को हम भी देख सके।

गिरीशचन्द्र चौधरी (1986), रायकृष्ण दास (1976) और वसुधा डालमिया (2006) ने माना है कि भारतेन्दु की पुस्तिका 'प्रेम तरंग' में भारतेन्दु के नाम से प्रकाशित बांग्ला गीतों की रचयिता मल्लिका हैं। इसके अतिरिक्त 'प्रेम तरंग' की ठुमरी संख्या 95 और 96 में 'चन्द्रिका' की छाप मिलती है। एक बांग्ला पूरबी गीत संख्या 71 भी मल्लिका का लिखा हुआ प्रतीत होता है। उल्लेखनीय है कि मल्लिका ने बांग्ला गीत चन्द्रिका नाम से लिखे हैं। इसलिए इन बांग्ला गीतों को मल्लिका के गीतों के रूप में दिया जा रहा है। रायकृष्ण दास (1976) के अनुसार 'हरिश्चन्द्र मैगजीन' का नाम बदलकर भारतेन्दु ने 'हरिश्चन्द्र चन्द्रिका' इसीलिए किया था क्योंकि 'चन्द्रिका' मल्लिका का ही दूसरा नाम है, जिसका प्रयोग बांग्ला में लिखे गए गीतों में ज्यादा हुआ है, जबकि उपन्यासों के साथ मल्लिका नाम का ही उल्लेख मिलता है। इसलिए हमने उचित समझा कि मल्लिका की रचनाओं के

साथ उनके द्वारा रचित बांग्ला गीतों को भी शामिल किया जाए, भले ही वे भारतेन्दु की रचना 'प्रेम तरंग' में मल्लिका के नाम से न प्रकाशित हुए हों।

वसुधा डालमिया (2006) का मानना है कि 'बालाबोधिनी' पत्रिका के प्रकाशन, सम्पादन एवं उसमें प्रकाशित होने वाले लेखों की लेखिका के रूप में मल्लिका की महत्त्वपूर्ण भूमिका थी। कई लेख तो मल्लिका के लिखे हुए लगते हैं, भले ही उनका नाम न दिया गया हो। ये नहीं कि सिर्फ भारतेन्दु ने मल्लिका के लेखन को सुधारा हो, रायकृष्ण दास के शब्दों में "भारतेन्दु जी की साहित्यकारिता में भी उनका निरन्तर योगदान था। पंच पवित्रात्मा (हजरत मुहम्मद, उनकी बेटी फातिमा, दामाद धर्मवीर अली और आत्मोसर्गी पुत्र इमाम हसन एवं हुसैन की जीवनी) तथा दूसरी कृति, कुरान शरीफ की भाषा का बंगलापन कहे देता है कि वे मल्लिका लिखित हैं, जिन्हें प्रेमवश उन्होंने अपना नाम न देकर अपने आराध्य के नाम से प्रकाशित कराया। इसके अतिरिक्त बंगला नाटक 'भारत माता' का हिन्दी अनुवाद 'भारत जननीं' जो भारतेन्दु के नाम से प्रकाशित हुआ, उन्हीं का किया जान पड़ता है, सम्भवतः उन्होंने किसी बंगला उपन्यास का हिन्दी अनुवाद भी आरम्भ किया था। भारतेन्दु जी की नाट्यशास्त्र विषयक 'नाटक' नामक पुस्तिका जो 1873 ई. में प्रकाशित हुई, बहुत कुछ मल्लिका लिखित है। उसकी भूमिका का अन्तिम वाक्य इसका साक्षी है—इसके निर्माण में मुझको जिससे सहायता मिली है उसको धन्यवाद देने की आवश्यकता नहीं है, क्योंकि दक्षिण हस्त के परिवर्त में वाम हस्त जो कार्य करै वह भी निज कृत ही है।" (17 अक्टूबर, 1976)। रायकृष्ण दास 'हरिश्चन्द्र चन्द्रिका' पत्रिका में कृष्णभोग नाम से छपे लेखों की लेखिका मल्लिका को ही मानते हैं। गिरीशचन्द्र चौधरी के अनुसार 'गृहचंडी' नाटक की लेखिका भी मल्लिका ही जान पड़ती हैं, "गृहचंडी नामक नाटक का उल्लेख भी आपने श्रीमती रचित किया है, जो स्पष्टतः मल्लिका को इंगित करता है।" वसुधा डालमिया (2006 : 406) के अनुसार, 'वह (मल्लिका) बालाबोधिनी में छपे बहुत सारे लेखों की सम्भवतः सहलेखिका थीं।' वसुधा डालमिया की मानें तो मल्लिका 'चन्द्रावली' नाटिका की भी सहलेखिका थीं। 'चन्द्रावली' के 'समर्पण' से वसुधा जी के अनुमान की पुष्टि होती है। समर्पण में भारतेन्दु ने लिखा है, "लो तुम्हारी चन्द्रावली तुम्है समर्पित है। अंगीकार तो किया ही है इस पुस्तक को भी उन्हीं की कानि से अंगीकार करो। इसमें तुम्हारे उस प्रेम का वर्णन है, इस प्रेम का नहीं जो संसार में प्रचलित है। हाँ एक अपराध तो हुआ जो अवश्य क्षमा करना ही होगा। वह यह कि प्रेम की दशा छाप कर प्रसिद्ध की गई। वा प्रसिद्ध करने ही से क्या जो अधिकारी नहीं है उनके समझ ही में न आवेगा।"

सूत्ररूप में कहें तो मल्लिका भारतेन्दु की बौद्धिक सहायक के रूप में उपस्थित होती हैं, जो पत्रिकाओं के प्रकाशन-सम्पादन से लेकर साहित्यिक रचनाओं के

लेखन में भी महत्त्वपूर्ण भूमिका निभाती हैं। यही नहीं, वे 'मल्लिका चन्द्र ऐण्ड कम्पनी' चलाने की जिम्मेदारी का भी निर्वाह करती हैं। सम्भवत: उन्नीसवीं सदी में लेखन करने वाली हिन्दी क्षेत्र की वह अकेली स्त्री हैं, जो लेखन के साथ प्रकाशन और सम्पादन में भी सक्रिय दिखाई देती हैं। 'रहस्यचन्द्रिका' नामक पत्रिका का उन्होंने सम्पादन भी किया। उन्नीसवीं सदी के कथित हिन्दी नवजागरण और उसके प्रवर्तक भारतेन्दु हरिश्चन्द्र की कहानी मल्लिका के उल्लेख के बिना अधूरी है। इसलिए देर से ही सही, मल्लिका के योगदान का सम्यक् मूल्यांकन हिन्दी क्षेत्र के पुरुषकेन्द्रित साहित्यिक-सांस्कृतिक इतिहास एवं विकास को दुरुस्त करने के लिए जरूरी है। यह जानना दिलचस्प होगा कि उन्नीसवीं सदी में सिर्फ मल्लिका के साथ ही नहीं, बल्कि अन्य महिला रचनाकारों के साथ ऐसा हुआ है कि उनकी रचनाएँ उनके स्वयं के नाम से नहीं छापी गईं; जैसे सन् 1882 में छपी पुस्तक 'सीमन्तिनी उपदेश' की लेखिका 'अज्ञात हिन्दू महिला' और बीसवीं सदी के पहले दशक में छपी कहानी 'दुलाईवाली' की लेखिका 'बंगमहिला'। ये तो कुछ जाने पहचाने नाम हैं, खोज करने पर इस तरह के और भी प्रसंग मिल जाएँगे। इसके अतिरिक्त, उन्नीसवीं सदी की एक सामान्य प्रवृत्ति ऐसी रही है, जहाँ सहयोगी लेखक का नामोल्लेख करने की जरूरत ही महसूस नहीं की जाती। भारतीय ही नहीं, पश्चिमी विद्वानों ने भी सहयोगी लेखकों का नामोल्लेख करने की जरूरत नहीं समझी। शाहिद अमीन और साधना नैथानी ने जी.ए. ग्रियर्सन और विलियम क्रुक के लेखन में रामगरीब चौबे का योगदान उद्घाटित कर यह साबित कर दिया है कि इस तरह के 'कृत्य' में भारतीय और पश्चिमी दोनों ही सभ्यताओं के विद्वान शामिल थे।

मल्लिका की रचनात्मक सक्रियता का कालक्रम सन् 1874 में 'बालाबोधिनी' के प्रकाशन से लेकर चन्द्रावली (1876), राधारानी (1882), सौन्दर्यमयी (1887) से होते हुए सन् 1888 में प्रकाशित 'पूर्णप्रकाश चन्द्रप्रभा' तक फैला है। इसी अवधि में मराठी में ताराबाई शिन्दे (1882) और पण्डिता रमाबाई (1887) और हिन्दी में मल्लिका के अलावा 'सीमन्तिनी उपदेश' की लेखिका 'अज्ञात हिन्दू महिला' (1882) लेखन में सक्रिय हैं। इस परिप्रेक्ष्य में विचार करें तो हिन्दी में स्त्रीलेखन की उपस्थिति दूसरी भारतीय भाषाओं में स्त्रीलेखन के साथ ही दिखाई पड़ती है। यह देखकर आश्चर्य नहीं होना चाहिए कि मल्लिका के कथा-लेखन में स्त्री-विमर्श से सम्बन्धित प्राय: सभी मुद्दे मिल जाते हैं। जैसे बेमेल विवाह, दहेज-प्रथा, बहुपत्नीप्रथा, इत्यादि। यह अलग बात है कि जिन समस्याओं के इर्द-गिर्द स्त्री-विमर्श सम्बन्धी आख्यान रचा गया है, वह भद्रलोक की उच्चवर्गीय/उच्चजातीय स्त्रियों की समस्याओं से बना है। मल्लिका के लेखन में ही नहीं बल्कि लम्बे समय तक समूचे स्त्री-लेखन में कमोबेश इसी परम्परा का विकास दिखाई

पड़ता है। यह अलग से शोध का विषय है कि मल्लिका के पश्चात् तीन-चार दशकों उपरान्त स्त्री-स्वर की कोई उल्लेखनीय उपस्थिति क्यों नहीं दिखाई पड़ती है। क्या यह सच है कि मल्लिका के बाद सुनाई पड़ने वाला प्रभावशाली स्त्री-स्वर महादेवी वर्मा का है?

मल्लिका के कथेतर लेखन की भंगिमा और चेतना काफी अलग तरह की है, भले ही समय या काल की दृष्टि से कोई विशेष अन्तर न हो। भंगिमा और संवेदना की दृष्टि से बांग्ला गीतों और भारतेन्दु के संग मिलकर लिखे गए नाटक 'चन्द्रावली' (1876 ई.) में मल्लिका घर-गृहस्थी के दायरे से बाहर पड़ने वाली 'सामाजिक स्त्रियों' तथा तवायफों की लेखन अथवा गायन परम्परा का निर्वाह करती-सी लगती हैं, जबकि कथालेखन में मध्यवर्गीय आदर्श गृहस्थ स्त्री की नई समाज सुधारवादी भूमिका का। उल्लेखनीय है कि समाजसुधारवादी दौर एक 'आदर्श भारतीय नारी' की छवि गढ़ने में लगा हुआ था। समाजसुधारवादी राष्ट्रीय विमर्श अपने निकट अतीत की शास्त्रीय परम्परा को अश्लील एवं कामोद्दीपक मानता है और निम्नवर्गीय लोक संस्कृति को फूहड़, अश्लील तथा अमर्यादित। इसीलिए स्त्रियों को इन दोनों परम्पराओं से दूर रहने की नसीहत देता है। लोक संस्कृति और राष्ट्रवादी विमर्श के पारस्परिक सम्बन्धों की विस्तार से चर्चा मैं 'तद्भव' विशेष प्रस्तुति-5 में प्रकाशित अपने लेख 'उपनिवेशवाद, राष्ट्रवाद एवं स्त्री लोक-संस्कृति' में कर चुका हूँ। इसलिए उसे यहाँ दोहराने की जरूरत नहीं है, किन्तु शास्त्रीय परम्परा के बारे में थोड़ी चर्चा आवश्यक है।

घर-गृहस्थी के दायरे से बाहर पड़ने वाली सामाजिक स्त्रियों की सांस्कृतिक परम्परा और भक्तिकालीन साहित्यिक-सांस्कृतिक परम्परा; ये दोनों जीवन्त परम्पराएँ थीं, जो भारतेन्दु और मल्लिका के समय तक मौजूद थीं। वसुधा डालमिया ने 'चन्द्रावली' नाटक के विवेचन के क्रम में लिखा है, यह नाटक स्त्रियों और पुरुषों के दायरे को अलगाता नहीं है, क्योंकि दोनों प्रेमियों का व्यवहार यहाँ उभयलिंगी है। श्रृंगार अथवा काम भावना को ऊपरी तौर पर धार्मिक अनुभूति के रूप में दर्ज करने के कारण काव्य, नाटक तथा अन्य कला रूपों में इसे वैधता मिल जाती है और स्त्री-पुरुष सहवास सम्भव हो जाता है; कामभावना सम्बन्धी एक ऐसा साझा स्पेस बनता है जो लिंग के आधार पर पहले विभाजित नहीं था। इस तरह के धार्मिक अनुभव को मूलतः पुरुषों का विशेषाधिकार माना जाता था, लेकिन यह ऐसी स्त्रियों के लिए भी सुलभ हो सकता था, जिन्होंने धर्म के क्षेत्र में ऊँची हैसियत अर्जित कर ली हो, जैसे सोलहवीं सदी की भक्त कवयित्री मीरा के प्रसंग में दिखाई पड़ता है। इस तरह ये कलारूप सैद्धान्तिक दृष्टि से स्त्री और पुरुष की वैयक्तिकता का प्रतिनिधित्व करते हैं। स्त्री की आवाज का आत्मसातीकरण नहीं करते। इसके बावजूद यह तर्क दिया जा सकता है कि यह उदात्त धार्मिक अथवा सौन्दर्यशास्त्रीय अनुभव

था, जिसे घरेलू स्तर पर अनुभूत नहीं किया जा सकता था। एक ऐन्द्रिक अनुभव के रूप में इस तरह की अनुभूति केवल सम्पन्न पुरुषों के लिए विवाहेतर सम्बन्धों में सम्भव थी। तवायफों या लोक-मर्यादा को न मानने वाली स्त्रियों के लिए ही ऐसा अनुभव सम्भव था। इसलिए इस दौर में, जब शुद्धतावाद का प्रभाव लगातार बढ़ रहा था, धार्मिक-शृंगारिक क्षेत्र सम्मानित स्त्रियों के लिए एक तरह से वर्जित क्षेत्र बन गया। फिर भी, धार्मिक शब्दावली में अन्तर्निहित यह अनुभव, कम से कम सैद्धान्तिक रूप से साझा ऐन्द्रिक अनुभव के वैध स्पेस के रूप में बचा रहा, जिसे दोबारा अपनाने का दावा परवर्ती पीढ़ी कर सकती थी।' (2006 : 421)

आधुनिकता के साथ अस्मिताओं की निर्माण की प्रक्रिया अपवर्जक और सख्त होने लगी चाहे राष्ट्र की अस्मिता हो, चाहे धर्म और भाषा की। यही नहीं, पुरुष और स्त्री की अस्मिताओं को भी बिलकुल साफ-साफ अलग करके देखने की प्रवृत्ति बढ़ने लगी। स्त्री-पुरुष के स्वभाव, उनके कार्य और कार्यक्षेत्र अलगाये जाने लगे। वस्तुतः विरोधी युग्मों में सोचने की आधुनिकताजन्य प्रवृत्ति के कारण ज्यादातर चीजों को सफेद और स्याह में बाँटकर देखा जाने लगा और बीच में पड़ने वाली दरम्यानी या उभयनिष्ठ चीजों को काटकर अलगाया जाने लगा। इस ढंग से सोचने की प्रवृत्ति का बहुत गहरा असर लगभग हर क्षेत्र में दिखाई पड़ा, जैसे श्रम और विश्रान्ति, लोकप्रिय और श्रेष्ठ, कला और शास्त्र/दर्शन; वैसे ही स्त्री-पुरुष का भी एक विरोधी युग्म बना, जिसके अनुसार एक में जो प्रवृत्ति या विशेषता है, वह दूसरे में नहीं हो सकती। इस तरह वह स्पेस खत्म होने लगा जिसे पहले दोनों साझा कर सकते थे। इस प्रक्रिया में उस आध्यात्मिक/सौन्दर्यशास्त्री सम्भावना का भी निषेध हो गया जहाँ पुरुष और स्त्री सामाजिक-पारिवारिक श्रम-विभाजन और विधि-निषेध को त्यागकर एक दूसरे का साक्षात्कार कर सकते थे, और प्रकारान्तर से लिंग आधारित विभाजन एवं पहचान को लचीला और शिथिल बना देते थे। इस तरह के भाव प्रकट करने वाली पंक्तियाँ विद्यापति, कबीरदास, सूरदास, मीरा आदि की कविताओं और लोकगीतों में भी मिल जाती हैं। नमूने के तौर पर यह पंक्ति देखें : तुम राधे बनो श्याम, हम नन्दलाला।

मल्लिका का कथा-साहित्य इन दोनों—शास्त्रीय और निम्नवर्गीय—लोक-परम्पराओं से असंपृक्त रहते हुए लिखा गया। परवर्ती स्त्री-लेखन में मल्लिका की ही परम्परा का विकास दिखाई पड़ता है। पूर्व औपनिवेशिक शास्त्रीय परम्परा एवं निम्नवर्गीय लोक-परम्परा से कुछ भी सीखने-समझने की जरूरत हिन्दी के परवर्ती स्त्री-लेखन में शायद ही कहीं दिखाई पड़ती हो। यदि इन दोनों परम्पराओं में से किसी की अनुगूँज कहीं सुनाई भी पड़ती है तो वह औपन्यासिक शिल्प में, न कि पहले से चले आ रहे पूर्व औपनिवेशिक सहित्य/कला रूपों में। यह बात कहना इसलिए जरूरी है क्योंकि सांस्कृतिक शिल्प या रूप केवल 'रूप' नहीं होता, वह

बहुत कुछ अपनी अन्तर्वस्तु भी निर्धारित और नियंत्रित करता है जैसा कि हेडेन व्हाइट ने अपनी पुस्तक 'कंटेंट ऑफ द फार्म' में विस्तार से दिखाया है। स्त्री-लेखन ही नहीं, दलित-लेखन ने भी शास्त्रीय परम्परा को त्याज्य माना, यहाँ तक तो बात समझ में आ सकती है; लेकिन लोक-परम्परा से भी दूरी बनाये रखी, इसका औचित्य समझना मुश्किल है। एक तरह से औपनिवेशिक आधुनिकता के दायरे में विकसित होने वाले राष्ट्रवादी विमर्श द्वारा निर्धारित सीमा-रेखा के अन्दर ही स्त्री एवं दलित विमर्श लम्बे समय तक चलते रहे। खेल के नियम तो वही रहे, खिलाड़ी बदलते रहे। जबकि जरूरत खेल के नियम बदलने की थी।

मल्लिका की हस्तलिखित पांडुलिपियों में हमने अपनी ओर से कोई परिवर्तन नहीं किया है। पूर्ववर्ती लिपिकारों ने अवश्य कुछ बदलाव किए हैं। जैसे—मल्लिका द्वारा लिखित मूल पांडुलिपि में जो पृष्ठ क्षतिग्रस्त हो गए और जिन्हें पढ़ पाना असम्भव हो गया, उन्हें इंगित करने के लिए परवर्ती लिपिकारों ने अंकों का प्रयोग किया है। लिपिकारों ने क्षतिग्रस्त अपाठ्य पृष्ठों की कथा का सारांश पृष्ठ संख्या सूचित करते हुए दिया है।

मूल पाण्डुलिपि में कुछ पृष्ठ ऐसे भी थे जहाँ पृष्ठ संख्या नहीं दी गई थी। लिपिकारों ने अपनी ओर से वहाँ पृष्ठ संख्या लिख दी है। मल्लिका द्वारा लिखित ऐसे शब्दों, जिनका हिन्दी में अर्थ स्पष्ट नहीं होता, के स्थान पर जहाँ लिपिकारों द्वारा उन शब्दों का अर्थ स्पष्ट करने के लिए कोई वैकल्पिक शब्द दिया गया है, वहाँ भी अंकों का प्रयोग किया गया है। लिपिकारों द्वारा किए गए इन परिवर्तनों को हमने यथावत् रखा है।

मल्लिका की पांडुलिपि में विराम चिह्नों का प्रयोग आज के पैमाने पर बहुत सही नहीं लगता किन्तु उसे ठीक करने के बजाय यथावत् रखा गया है। अनुस्वार और अनुनासिक के चिह्नों के प्रयोग में अनियमितता है। इसे भी यथावत् रखा गया है। ह्रस्व और दीर्घ मात्राओं का प्रयोग भी अनियत है। यहाँ भी कोई बदलाव नहीं किया गया। द्वित्व वर्ण और लिंग सम्बन्धी प्रयोगों में भी कोई बदलाव नहीं किया गया। स, श, ष और ब, व के प्रयोग भी पूरी तरह सही नहीं हैं। यहाँ भी कोई परिवर्तन नहीं किया गया है।

जहाँ कोई शब्द कीट-दंशित होने के कारण स्पष्ट नहीं था, वहाँ लिपिकारों ने अपनी ओर से कोष्ठक में शब्द देकर वाक्य पूरा कर दिया, यहाँ भी कोई बदलाव नहीं किया गया है।

प्रो. राय कल्याणकृष्ण के हम आभारी हैं जिन्होंने भारतेन्दु-मल्लिका और अन्य व्यक्तियों के चित्र हमें प्रदान किए। मल्लिका के लेखन एवं उससे सम्बन्धित सामग्री का श्रमपूर्वक संकलन अशोक सिंह यादव, प्रवीणनाथ यादव एवं नवीन प्रकाश सिंह ने किया। इसके लिए वे साधुवाद के पात्र हैं। हम उत्पल बैनर्जी के भी

आभारी हैं जिन्होंने मल्लिका के बांग्ला गीतों का हिन्दी अनुवाद किया। हम प्रसिद्ध इतिहासकार प्रो. सुधीर चन्द्र के कृतज्ञ है जिन्होंने मल्लिका के लेखन को खोजकर प्रकाशित करने के लिए हमें प्रेरित किया।

सन्दर्भ

1. वसुधा डालमिया (1999) : 'द नेशनलाइजेशन ऑफ हिन्दू ट्रेडिशन', ऑक्सफोर्ड यूनिवर्सिटी प्रेस, दिल्ली।
2. सम्पादन—स्टुअर्ट ब्लैक बर्न और वसुधा डालमिया (2006) : इंडियाज लिटरेरी हिस्ट्री परमानेंट ब्लैक, दिल्ली।
3. वसुधा डालमिया, संजीव कुमार (2014) : बालाबोधिनी, राजकमल प्रकाशन, दिल्ली।
4. साधना नैथानी (2009) : क्वेस्ट ऑफ इंडियन फोकटेल्स, ओरिएंट एंड ब्लैक स्वान, दिल्ली।
5. डलरिक स्टार्क (2008) : ऐन एम्पायर ऑफ बुक्स, परमानेंट ब्लैक, दिल्ली।
6. रूथ वनीता (2012) : 'जेंडर सेक्स एंड द सिटी, 'ओरिएंट एंड ब्लैक स्वान, नई दिल्ली।
7. फ्रेन्चेस्का ओरसिनी (2009) : प्रिंट एंड प्लेजर, परमानेंट ब्लैक, दिल्ली।
8. नीरजा माधव (2014) : हिन्दी साहित्य का ओझल नारी साहित्य, सामयिक प्रकाशन, दिल्ली।
9. हेडेन ह्वाइट (1990) : कंटेंट ऑफ द फार्म, जान हापकिंस यूनिवर्सिटी प्रेस, बाल्टीमोर और लन्दन।
10. पार्थ चटर्जी (1994) : 'नेशन एंड इट्स फ्रैगमेंट्स' ऑक्सफोर्ड यूनिवर्सिटी प्रेस, दिल्ली।
11. पार्थ चटर्जी (1997) : 'द नेशनलिस्ट रीजोल्यूशन ऑफ द वूमेंस क्वेश्चन' कुमकुम संगारी एवं सुदेश वैद (सम्पा.) रीकास्टिंग वूमेन, काली फॉर वूमेन, नई दिल्ली।
12. राजकुमार (फरवरी 2014) : 'उपनिवेशवाद, राष्ट्रवाद एवं स्त्री लोक-संस्कृति', तद्भव, विशेष प्रस्तुति-5, (सम्पा.) अखिलेश, लखनऊ।
13. सुमन्त बनर्जी (1997) : 'मार्जिनलाइजेशन ऑफ वूमेंस पॉपुलर कल्चर इन नाइन्टीन्थ सेंचुरी बंगाल, कुमकुम संगारी एवं सुदेश वैद (सम्पा.) रीकास्टिंग वूमेन, काली फार वूमेन, नई दिल्ली।
14. शाहिद अमीन (2011) : ओकेज़नल पेपर्स 27, आई.आई.सी. 'मार्जिनल जॉटर'।

उपन्यास

कुमुदिनी

उपन्यास के लुप्त पृष्ठ 1 से पृष्ठ 26 तक का कथा सारांश

बाल्यकाल उन्मुक्त भाव से विविध कौशलपूर्ण क्रीड़ाओं में निमग्न रहता है किन्तु विवाह हो जाने पर सारी परिस्थितियाँ सहसा परिवर्तित हो जाती हैं। एक समय बंगाल के स्वर्णपुर ग्राम में भी समवयस्क बालक-बालिकाएँ एक साथ निष्कलुष भाव से प्रकृति के सौन्दर्यमय वातावरण में क्रीड़ा करते थे। कभी उपवनों में विचरण करते, कभी नदी तट पर, कभी पद्‌म-कुसुमित पुष्करिणी में जल-क्रीड़ा का आनन्द लिया करते थे। उन बालक-बालिकाओं में रजनीकान्त और कुमुदिनी भी थे जो अपने सरल स्वभाव से आपस में परम सौहार्द रखते थे, परस्पर एक दूसरे की सहायता के लिए सदैव तत्पर रहते थे।

एक दिवस दोनों निकट की पद्‌म-पुष्करिणी में तैर रहे थे। कुमुदिनी एक प्रफुल्ल कमल के सौन्दर्य पर मुग्ध हो गयी। रजनीकान्त उसे लाने के लिए तत्काल आगे बढ़ गये और सहसा अतल जल में पड़ गये। कुमुदिनी तुरन्त दौड़कर उनके समीप पहुँची और डूबते हुए रजनीकान्त को बड़े परिश्रम से बचा लायी। तब से दोनों की मित्रता परम प्रगाढ़ता को प्राप्त हुई और उनका साहचर्य जनित प्रेम निरन्तर उत्कर्ष की सीढ़ी चढ़ता गया।

संयोग की बात है कि कुमुदिनी का विवाह बाल्यावस्था में ही रजनीकान्त के संगोत्री तथा उनके पिता के शत्रु ताराकान्त के पुत्र रमणीकान्त से हो गया और शीघ्र ही वह विधवा भी हो गयी। रजनीकान्त की हृदय-व्यथा उनके अतिरिक्त कोई अन्य न जान सका। कुमुदिनी के प्रति उनका आकर्षण फिर भी अक्षुण्ण बना रहा। ताराकान्त भी कालान्तर से सारी सम्पत्ति गँवाकर निर्धन हो गये और इसी दुख में अति रुग्ण होकर कुछ काल पीछे मानव लीला संवरण कर गये। निस्सहाय कुमुदिनी ने अपने श्वसुर की जी तोड़ सेवा की। किन्तु वे बच न सके। उनकी मृत्यु के उपरान्त जब उनका श्राद्ध कर्म सम्पन्न हो गया, तब वह स्वपित्रालय चली आयी। उसके पिता हरिनाथ बाबू उसका पुनर्विवाह करने उद्धत हुए, किन्तु जब इस कार्य में वे सफल नहीं हुए तब संन्यासी हो गये।

हरिनाथ बाबू की द्वितीय कन्या स्वर्णप्रभा भी कुमुदिनी की भाँति अनिन्द्य सुन्दरी थी। उसका विवाह हरिनाथ बाबू के भ्राता रामहरि मुखर्जी ने रजनीकान्त से दस वर्ष

की ही अवस्था में कर दिया। किन्तु रजनीकान्त कुमुदिनी की ओर आकृष्ट रहने के कारण विवाह की रात्रि से ही लुप्त हो गये। उनके पिता रमाकान्त उनके वियोग में दुःखी रहने लगे और एक दिन इसी दुःख में उनका शरीरपात हो गया।

रजनीकान्त के भगिनीपति देवनाथ मुखर्जी अपने श्वसुरालय में ही रहते थे और उनके आचरण से रजनीकान्त प्रसन्न नहीं रहते थे। वे अपने श्वसुर के शत्रुओं से भी सम्पर्क रखते थे और गृह में भेद नीति का चक्र चलाने में परम निपुण थे।

पिता की मृत्यु के पश्चात स्वर्णपुर लौटने पर रजनीकान्त वृद्ध जनों के अंकुश से थोड़ा मुक्त हुए। वे बाल्यकाल का प्रेम भुला नहीं सके थे। एक दिन आषाढ़ मास में जलक्रीड़ा करते समय वे पुनः गंगा में डूबने लगे थे, तब भी कुमुदिनी ने उन्हें अचेतन अवस्था में बचाया था। रजनीकान्त कुमुदिनी के इस उपकार से अत्यधिक दब गये थे। इस घटना के एक मास पश्चात ही कुमुदिनी एक वयस्का के साथ सायंकाल जान्हवी स्नान करने गयी थी। उक्त वयस्का स्नान करके पूजन के निमित्त निकटस्थ शिवमन्दिर में गयी हुई थी और एकाकी कुमुदिनी जलक्रीड़ा में ही लगी थी, संयोग से वहीं आकर।

उपलब्ध शेष उपन्यास

रजनीकान्त फिर खड़े हुए, अबकी कल कल नादिनी समीक्षा सन्ताड़ित, भागीरथी के तरंग गर्ज्जन सुनते पाए वह शब्द के उद्देश से चले। अब जरा गगन परिस्कार होने से मार्ग दिखलाई पड़ा अचम्बा (सम्पोषित) बहु वारिपुर्ण श्रावन महिने की गंगा (कलकल रब से तरतर वेग से सगराभिमुख में दौड़ रही है।) साह्मने गंगावासी के कोठा देखकर रजनीकान्त समझे की अन्धेरे में घुमते-घुमते वहि वसुन्धरा के घाट आए हैं। यह स्थान में एक महिना हुआ उनका विपद घटा था। यहि घाट में कुमुदिनी के गोद में सिर रखकर मूर्च्छित थे। रजनी बहुत देर तक तीर में खड़े होकर नदी का भयंकर (27) शोभा देखते-देखते पूर्व्व घटना, स्मरण करने लगे। पीछे जलक्रीड़ा की शब्द सुने, बोध हुआ कोई पानी में देंह धोता है। आस्ते-आहिस्ते घाट से उतरते (उतरते) जो देखे उसमें उनका देंह काँप उठी। (वही) कुमुदिनी एकाकिनी राजहँसी की भाँती जलक्रीड़ा करती है। रजनी का वाक्य स्फुरती नहीं हुआ। किन्तु जल विहारिनी रमनी सीर में कपड़ा खिंचते-खिंचते बोली, "कौन रजनीकान्त, भगिनी पति?" रजनी का शरीर सिहर उठा, बहुत कष्ट से पुछे, "आप यहाँ क्यौं?" जब बिहारिनी बोली, "डूब मरेगें ईस कारण," रजनी कम्पीत स्वर से बोले, "कौन दुख से डूब मरोगी?" जल बिहारिनी कामिनी थोड़ा हँसकर बोलि, "हम सत्य डुबने थोड़े हि आये हैं, तुम हमारे भगिनीपति हो, हम परिक्षा करते थे हमारे उपर तुम्हारा (स्नेह ज)न्मा है की नहीं?" (28) रजनीकान्त उत्तर न देकर चुप कर रहे, पीछे बोले, "हम भी जानने

को ईच्छा करते हैं तुम्हारे भगिनीपति के उपर तुम्हारा स्नेह जन्मा है कि नहीं आज हम एहि गंगाजल में कुदेगें देखें तुम क्या करती (हो)। कुमुदिनी बोलि, "भगिनीपति तुमे क्या श्मरण है? जब हम लोग बाल्यकाल में एक साथ खेलते थे-एक दिवस पद्म पोखरे में हमारे कारण एक पद्म लेने जाकर डुब गए थे, श्मरण होता है? कौन तुमको बचाया था? और वह दिन यही गंगा तीर में जैसे बचा (य) थे, तैसे अब की भी बचाएगें, यह उत्तर के पीछे दोनों हि थोड़ि देर नीरव रहे। जैसे गंगा के भीषण शोभा में दोनों जन हि स्तम्भीत हुए थे। थोड़ि देर पीछे रजनी बोले, "अच्छा अब हम पानी में डुबते हैं तुम वहि प्रकार अब कि वंचाबो तो देखें?" (29) यह कहकर कूल से पानि में कुद पड़े, वैसे कुमुदिनी भी चिल्लाकर रजनी के पीछे पीछे कुद पड़ी। चीत्कार ध्वनी वह भीषण तस्निश्त नैश गगन आरोहन करके गंगा के यह (भयावह) कूल प्रतिध्वनित हुआ। कुमुदिनी रजनी को पकड़ने जाकर देखीं, उनके साह्मने एक दीर्घाकार पुरुष चिबुक तक पानि में खड़ा है कुमुदिनी रोकर उनको बोली, "आप कौन हैं रक्षा किजीए, हमारा भगिनीपति अभी पानी में डुबा उसको बचावो आगंतुक अति क्रोध से और उग्र स्वर से बोले, "कुमुदिनी!" कुमुदिनी का शरीर काँप उठा, निष्पन्द हुआ उवो देखी, एक दीर्घाकार भीषणाकृति सन्यासी उनको बुलाता है। डर से उनका अंग अवश होने लगा सन्यासी फीर बुलाया। "कुमुदिनी!" तुम जिसके साथ आई थी उनका शिव पुजा भो(शेष हो)ता है। (30) वह देखो उवो तुम्हारे कारण मन्दिर के पाश खड़े हैं, उठ घर जावो।" कुमुदिनी बोलि, "हमारा भगिनीपति?" सन्यासी बोला, "भय नहीं है मन्दिर के निकट से क्या कंठ से कोई पुकारा। "कुम आवो हमारा हुवा है।" कुमुदिनी आहिस्ते-2 तीर में उठकर चलि फीर खड़ि होकर सन्यासी से पुछी "हमारे भगिनीपति को हम लोग के संग भेजो, आज जो उसका वासर घर है।" सन्यासी के पीछे सो कोई बोला, "यह हमारा वासर घर है।"

अष्टम परिच्छेद

पूर्वाख्यान

बहु काल पूर्व में सुवर्णपुर में रामभद्र वन्दोपाध्याय नाम के एक जन अति दरिद्र ब्राह्मन वास करते थे। धनि लोगों के गृह में निमन्त्रन खाकर रामभद्र अपना उदर पुर्ण करते थे। उनके परिवारों के बिच एकमात्र नवम वर्षीया भगिनी थी। भगिनी चन्द्रावली असामान्य सुन्दरी थी। (31) पूर्वांचल के कोई असीति वर्ष वयस्क धनाढ्य भूस्वामी उनका पारिाग्रहण करने से किंचित परिमाण रामभद्र का दरिद्रता छुटा। प्राचीन भूस्वामी किंचित काल पीछे मानव लीला सम्वरण किए। चन्द्रावली

का संतान नहीं हुआ। वह अपने मृत्यु के कुछ काल पुर्व चन्द्रावली के ईच्छानुसार से उनका विपुल सम्पत्ति विक्रय करके स्वर्ण और रौप्य राशी संचय किये थे। स्वामी के मृत्यु होने से चन्द्रावली अपने भ्राता रामभद्र को उनके आलय में वास कराए। और वह भी कुछ दिन पीछे रामभद्र को स्वामी का चिर संचित धनराशी उपदौकन देकर स्वर्णारोहन किए। रामभद्र भगिनी के वियोग का दुःख सेहि हो और "यः पलायति स जीवती" सोचकर हि हो, उसी दिन भगिनीपति का घर छोड़कर भागीरथी के तीर में नीज ग्राम, आकर वास किए। सम्भवांति रिक्त वयभूषणं करने से पीछे (32) विपदग्रस्त हो यह आशंका से रामभद्र पर्याप्त धन का अधिपति होकर भी अति सावधान से कालयापन करते थे उनका परलोक गमन के पीछे उनके पुत्र दोनों कमलकान्त और लक्ष्मीकान्त तादृश अवधानता की प्रयोजन विवेचना नहीं किए, उन लोग निश्चीत होकर भू-सम्पत्ती क्रय किए और अपने लोगों की आवास के कारण पृथक-पृथक अति वृहत् आट्टलिका निर्म्मान कराए और पैतृक धनराशी का उपयुक्त वैशर्य विस्तार करके मानव लीला सम्बरण कीए।

यह प्रकार से लक्ष्मीकान्त वन्दोपाध्याय और कमलाकान्त वन्दोपाध्याय दोनों अलग-अलग अति विस्तृत जमिदारी की मूल भित्ती स्थापन किए थे और उन लोग के पीछे दशम पुरुष पर्यंत दो सहोदर का वंश वह अविवाद से भोग दखल किए थे।

(33) उसके पीछे जब रमाकान्त और ताराकान्त वन्दोपाध्याय यह दोनों जमिंदारी के अधिपति हुए, तब वह बहुकाल के सम्पत्ती में कुछ वृशंखला घटा, तब वीवरण निम्न में लिखा गया—

रमाकान्त कुछ अल्पव्यायि होने से ताराकान्त अपेक्षा अधिक धनि हो उठे। ऐसा कि जब तरफ सुवर्णपुर नीलाम का ईस्तिहार हुआ, तब ताराकान्त का नितांत ईच्छा कि उसको क्रय करके वासभुमि का अधिपति हों, किन्तु अपनी उतना संपत्ती न रहने से रमाकान्त का पाश एक तालिक गिरों रखकर खत लिखकर देकर रुपैया कर्ज्जा लेकर उक्त सम्पत्ति क्रय किए काल यह खत हि दोनों वंश के बिच अनर्थ की मूल हुआ।

यह पर्यंत दोनों वंश में सम्पत्ति थी, आजकल अन्य कारण से अप्रीति घटा एक दिवस रमाकान्त के एक मजदुरीन खिड़की के दरवाजे से बरतन माजने जाती थी। उस समय मार्ग में ताराकान्त के खास मजदुरिन के (34) सफा गात्र में असावधानी से पानि दि थी। खास मजदुरिण कि उसमें अपमान बोध हुआ ईसमें तट ततक्षणात् दोनों की वाग युद्ध आरम्भ हुआ और वह युद्ध दोनों घर के दोनों गृहिनी तक पहुँचा। सुतरां वहि हेतु से रमाकान्त और ताराकान्त का विसम विवाद उपस्थित हुआ।

प्रथम गालि पीछे प्रलाप और शियन्तन वन्ध। पीछे छोटे मुकद्दमा, कर्जा लेकर खिंचा खिचि, शेष लठ्ठिठ चलने कि उपक्रम, पीछे ताराकान्त जीला के सदर अदालत में अरजि दाखिल किए, कि हम रमाकान्त कि रिण परिशोध किए

हैं। रमाकान्त बन्धक कि सम्पत्ति में दखल नहीं देने देता अतएव दखल मिलना प्रार्थना है दावि के प्रमाण सरुप ताराकान्त कई एक खन्ड रसीद दाखील किया। रमाकान्त बोले रसीद जाल, मुकद्दमा क्रम से प्रिवि कौन्सेल पर्यन्त गया था। तीन अदालत में रमाकान्त जय हुए और तीन अदालत का (35) और वह अदालत का खरचा पाए। ताराकान्त ऋणग्रस्त होकर धीरे-धीरे सब सम्पत्ती हराय, पीछे अर्थहीन होकर और हृत सर्वस्व होकर मन के दुख से उत्कट पीड़ा ग्रस्त होकर शय्याशाई हुए। दुर्भाग्यवशत: यह समय उन्होंने पुत्र का मुँह देखने नहीं पाये। उनके जैष्ठ पुत्र रमणीकान्त अतिकिशोर अवस्था में रामहरि मुखर्जी के भ्रातृ-कन्या कुमुदिनी को विधवा करके मानव लीला संवरण किए थे। कनिष्ठ रतिकान्त वानिर्य के कारन देशान्तर में वास करते थे किन्तु उसमें भी ताराकान्त बन्दोपाधय का सेवार्थ क्षोभ नहीं था, उनका पुत्रवधु कुमुदिनी अपना शरीर पतन करके भी श्वसुर का सेवा करती थी। ताराकान्त उनको आशिर्वाद करते गंगालाभ किए। पिता का मृत्यु संवाद पाकर रतिकान्त देश में आए। पीछे पिता का श्राद्धादि समापनांतर अपना स्त्री और भातृजाया कुमुदिनी (36) (इस पृष्ठ पर मूल में संख्या नहीं लगी है) को पित्रालय भेज दिए। गृहस्थ और दूसरे सबों को कीसी को शशुरालय किसी को पित्रालय किसी को और कहीं भेजकर अपना अति वृहत्, अट्टालिका का दरवाजा बन्ध करके, भद्रासन छोड़कर कहाँ गये, किसी को मालूम न हुआ।

ईधर रमाकान्त ताराकान्त की सब भूसम्पत्ति खरिदकर अति प्रबल जमींदार हुए और कुछ दिन पीछे उनका एकमात्र पुत्र रजनीकान्त का ब्याह दिए। विवाह रात्री से रजनी के निरुद्देश होने से रमाकान्त पुत्र के विरह से रोगग्रस्त होकर अति अल्प दिन में ही मानवलिला-संवरण किए।

नवम परिच्छेद

जो सचराचर नहीं घटता

रमाकान्त के श्राद्ध का तिथी उपस्थित हुआ। उनके कन्या लोगों महासमारोह पूर्वक आयोजन की हैं। यह ज्ञाति श्राद्ध करेगा, सभा सुसज्जित हुआ है, निमन्त्रित व्यक्ति लोग बैठे हैं, श्राद्धाधिकारी का आसन प्रस्तुत पुरोहित पुष्पादि जथा स्थान में रखकर अपेक्षा करते हैं, ज्ञाति अति गम्भीर भाव से यज्ञपवीत मार्ज्जन करते करते आसन के नगीच आकर खड़े हुए। ऐसे समय एक गोलमाल उपस्थित हुआ। ज्ञाति पीछे फीर कर देखे, आप रजनीकान्त आसन ग्रहण करते हैं, खुसी से सम्बन्धि लोगों आँशे पुँछने लगे, रजनीकान्त रीतिमत श्राद्धादि किए। श्राद्ध के पीछे परिवारों को बुलाकर

एक साथ किए सब कोई समवेत होने से बोले, "तुम लोग सब कोई जानते हो कि यह विषय हमारे पुर्व पुरुषों की कृत है, पीता कोई बील नहीं (36) कर सके।" रजनी के भगिनी (पति) देवनाथ मुखर्जि बोले, "उनका उबिल करने की आवश्यकता क्या? उन्होंने सबको पास रख गए हैं, यह हि सब के पक्ष में बिल है उसमें ई सबका मंगल कीए हैं।" रजनीकान्त बोले, "मुखर्जि महाशय, आपका बोल अमृत के तुल्य है अब श्रवन किजीए पिता उबिल नहीं कर गए, किन्तु हमारे उपर उनका आदेश था कि हम उनके अवर्तमान में उनके आश्रीत अनुगत व्यक्ति लोगों के बीच हमारे ईच्छा अनुरुप उनकी संचित अर्थ वितरण कर सकेगें।"

देवनाथ मुखर्जि बोले, "देवता लोगों मेघ को बरसने कहा करते हैं।" रजनी बोले, "देवता लोग कभी-कभी पानी न बरषे यह भी घराते हैं, अब आप लोग जानते हैं हम कुछ कृपन हैं।"

(37) देवनाथ धिरे-धिरे बोले, "सूर्य देव अन्धेरे की प्रभु हैं।" अबकी रजनी उत्तर न देकर बोले, "हम अपने मन से जीसको जो देते हैं सो श्रवन करो। हमारी मध्यमा भगिनी शैलवती कहाँ है?" एक जन स्त्री लोग बोली, "वह नहीं आई रोती हैं।" रजनीकान्त बोले, "मध्यमा भगिनी को पन्दरा हजार रु. दिए। तृतीया भगिनी शैलबाला कहाँ हैं?" शैलबाला प्रसन्नवदन से अग्रवर्त्तिनी हुई। रजनी बोले, "तुमको दश हजार रु. दिए।" शैलबाला का प्रफुल्ल मुह म्लान हुआ बोलि, "क्यों रजनी मध्यमा भगिनी को पन्दरा हजार हमको दश हजार?" रजनी बोले, "मध्यमा भगिनी तुमसे पांच बरष की बड़ि हैं ईसी से।"

शैलबाला, "हम रु. नहिँ (38) चाहते।" कहकर रोते-रोते घर के बाहर चलि गई। रजनी अम्लान वदन से बोले, "तृतीया भगिनी रु. नहीं लिँ. हम उनका रुपैया भी मध्यमा भगिनी को दिए।" देवनाथ मुखर्जि बोले, "वह क्रोध करके गई है अभी फीर आवेगी ँ। आपके उपर क्रोध न करेगीं तो किसके उपर करेगी ँ।"

वह बात में कान न देकर रजनीकान्त फुया मौषि भान्जे भान्जि सम्बन्धि भृत्य प्रभृति को पितृ संचितार्थ वितरण किए। किन्तु रजनीकान्त देवनाथ मुखर्यि महाशय को कोई बात नहीं पुछे देखकर देवनाथ बोले, "तुम्हारी जेष्ठ भगिनी स्वर्ग में गई है ँ।" उनका अंश हम पा सकते हैं" रजनी बोले। "आप जब उनके पास जायेंगे तब आपके द्वारा उनका रुपैया भेजेगें, देवनाथ सुखी हँसी हँसकर बोले, (39) "तब हमारा निज अंश? रजनी उत्तर दिए, "आपको एक रुपैया दिए" देवनाथ प्रथम सोचे रहस्य कीए किन्तु जब रजनी देह उठाकर चले तब समझे की रहस्य नहीं है, तब बोले एक रुपैया हि मारा एक लक्षि है।

दशम परिच्छेद

जो सचराचर घटता है

रात घन अन्धेरी अमावश्या निशीथ काल में समीरण गभीर गर्ज्जन कर रहा है तत् कतृक ताड़िता होकर सुवर्णपुर ग्राम के प्रांत वाहिनी जान्ह्वी कलकल कर रही है। तट के उपर हि एक उँचा देवमन्दिर है। ग्राम के प्रांत भाग में कोई वसति नहीं है; केवल वह कलकल नादिनी बहु जल पुर्ण नदी और वह तुंगशिखर शाले मन्दिर, पाश निविड़ वन-क्षुद्र और वृहत तरु, लता, कन्टकादि में दुर्भैद्य वन, मन्दिर तुय, प्राचीन, जन समागम (40) हिह्न शुन्य। मन्दिर के बिच में कराल मुर्ति देवी-काली, वह भौतिक राज के योग्य अधिष्टातृ सप्त (षष्ठ) हस्त परिमिता, पाषाणमयी भयंकरी मूर्त्ति वह अन्धेरे स्थान को अन्धेरा करके, महाकाल हृदयोपरि विराज करति हैं। दिन में एक वृद्धवार मात्र आकर सामान्य प्रकार से पुजा कर जाता था। रात कोई वहाँ नहीं आता था। नगीच श्मशान था। वहाँ मुर्दा जलाया जाता था। ग्राम के लोग दिन को भी वहाँ आने का साहस नहीं करते थे।

वह भयंकर मन्दिर से रात के समय दुर से ग्राम के लोग कभी-कभी उजियाला देखने पाते थे। वह उजियाला देवयोनी कतृक जला है। ग्राम के लोग सहि विश्वास करते थे। कभी-कभी वहाँ से शंख की ध्वनि भी सुनाई पड़ती थी।

(41) आज आमवश्य की रात है। यह गम्भीर निशी में एक दु:शाहसिक ग्रामवासी वह मन्दिर के ओर आते थे। एक बार साहस करके आगे बढ़ते थे फीर पीछे हटते थे। कभी चलते थे कभी खड़े होकर दुर्लभ नभ:स्थ मन्दिर का चुड़ा निरीक्षन करते थे। ईतने में मन्दिर में उजियाल जल रहा है। आकस्मात उनके दृष्टि में पड़ा। तब और भी संदिग्ध चित्त से किंकर्तव्यविमुढ़ के भांती खड़े रहे। सहसा गंभीर शंखनाद से वह कानन कांपने लगा सुनते ही पथिक नि:शंकोचित चित्त से मन्दिराभिमुख चले। मन्दिर में आकर दरवाजे से भीतर प्रवेश करके भक्ति भाव से देवी को प्रणाम किए और देखा एक ब्राह्मण बहुत शा जवा कि फुल बिल्लपत्र रक्त वन्दनादि द्वारा देवि की पुजा करता है। सघ्न छिन्न छाग मुन्द और छाग का देह वहाँ पड़ा है। रक्त से मन्दिर प्लावित हो रहा है। (42) जब तक पूजा समाप्त न हुआ, तब तक आए हुए मनुष्य चुप भाव से बैठे रहे। पुजा समाप्त होने पीछे पुजक पुछा, "अभी भि तो तुम्हारा प्रतिज्ञा स्थिर है न?" आए हुए बोले, "हमारा प्रतिज्ञा स्थिर हि है।"

पुजक बोला, "तब देवि का पावों छुकर कर प्रतिज्ञा करो।" तब आए हुए काली प्रतिमा का पावों छुकर बोला, "मात जगदम्बे हम तुम्हारी चरण स्पर्श करके प्रतिज्ञा करते हैं, जीतना दिवस रजनीकान्त वानुर्यि का चिर शत्रु, जब तक रजनीकान्त

वानुर्यि जीवित रहेगा तीतना दिवस हम उसका सर्व प्रकार अमंगल साधन करेंगे। यदि उसमें अयतन करैं तो हे जगदम्बे हम तुम्हारे कोप में पड़ैं।"

तब दोनों देवी को प्रणाम करके देवी के पावों के पाश बैठे ईन लोगों के बिच जो प्रथम से मन्दिर में आकर पुजा करता था, वह रतिकान्त वानुर्यि था। और पूर्व परिच्छेद में उसका निरुद्देशक बात उल्लेख किया गया है। और जो व्यक्ति पीछे आया था, वह रजनी का भगिनीपति देवनाथ मुखर्यि। रतिकान्त पुछा, "रजनी अब हमारा सन्धान क्यों करता है, तुम कुछ जानते हो?"

देवनाथ, कोई को अभी तक नहीं मालुम।

रति. देखो हम लोग जीस अभिप्राय से हम लोग शपथ किए ईसमें यदि परस्पर को सम्पूर्न विश्वास न करैं तो हम लोग मंगल का सम्भावना नहीं है।

देवनाथ, हम यह देवि के मन्दिर में बैठकर बोलते हैं, हम तुमको अविश्वास नहिं (44) करते हैँ।" हम सत्य नहीं जानते। तुम मन में सोचते होगे हम रजनीकान्त एक स्थान में रहते हैं। उनका बात हमको मालुम है। किन्तु सत्य हम कहते हैं रजनीकान्त सहज मनुष्य नहीं है। उनके चरित्र के भीतर कोई जरा भी प्रवेश नहीं कर सकता।

रति, तुम्हारा यदि डर लगता है तो तुम हमें त्याग कर सकते हो।

देवनाथ, हम काली माई का पावौँ स्पर्श करके कहे हैं, हमें यदि भय भी हो तो हम तुम्हारा कृतदास हैँ। और हम लोग जो जयी होगें उसका विशेष लक्षण और दिखलाई पड़ता है। हम लोग को एक प्रधान सहाय जुटा है।

रति, कौन?

देव, रजनी का तृतीय भगिनी शैल बाला, पितृधन में रजनी उसको वंचित किया है। (45)

रति, उसको विश्वास मत् करना, हजार हो वह भगिनी है।

देव, तुम उसको नहि चिन्हते वह भी एक रत्न है, वह जो हमारी एक परमर्शी है। तुमको एक संवाद देते हैँ। आगामी कल रजनी कलकत्ता जायगा।

रति, यह क्या एसा विशेष संवाद है हमारे समझ में तो नहीं आया।

देव, विशेष संवाद यह है कि रजनी के साथ बहुत नगद रुपैया रहेगा।

रति, क्यौं?

देव, क्यौं? तुम आज दो दिन के कारण सन्यासि होकर क्या सब भुल गये। घर में नगद रुपैया नहीँ। अँटता ईसिसे कलकत्ता में या दुसरे कोई स्थान में वह रखने जाता है।

रति, यह संवाद तो, अच्छा है, किन्तु किस रस्ते से जायेगा?

देव, कलकत्ते में जाने का नावो का मार्ग बिना और कौन मार्ग है? किन्तु रजनी पहले (46) पाल्कि में नीलारपुर तक जायगा वहाँ मामा के मकान में एक दिवस

रहकर फीर नावो के मार्ग से जायेगा।

रति, हम तुम्हारा बात विश्वास किए अब काम से जाते हैं।

यह बातें करके दोनों मन्दिर से निकलकर अपने-अपने स्थानाभिमुख चले। गम्भीर निशा में, अमावस के अन्धेरे में देवनाथ शाला के गृह मैं फीर चले, किन्तु वह जो भयंकर शपथ किए हैं। वह शरण (स्मरण) करके उनका रोमांच होने लगा, अन्धेरे में प्रतिपद में उनका वृद्धि होने लगा, मार्ग के पार्श नदी गर्भ मैं प्रेत भूमि। उधर तक देखे जैसे कितने प्रेत मुर्ति खड़े होकर हाथ उठाकर उनको कहते हैं क्या भयानक शपथ। परिष्कार नैशाकाश के प्रति देखकर देखे, लक्ष लक्ष तारा उनकी दुर्लघ्र्य भीषण शपथ साक्ष दे रहे हैं। उज्ज्वल निष्ठूर कटाक्ष से उनको कह रहे हैँ। "हम लोग साक्षी हैँ।" देवनाथ तब अपना अभीसन्धी (47) मन मन मैं विचार करके देखे। सोचे, "रजनी का हम सर्वनाश करेगें, कृत संकल्प हुए हैँ। किन्तु क्यौं? हम तो रजनी का आश्रित हैं, उनके गृह में रहते हैँ उनका खाते हैँ। उनके पिता के अन्न से हमारा शरिर है। रजनीकान्त क्या हमारा कुछ अपकार किया है? कुछ नहीं। तब क्यों? तब हमको कुछ दिया नहीँ, दिया नहीँ यह नितांत विरता की कार्य किया है। रुपैया पाकर यह समय हमारी मन की वासना सिद्ध करते। रुपैया न देकर रजनी हमारा जन्म की सुख नष्ट किए हैं। हम उसको नष्ट क्यों कर न करै? किन्तु रुपैया किसका है? रजनीकान्त का तब हमारा क्षति क्या है? क्षति यह है, हम रजनीकान्त को नहीं चाहते, पीछे कौन है? "पीछे कौन है?" यह बात देवनाथ परिस्फुट स्वर से बोले, "पीछे फीर कर देखे, अन्धेरे मैं कुछ नहीँ दिखलाई पड़ा। किन्तु जब तक मार्ग अतिक्रम करके चलने लगे। बिच-बिच में उनको यह भ्रान्ति होने लगी। पीछे (48) रजनीकान्त के आट्टलिका के भीतर प्रवेश किए। अन्धेरे में सिड़ि से चढ़ते थे ईतने मैं पीछे से कौन उनको बोला, "मुखोपाध्याय महाशय, ईतनी रात मैं एक उजियाला लेने से अच्छा होता, अन्धेरे मैं सिडि मैं पावौं बँधकर गीर पड़ोगे।" देवनाथ चौंक उठे, पुछे, "कौन है रजनी बाबू"

रजनी बोले, "आपहि का भृत्य है।"

देव, ईतनी रात को कहाँ गए थे?"

रजनी, कहाँ जायेगें? आपके मकान में हि हैं, आप कहाँ गए थे? देव, नमन्त्रन में हम गए थे।

देवनाथ काँपते-काँपते अपने शयन गृह में गए। रजनी भी अपने शयन मन्दिर में प्रवेश किए।

(49) एकादश परिच्छेद

प्रेम

सोनार वर्ण होलो कालो।
गुण देखे, आमार मन हाराल॥

कहाँ से कौन यह गीत गाता था, वह केवल बृहत् तिन्तीडी वृक्ष के उपर बैठकर एक चिल जानती थी। वृक्ष के सन्निकट में उच्च स्तुपोपरि एक शीव का मन्दिर था। उसके पीछे भाग प्राचीर से वेष्टित था। उसके पार्शवर्त्ति प्रकोष्ठ सभग्न, और उसके चारो ओर प्रति नीविड़ वन, वह स्थल में मनुष्य समागम का चिन्ह मात्र नहीं था। नगीच एक वृहत प्रांतर–वृक्षहीन, जनहीन, पशुहीन, शोभाहीन, प्रांतर। उसके मध्य से ग्राम्य मार्ग था। कदाचित हि उस मार्ग में मनुष्य जाता था। यदि कोई जाता भी था तो भग्न प्रकोष्ठ के बिच मनुष्य रहने से उसको उसका देखने का सम्भावना नही ँ था। सन्ध्याकाल, मेघाच्छन्न, जरा जरा पानी का (50) बुन्द गीरता था। वह भग्न प्रकोष्ठ के बिच में दश-वारा मनुष्य लुके थे। उनके बिच मैं ही एक मिठे सुर में धिरे-धिरे गाता था, तिन्तीड़ी वृक्षारूढ़ पक्षी बिना और कोई उन लोग को देखने नहीं पाता था। अकस्मात गीत बन्द हुआ। गायक बोला, "कौन आता है।" द्वितीय बोलो, "जीसको आने को है वहि आता है," ईतने में खवीकृति अथच बलिष्ठ और मल्लिवेशि एक व्यक्ति प्रकोष्ठ में प्रवेश किया प्रकोष्ठस्त व्यक्ति लोगों उसका जलदि से पूछे, "क्या संवाद लिआए?" आए हुए बोला, ठिक सन्ध्या के समय बाबू पाल्कि में चढ़ेगे ँ।"

"यहि मार्ग से जायगे ँ?"

"हाँ एहि मार्ग से जाएगे ँ।"

"संग कय बेहारा रहेंगे?"

"वारा जन."

"और भी कोई संग आवैगा?"

(51) "सो नहीं मालुम हुआ।"

"बेहरा लोगों को कैसा देखे?"

"खुब काले काले नन्द घोस के भाँति किसि-किसि का बकरी के भाँति दाढ़ी है।"

"अहा. तमासा छोड़ो, हम कहते हैं हम लोग दश आदमी वारा जन को मोहाड़ा बन्द कर सकेंगे?"

"हाँ सकोगे? हम लोग का चितकार सुनते हि उन लोग मोह जायेगे ँ।"

ऐसे समय में दु:रनिश्रृत अस्फुट भ्रमर गुण-गुण के भाँती पल्कि के वाहक

लोगों का कोलाहल नैशगगन भेदकरके श्रुति गोचर हुआ। रजनी घनान्धकार निकट के मनुष्य लक्ष नहीं होते सुतरां पाल्कि किस मार्ग से आती थी वह दृष्टि नहीं हुआ। समस्त दिन के पानी बरषने से प्रान्तर मार्ग अति दुर्गम हुआ था। ईससे वाहक लोगों का पावों बिच-बिच में पिछल जाता था। वाहक लोगों ने देवता को माठ को और कभी-कभी पाल्की के चड़े हुए (52) मनुष्य को गालि देने आरम्भ किए। किन्तु ईन लोगों को गालि देकर तृप्तिलाभ न होने से कोई कोई समयीव्यहारी वाहक के साथ कलह आरम्भ किए। एसे कलह करते-करते वन के बिच का भग्न मन्दिर नगीच हुआ। किन्तु यहाँ सुखा स्थान पाकर कन्धा बदलने लगे। एक जन वाहक का पावों दूसरे के पावों पर गीरने से दोनों का बात कलह आरम्भ हुआ। इतने मैं अलक्ष से बेहराओं के उपर शावन के धारा के भाँती लठ्ठि का आघात होने लगा। वाहक लोग प्रथम चवोक उठे पीछे अपने दल में लट्ठि हाथ का अपरिचित मनुष्य देखकर पाल्कि रखकर भाग गये और उन लोगों के देखा देखा से पाल्कि के रक्षा करने वाले दो हिन्दुस्तानी मल्लवेशी भी भाग गये।

(53) द्वादश परिच्छेद

देव मन्दिर

दस्यु लोग अब निर्ज्जन देखकर पाल्कि का दरवाजा खोलकर देखा, उसके बिच रजनी बाबू के बदले एक जन अवगुन्ठनव्रती रमणी है। उसको देखकर दस्यु वर्ग विष्मय से विह्वल हो गये। पीछे वह रमणि बोली, "तुम लोग यदि रुपैया के वास्ते हमारी पाल्की पकड़े हो, तो भुल किए हो-हमारे पास रुपैया नहीं है, देंह में कोई अलंकार भी नहीं है हम विधवा हैं, किन्तु सुवर्णपुर हमारे मकान तक हमको पहुँचा दो तो पुरस्कार देगें और यह घटना गोपन रखेंगे। एक जन दस्यु बोला, "तुम्हारा घर सुवर्णपुर में है?"

रमणी, हाँ।

दस्यु लोग चुपचाप परामर्श करने लगे। एक जन बोला, "अरे गोवरा, हम लोग का बड़ा (54) भुल हुआ है। रजनी बाबू का तो सुवर्णपुर से आने का बात है, किन्तु यह पाल्की ठिक उलटे तरफ आयी है, ए पाल्की सुवर्णपुर जाएगी। सुवर्णपुर से तो नहीं आती थी हम लोग के ठिक में भुल हुआ है।"

एक जन प्रविन दस्यु बोला, "जो होने को सो तो हुआ अब क्या परामर्श हो?"

गोवरा बोला, "यह औरत रजनी बाबु की बहिन है मालुम होता है। ईसको रजनी के पहले अपने बाबु के पास ले चलने से सुब कार्य होगा, क्यों ठिक है न?"

दस्यु सब. एहि परामर्श ठिक है कहकर रमणी को पाल्की समेत लेकर चले। रात एक प्रहर हुआ है। गगन मेघाच्छन्न होने से अतिशय अन्धेरा हुआ है। दस्यु लोग प्रांतर पार होकर ग्राम्य मार्ग त्याग करके दुसरा मार्ग पकड़े देखकर वह रमणी पुछि, "तुम लोग कहाँ जाते हो? यह तो सुवर्णपुर का मार्ग नहीं है।" (55) दस्यु लोग उत्तर नहीं दिए देखकर रमणी चिन्तित हुई। किन्तु उन लोग का भिनती विनती करना और डर दिखलाना वृथा होगा जानकर, अपने अदृष्ट के उपर विश्वास करके मौनावलम्बन रहीं। दस्यु वाहक लोग रमणी का एसा निर्भयता देखकर अपने में बोलने लगे, "बाबु लोग होते तो अब तक कितना रोते, कितना हम लोग का पावो पर गीरते, किन्तु क्या आश्चर्य है! यह छोकरी एक बार भी नहीं चिल्लाई।" क्रमशः पाल्की के दोनों पार्श गाढ़ अन्धेरा हुआ। रमणी समझि की पाल्की कोई निबीड़ वन में प्रवेश करति है कुछ देर ऐसे अन्धेरे निवीड़ बन अति वाहित करके एक स्थान में पालकी थमि। वह से ही एक जनदस्यु बोला, "निकल आईए"—रमणी पालकी से उतर कर देखि साह्मने एक प्रकाण्ड मन्दिर, चारो ओर अन्धेरी छा रही है और बिच-बिच में बिजली चमक रही है। तब आज्ञा से एक जनदस्यु के पीछे मन्दिर में प्रवेश किए।

(56) त्रयोदश परिच्छेद

कुमुदिनी

रमणी मन्दिर में प्रवेश करके देखि गेरुयावस्त्र पहिने, शमश्रुल मुखमंडल, एक युवा सन्मुख में काली माई पुजा करता है। रमणी खुब ज्यादे घुघुंट देकर एक पार्श में खड़ि रहि। थोड़े देर पीछे उनके समभिब्याहारी दस्यु बोला। "बाबू महाशय? पुजक थोड़ि देर पीछे दस्यु के ओर ताक कर बोले, "क्या सफल हुआ है?" दस्यु जवाब न देकर चौंककर रमणी के तरफ दृष्टि निक्षेप किया। उसका कारण यह है कि पुजक का कंठ स्वर सुनकर वह रमणि अचम्बा अस्फुट स्वर से चिल्लाय उठि थी। दस्यु जिधर चमकित (57) भाव से ताकता था। पुजक भी उधर हि दृष्टिपात किए और उसी समय बोले, "यह कौन है? यह तो स्त्रि लोग है।"

दस्यु. "हाँ एक भ्रम हुआ है, उनको पकड़ने जाकर एक स्त्री लोग पकड़ लियाये हैं।" पुजक थोड़ि देर घुघुटवाली के सीर से पावों तक देखकर पुछे, "आप कौन हैं?" किन्तु स्त्री लोग कोई उत्तर नहीँ दिँ, पुजक फीर बोला, "आप डरिए मत सच्छन्द से अपना परिचय दिजिए। कोई डर नहीं है। रमणी घुँघट के भीतर से अति धिरे से बोलि, "तब यह दस्यु लोगों के द्वारा हमें क्यौं पकड़ मँगवाए?"

उत्तर, हमारे चिर शत्रु को पकड़ने जाकर भ्रम से आपको पकड़े हैं। आपका कोई डर नहीं है।

रम, कोई डर नहीं है उसका विश्वास क्या?

उत्तर विश्वास यह है की हम यह ईष्ट देवता (58) के सामने, असत्य बात नहीं कहेगें या अन्याय कार्य कभी न करेगें। घुंघटवाली दस्यु को मन्दिर से बाहर जाने का ईशारा करके बोलि, "किन्तु जब यह इष्ट देवता के साह्मने रजनीकान्त को बन्दि करने के अभिलाषा से धृत करने को अनुमति किए थे। तब आपका विश्वास क्या?" जैसे नगीच कोई बहुत मे ँ वज्राघात होने से पथिक चमकित और विह्वल होता है, पुजक वहि भातीं भए। और थोड़ी देर पीछे बोले, "आप कौन हैं?"

रमणी दो एक पाओं आगे बढ़कर घुंघट कुछ खोलकर बोलि, "हम तुम्हारे बड़े भैया की पत्नि कुमुदिनी हैं।"

पाठक अब तक बोध होता है (59) पहिचाने होगे ँ शभश्रुविशिष्ट पुजक को। वह रतिकान्त बन्धोपाध्याय है ँ। जीन रजनीकान्त के पीता के द्वारा हृत सर्वस्व होकर उदासीन भए हैं। वह थोड़ी देर चुप रहे, पीछे विह्वल के भाँती अस्फुट स्वर से स्वगत कहने लगे, "ईए यहाँ क्यों?" कुमुदिनी कुछ कठिन स्वर से बोलि, "तुम तो हमको पकड़ मंगवाए?"

रतिकान्त अति कातर स्वर से बोला, "हमारा यह अवस्था देखकर क्या आपका दया नहीं होता अभि तक भत्र्सणा करति है ँ।" कुमुदिनी उत्तर नहीं दी ँ, किन्तु रतिकान्त समझे कि कुमुदिनी रोति है ँ, उनका पाषान निर्मित हृदय, आद्र हुआ, आँख में एक बुंद आशु आई। थोड़ि देर पीछे कुमुदिनी कम्पित स्वर से बोलि, "यह दुख किस कारण? क्यों स्त्रि पुत्र छोड़कर उदासीन भए हो? आओ घर चलो, उन लोग को लेकर संसार करोगे चलो?"

(60) रति. घर चलकर क्या खाएगे ँ?

कुमु. हमारा बहुमूल्य का अलंकार है सो बेचकर खाओगे। रतिकान्त का फीर कठिन हृदय द्रव हुआ। नयन से दर विगलित धारा गिरने लगा।

रति. हम आपके अनुरोध से घर चल सकते हैं। किन्तु हमारी पैत्रिक वेशर्पी हमारे साह्मने रजनीकान्त भोग करेगा यह हमारा असह्य होगा।

कुमु. रजनीकान्त धर्मभीरु है। सविशेष जान सकेगें तो तुम्हारा पैतृक वेशर्यी तुमको फेर देगा। रतिकान्त का अचम्बा भावान्तर हुआ और अति रुष्ट भाव से बोले, "क्या! भीखमंगा के भाँती रजनीकान्त के द्वारास्थ होगे ँ", और वह हमको दूरवान से निकाल देगा।"

कुमु. रजनीकान्त हमारा भगिनीपति है। हमारे अनुरोध से (61) कु व्यावहार कभी न करेगे ँ। रतिकान्त क्षण काल ओंठ दाँत के नीचे दबाने लगे। पीछे बोले, "हमारा याद नहीं था रजनी आपका ईतना नगीज का सम्बन्धी है। आप हमारे अन्तर

का अति गुप्त कथा जान गई हैँ, अभी आप वह बात रजनीकान्त को जनाएगीँ।"

कुमु. यह अति अन्याय बात है। हमारा रजनि जैसा आप भी तैसा, हम दिन रात ईश्वर से प्रार्थना करते हैं कि नहाने में भी तुम्हारे सिर का एक बाल न तुटें।

रति. आप जो कहती हैं सब सत्य है, किन्तु हम बड़े पाखण्ड हैं हम पृथिवी के उपर विश्वास हराय हैँ, आप यह देवी का पद स्पर्श करके शपथ करैं कि रजनी के उपर हमारा जो, अभिप्राय है सो आप गोपन रखिएगा।

(62) कुमुदिनी उत्तर नहीं दीँ, क्रोध से उनकी शरिर कम्पित होने लगा। बहुत देर पीछे कठिन स्वर से बोली, "हम तुम्हारे कौन हैं सो क्या भुल गए हो?"

रति. आप हमारी भृतृजाया हैँ, सो नहीं भूले हैं, किन्तु रजनी जो आपका भगिनीपति है सो भूल गए थे।

कुमु. तब हमारे साथ एसा कुव्यवहार क्योँ करते हो?

रति. केवल आत्मरक्षार्थ।

कुमु. हमारे द्वारा अनिष्ठ का आशंका क्यौं करते हो? हम क्या तुम्हारे शत्रु हैँ?

रति. हमारा तो शत्रु नहीं है, किन्तु रजनी का तो मित्र हैँ?

कुमु. छिः तुम्हारा मन बड़ा कुत्सित हुआ है।

रति. शपथ किजिए?

कुमु. हम शपथ नहीं करेंगेँ।

रति. रजनी को सब ज्ञात कराए देगीं?

कुमु. उनका विपद उनको जनावैगेँ।

(63) रति. शुनीए आप जदि शपथ न कीजिएगा तो आज रातहि को आपके भगिनी स्वर्ण प्रभा को विधवा करेगेँ।

कुमु. अच्छा तब हम जाते हैं। रतिकान्त दरवाजा दोनों हाथ से रोककर बोले, "जब तक न रजनी का मृत्यु हो तब तक आप यह घर में बन्दि रहीँ।"

कुमु. तुम अभी ईतना पाषन्ड नहीं हुए? यह सब कार्य तुहमारे द्वारा असम्भव है।

रति. तब देखिए।

यह कहकर रतिकान्त दस्युलोग के दलपति को बुलाकर, मन्दिर के सिडी पर जाकर धिरे-धिरे क्या कहने लगे। थोड़े देर पीछे ही मन्दिर के भीतर प्रवेश करके देखे, कि कुमुदिनी वहाँ नहीँ है। आश्चर्य होकर उजियाला लेयाकर मन्दिर का चतुष्कोन और-और स्थान अनुसन्धान किए। किन्तु कहुँ भी नहीं देखने पाए तब समुह विपद जानकर दस्यु लोग के साथ आप यात्रा किए।

(64) चतुर्दश परिच्छेद

स्वर्णप्रभा

"आज क्यौं हमारा मन ईतना अस्थिर हुआ है?"

सुवर्णपुर के गगनस्पर्शी एक आट्टलिका के बिच एक सुसज्जित शयन कक्ष के भीतर एक अपूर्व प्रयोंक परि बैठकर दवादश वर्षिया बालिका प्रयंकशायी एक युवा पुरुष के मुह के ओर ताककर यह बात बोलि, "आज क्यौं" हमारा मन इतना अस्थिर हुआ है?" शयन घर मैं दीपालोक अति क्षीन भाव से जलता था। रात घनान्धकार द्वितीय प्रहर, अगत नि:शब्द केवल निकटस्थ जलाशय से वर्षा के अनुचर वर्गों का कलरव और यह निभृत घर में दो स्त्रि पुरुष का कथोपकथन होता था।

युवक यह बात सुनते ही उठके बैठकर वामहस्त बालिका के स्कन्धे पर रखकर दक्षीन हस्त से उसका मुह पकड़कर चुम के कहने लगे, "क्यौं सुवर्ण, क्यों तुम्हारा मन इतना अस्थिर हुआ है?"

(65) "सो नहीं जानते" यह कहकर स्वर्णप्रभा रजनीकान्त के हृदय में सीर रखकर रोने लगी। "क्यों! क्यों, क्या हुआ है?" घबड़ाकर रजनी पुछे, स्वर्णप्रभा मुह उठाकर रजनी के मुह के ओर ताक कर रोते-रोते बोली, "खाली मन मेँ यहि होता है तुमे जैसे फीर न देखने पावैगें"। यह कहकर रजनी के हृदय पर सिर रखकर फीर रोने लगी दो एक बुंद नयन वारी रजनीकान्त के आँखों से आस्ते-आस्ते स्वर्णप्रभा के गाल पर गीरा। वैसे हि स्वर्णप्रभा चौंककर रजनी के आँख पर हाथ देकर परिक्षा की और ततक्षणात रजनी का गला पकड़कर कहने लगी, "हमारा मन सुस्थिर हुआ है, सब असुख अच्छा हो गया है और न रोएगँ।" यह कहकर हँसने का चेष्टा कीं। किन्तु उसी समय फीर रजनी के गोद में अबोध बालिका के भाँती सो रहि। रजनी दु:खि होकर यह द्वादशवर्षीया बालिका का (66) "अनुराग चिन्ता करते थे। दु:खि होने के कारण यह है कि, यह गाढ़ प्रेम के बदले स्वर्णप्रभा को केवल मात्र कृतज्ञता दिए थे, अपना प्रनय देने अक्षम हुए थे। वह प्रनय केवल मात्र कुमुदिनी के कारण रखे थे। एवम्बिध चिन्ता करते करते रजनी अन्यमनस्क हुए। पृथिवी नि:शब्द स्वर्णप्रभा नि:शब्द भाव से उनके गोद में सोकर दीपालोक के ओर ताक रही है। आकस्मात रजनीकान्त सावधान सुचक रमणी कन्ठ से "विधु विधु" कहकर खिड़कि दरवाजे के ओर कोई बुला रही है रजनी चमकित भाव से सुनने लगे। स्वर्णप्रभा भी रजनी के गोद से सीर उठाकर रजनी के मुह के ओर एक दृष्टि से ताकने लगीँ। "विधु विधु" पुकारने की शब्द दोनों का कान मैं आने लगी।

लुप्त पृष्ठ 67-68 का सारांश

रजनी और स्वर्णप्रभा को वह ध्वनि पहचानी हुई सी लगी और अनुभव किया कि कोई घटना घटित हो रही है। इस कारण यह घबड़ाहट भरा शब्द हो रहा है। विधु भी चौंक पड़ी और प्रत्युत्तर में आवाज लगाई और जल्दी से दरवाजे खिड़की की ओर दौड़ी। स्वर्णप्रभा भी देखने को उठी। कुमुदिनी (69) बोलि, "विधु जलदि आयो, स्वर्ण कहाँ है?"

विधु. जिजि का हुआ है?

कुमु. कहते हैं तु जलदि चल स्वर्ण कहाँ है हमको दिखला दे?

दोनों जनि अति शीघ्र वहाँ से चलि। विधु खिड़कि का दरवाजा बन्द करने भूल गई। थोड़े दुर हि स्वर्णप्रभा के साथ मिली ँ। कुमुदिनी स्वर्णप्रभा को गोद में लेकर उसका मुह चुमकर कान का (त्रुटित उत्तरार्ध पृष्ठ 69 का सारांश) पास मुँह ले जाकर कहने लगी कि तुम और रजनीकान्त दोनों यहाँ से हट जाओ। रतिकान्त दस बारा दस्यु लेकर रजनीकान्त का वध करने आ रहा है। स्वर्णप्रभा घबड़ाकर कुमुदिनी की सारी बात रजनीकान्त को बताने लगी। रजनीकान्त चओ ँक पड़े और पूछा। (70) रज. "कौन?"

स्वर्ण. "तुम्हारा शत्रु"

रज. रतिकान्त?

स्वर्ण. हाँ

रज. सो डर क्या है आवै न.स्वर्ण. वह बहुत आदमी लेकर आता, ओर भागो? रज. छि.

इतने में दो रमनि (कन्ठ से कन्ठ मिल रही थीं कि कुछ दस्यु लोगों के आने की ध्वनि अति नगीच सुनने पड़ी, वे लोग नाम लेकर पुकार रहे थे। दरवाजा, खिड़की खुला था उसी से वे लोग अचानक भीतर प्रवेश कर गए। रजनीकान्त तुरन्त सतर्क हो गए और (71) दस्युदल के बिच कुद पड़े और प्रथम व्यक्ति को भूमीशायी किए। पीछे तिन-चार जनदस्यु से वेष्टित होकर बहुत देर तक आत्मरक्षा करने लगे, किन्तु वर्षा काल के अंगने तें विच्छलट होने से जैसे पावो पिछलकर भूपतित हुए, वैसे हि एक जनदस्यु असि निष्कोषित करके उनको आघात किया। किन्तु असि उनका तन स्पर्श भी नहीं किया। विद्युत के भाँती एक स्त्री लोग आकर रजनीकान्त का देह आवरण करके अपने अंग में वह असि की आघात ग्रहण की ँ, वैसे हि रजनी चिल्लाकर बोले, "स्वर्ण क्या कि अपने को नष्ट की?" अभागिनी स्वर्ण, "अभी भी जलदि भागो।" यह कहकर और बोलने नहीं सकी। पाखन्ड दस्यु वह घटना देखकर (72) थोड़ि देर स्तम्भित होकर रहा, पीछे फीर रजनी के आघात करने के अभिप्राय से असि उत्तोलन कीया, उसी समय पीछे से दस्यु गण के बिच में भीषण

चित्कार सुनने पाकर वहि तरफ ताक कर देखा; बहुसंख्या पुलिष कर्म्मचारि और रजनी के द्वारवान गण के द्वारा दस्युगण वेष्टित होकर भागने का चेष्टा करते हैं। और मुहुर्त्त के बिच आक्रमनकारी का हाथ दो खण्ड होकर एक खण्ड असि सहित भूपतित हुआ। रजनीकान्त देखे की उनके समवयस्क अति सुन्दर एक युवा पुरुष आकर उनका द्वितीय वार प्रान रक्षा कीया। (73) उनको धन्यवाद देकर धीरे-धीरे स्वर्णप्रभा की देह छाती पर लेकर अपने शयन घर में ले गए और सयत्न से यह रक्ताक्त देह अपने शय्या पर रखकर उनका मुँह चुमे और दरवाजे पर एक जन परिचारक को दवर रक्षण करने के कारण बैठाकर "स्वर्ण को बोध होता है हराए, किन्तु कुमुदिनी को यदि ना जीया सके तब यह छार जीवण रखकर क्या सुख?" यह कहकर एक तलवार हाथ में लेकर अंगने मेँ आकर देखे दस्यु लोग भाग गए हैं और पुलिस कर्मचारीगण तत पश्चात् धावमान हुए हैं। अंगने में केवल मात्र चारी पाँच आहत व्यक्ति और दो स्त्री लोग (74) उसके बीच एक स्त्री लोग पुर्व स्थान से दूसरे एक स्थान में एक युवा पुरुष के वाम हस्त पर सीर रखकर पतित है। रजनी चिन्हे, स्त्री लोग तो कुमुदिनी है और जुवा पुरुष उनका रक्षाकर्ता, एक जन नगीच के आहत पुलिस को पुछकर जाने की, दस्यु लोग भागने के समय कुमुदिनी को ले जाते थे, ऐसे समय यह युवक आकर उन लोग के हाथ से कुमुदिनी का उद्धार किए। किन्तु वह समय दस्यु लोग के द्वारा आघात प्राप्त होकर कुमुदिनी के साथ वह स्थान पतित हुए। (75) रजनी दौड़कर पानी लियाकर कुमुदिनी के मुह पर सिंचने लगे जिसमें उनका संज्ञा लाभ हुआ और आँख खोलकर साह्मने रजनी को देखकर सीर में कपड़ा देकर धीरे से कहीँ, "स्वर्ण-स्वर्ण कहाँ हैं?" रजनी भी वहि भाँती धीरे से बोले, "स्वर्ण सोई है।" रजनी पुछे, दस्यु लोग आपको कोई स्थान में क्या आघात किया है?"

कु. नहीं-खाली गीरने से सीर में चोट लगा है, सो कुछ नहीँ है। पीछे कुमुदिनी उठने का उपक्रम करके देखिँ कि, एक युवा पुरुष उनके पास गीरा है उसके हाथ पर सीर रखकर आप भी गिरीँ थी। (76) कुमुदिनी चौंककर लज्जा से उठकर बैठि और रजनी के मुँह के तरफ ताकने लगीं। रजनी समझ के बोले, "उवो कौन है सो नहीं जानते, किन्तु दस्यु लोग जब तुमको लेकर भागते थे, तब वह तुमको परित्रान करने जाकर आप आघाती होकर, तुमको लेकर यह स्थान में (गीर पड़े थे.) फीर कुमुदिनी अंगने में से उठ गईँ। जाते जाते दो एक बार पीछे फीर कर वह अपरिचित जुवा का मुँह घुँघुट के भीतर से देखने लगी और स्वर्णप्रभा? वह क्षुद्र दीप का थोड़ा तेल चुक गया था-आग का प्रचन्ड वात्याय से वह बुत गया। वह क्षुद्र भेला अगाध सागर में गीरा (77) था। यह घोर तरं(ग) से वह डुबा। आज के प्रचन्ड ताप से स्वर्ण कुसम शुख गया; स्वर्ण सौदाभिनी मेघ में लुक गई-खालि आघात हुआ-स्वर्ण वह अस्त्राघात में प्राण त्याग करी।"

पंचदश परिच्छेद

उन्मादिनी

पुर्व परिच्छेद का लिखा हुआ घटना के दो एक दिन पीछे सुवर्णपुर ग्राम अन्धेरा हो गया। राजपथ में जन मानव नहीं दिखलाई पड़ते केवल कभी-कभी पुलिस कर्मचारीगण ग्राम के (78) ईधर-उधर घुमते थे। ग्रामवासी लोग उन लोग के डर से अपने-अपने घर का दरवाजा भी खोलने का साहस नहीं करते हैं। कुछ दिन के वास्ते बाजार का सब काम बन्ध हो गया। जिस्से ग्रामवासी लोगों का भोजनादि भी बन्ध हो गया। सुवर्णपुर ग्राम के प्रांत वाहिनी जान्ह्वी भी कुछ दिन के कारण शोभा हीना भई। जो सब युवती सर्वहाग्रीवा निम्मर्ज्जीत करती। (79) उन लोग को और वह जान्ह्वी कुल में दिन को दिखाई मिलता तब हाँ जीन सब कुल कामीनी गण सुर्यदेव को मुह दिखलाने में लज्जा पाती हैँ और जिन्ह लोग यामीनी न प्रभात होते ही नहा जाति हैँ। केवल मात्र उन लोगों हि जान्हवी का शोभा वर्द्धन करती हैँ, एसे अवस्था में एक दिन अति प्रत्युष काल में दो अवगुन्ठनवती युवति एक मजदुरिन के समभीब्याहार अति द्रूत पाद विक्षेप से भागीरथी तीराभिमुख में बाते करते-करते गमन करती थीँ। (80) विनोदिनी, "अभी वि रात है?"

"हाँ अभी बहुत रात है, हमारा देंह डर से छम् छम् करता है—देखो अभी शुक्रतारा भी नहीं उठा"। चन्द्रा जीजी चल फीर चले।"

"चल्! ईतना दुर आकर फीर फीर जाएगी क्यौं-भय क्या है रे।"

वि. (धिरे धिरे? आज वडि जिजि के घर में अँगोछा लेने गए थे वहाँ एक विकटाकार मनुष्य देखकर तब से हमको बड़ा हि डर लगता है।)

च. है यह कैसा? कुमुदिनी के घर में

वि. हाँ.

(81) च. कब देखि?

वि. अभी।

च. तब अब तक बोलि क्यौं नहीं?

वि. बड़ि जिजि कहने मना कि थीं।

च. तब क्योँ बोलि।

वि. क्या कहैँ चन्द्र जिजि जब तक यह बात हमारे पेट में था तब तक हमको बड़ा हि कष्ट था—हमारि सीर कसम किसि को कहना मत-हमारे भगिनीपति को भी मत कहना।

च. नहीं हम नहीं कहेंगे-तु किसको देखि?

वि. हम उनको नहीं चिन्हते (82) किन्तु मुह देखकर बोध हुआ जैसे उसको कहीँ देखे हैं।

च. कैसे हैं देखने में?

वि. देखने में सन्यासी के भाँती हैं—छाती तक दाड़ी है—खुब बड़ा बड़ा आँख है, गेरुवा वस्त्र हैं—गले में रुद्राक्ष का माला है।

चन्द्र. क्या करते थे।

वि. बड़ि जिजि के सिरहाने बैठकर सीर में हाथ फेरते थे, हम जाते हि चौंककर दुसरे दरवाजे से निकलकर भाग गए।

चन्द्र. कुमुदिनी क्या करती थी?

(83) वि. उनका उस समय कुछ बुखार उतरा था। हम उनको पुछे जिजि यह कौन है? वह बोली एक सन्यासी हमारी दवा करते हैं। ज्वर के विश्राम काल में हमको देखने आए थे, फीर जब हम अगोंछा लेकर फीर आने लगे तब फीर हमें बुलाकर बोलि, "विनोद जीस सन्यासी को तु यहाँ देखि, किसि को कहना मत, काका भी जैसे न मालुम हो।"

चन्द्र. "बाबा को मना की है।" यह कहकर चन्द्रमुखि अन्यमनस्क हुई।

(84) थोड़ी देर पीछे ही युवति दोनों गंगा के किनारे तीर में उपस्थित हुई। नदी का शोभा देखकर खड़ी भई। विशालहृदया जान्हवी नक्षत्र कीरण में झिक झिक करते करते दुर प्रान्त में धुममय मिला है। नदी के दुसरे पार में अस्पष्ट उजियाले में अन्धेरा दिखलाई पड़ता था। अदुरवर्त्तिनी क्षुद्र क्षुद्र तरनी से दीपालोक नदी पानी में प्रतिबिम्बित होता था और शीतल नैश वायु नदी हृदय आन्दोलित करके युवति दोनों की स्वेद विजड़ित अलका गुच्छों का (85) चांचल्य विधान करते थे। युवति दोनों विशेष प्रीति लाभ करके कुछ देर तक तीर में खड़ी होकर दुर से एक क्षुद्र नावों में जो कोई गाता था सो ही सुनती थी। पीछे धिरे धिरे तीर से घाट में उतरीँ। उनके आगे से एक रमनी आकर पानी में स्नान करती थी। उनके बिच मेँ "एक प्राचीना चन्द्रमुखि को पुछि, कुमुदिनी कैसी है?"

च. कुमुदिनी ईस समय अच्छि है अभी बुखार उतरा है। (86) प्राचि. और वह बाबू कैसे हैं?

चन्द्र. हम विशेष नहीं जानते सुने हैं बड़ा बुखार दिन-रात वेहोँस हैं?

प्रा. अच्छा, कुमुदिनी का और वह बाबु का एक साथ बुखार क्योँ हुआ?

चन्द्र. (क्रुद्ध भाव से) क्योँ, हुआ हम लोग क्या जाने। कुमुदिनी का ज्वर हुआ स्वर्ण के शोक से, बाबु का ज्वर हुआ डाका लोग सीर मैं मारे थे ईस्से.

प्रा. वह बाबु तुम लोग के मकान में क्योँ? चन्द्रमुखि उत्तर नहीं दि.

विनोदिनी बोल उठि. अजी वह बाबू दूसरे नहीं है। हम लोग के रमणपुर के चाची का दमाद हैं। सो हम लोग के घर मेँ न रहेगें तो कहाँ जायेंगेँ?

(87) प्रा. किसका, वह प्रेमदा का स्वामी है? आहा! प्रेमदा मर गई-लौंड़ा क्या फीर ब्याह किया है? चन्द्रमुखि बोलि ब्याह हुआ नहीं किन्तु होगा—

प्रा. किसके साथ?

चन्द्र. तुम्हारे साथ.

प्रा. (हँसकर) सो तुम लोग सब एसी एसी युवति शाली रहते हमारे साथ क्यों। कुमुदिनी एसी सन्दुरी बाल्यविधवा है, तिसमें बाप विधवा विवाह न दे सका ईससे बिबाकी हो गया। क्यौं कुमुदिनी ब्याह करें ना बाप फिर घर फीर आवैगा। चन्द्रमुखि जवाब नहीं दिँ। (89) (मूल में पृष्ठ पृख्या 88 के स्थान पर 89 लग गई है)—विनोदिनी "जरे मुँह तुम्हारा" कहकर पानी में उतरी किन्तु पीछे से उन लोगों की परिचारिका धिरे-धिरे प्राचीना के कान-कान में बोलि, "सो आश्चर्य नहीं है।" प्राचीना भी उसी के भाँती धिरे धिरे बोलि, "क्योँ रे?"

परिचारिका बोलि, "दमाद बाबू प्रलाप में दिन रात बड़ि जिजि का नाम हि लिया करते हैं, और बड़ि जीजी का बुखार से जरा भी होंस होने से दमाद बाबू का बात पुछती है।"

"तिसमेँ ब्याह होगा तुम कैसे जाने?"

परिचारिका वो, "तुम समझ लो हम कैसे जाने।"

प्राचीना बोली, "सो तो समझे अब चुप करो।"

फीर जोर से परिचारिका (90) को सम्बोधन करके बोली, "विधु तु क्या रजनी बाबू के यहाँ, अब नहीं रहती?"

वि. और किसके कारण रहेगेँ। जीस स्वर्ण के कारण थे वह गलकर अंगार भई है। अब फीर अपने आगे के मुनिव के यहाँ है। यह कहकर आंचल से आँख पुछने लगी। विनोदिनी और चन्द्रमुखि स्वर्ण को याद आने से अविश्रान्त नयन वारी जान्हवी के पानी में वर्षण करने लगी। प्राचीन आंचल से आँखें पोछते पोछते बोली, "आहा! स्वर्ण क्या सुन्दर लड़की थी जैसा रूप तैसा गुण-एसा लड़की कलि में नहीं होता-अपना प्रान देकर स्वामी को रक्षा की।" विधु बोली, "और तैसेहि उपयुक्त पात्र में पड़ी थीँ।" रजनी बाबू के भाँती (91) बाबू नहीं देखें।

पीछे से एक जन चिल्लाकर बोली, "चुप कर हरामजादी! रजनी के ऐसा बाबू नहीं देखी? वह बाबू है? कौन उसको बाबू किया। उसको कौन ईतने धन का प्रधिपति किया? वह भी हमी हैं। पाषन्ड! निमकहराम! अब हमको चिन्हता नहीं है ईससे हम पागल हैं, हुँ!हुँ हँ! हम पागल हि! हि! हि!"

रमनीगन देखि गंगा के किनारे खड़ी होकर गलित वसना आलुलायित रुक्षकेशा, मध्यवपसी सुन्दरी, एक स्त्री लोग क्रोध भर से हँस रही है। वह अविरत वायु ताड़ित तरंगीनी के उपकुल में अस्पष्ट उषालोक मेँ वह उन्मादिनी का मुर्ति देख (92) कर रमनीगन चमकित भई। विनोदिनी डर कर चन्द्रमुखि का आंचल

पकड़कर उसके पीछे छिपि। उन्मादिनी का हँसी थमी। कुछ देर सभी निस्तब्ध रहे। पीछे उन्मादिनी वह अन्धेरे जाह्नवी के उपकुल आलोडित करके अति मधुर स्वर से गाने लगी।

डुबिते एसे छि आमी जान्हवी सलिले।
कि काय जीवने मम चिर दिन भवि ले॥
धन जन छिल जत प्रियतम पति सुत,
एके एके सवे आसि डुबे गे छे जले॥

(93) उन्मादिनी का चांचल्य देखकर वयःकनिष्ठा विनोदिनी भीत भई। और उसके जलदि के हेतु चन्द्रमुखी उसके साथ घर में चली आईँ। जब विनोदिनी उन्मादिनी के आगे से जाती थी तब उन्मादिनी उसको देखकर बोली, "हुँ हुँ तुम बड़ि सुन्दर हौ। सावधान तुम्हारा बड़ा विपद है।" विनोदिनी डरकर चन्द्रमुखि के पीछे-पीछे चली-पीछे कुल से उपर जाकर बोली, "चन्द्र जिजि! यह औरत क्या भयानक पागल है! किन्तु कैसी सुन्दरी थी, अभी तक कैसा रूप है।"

रमनीगन चली गई, घाट पर पुर्व लिखिता प्राचिना रह गई, और किनारे पर उन्मादिनी रह गयी। (94) प्राचिना धीरे-धीरे उन्मादिनी के पास आकर बोली, क्योंजि! रजनी को कैसे तुम अमीर की किए? वह तो अपने बाप के दौलत से अमीर हुआ है।" उन्मादिनी जोर से हँसकर बोलि, "उसका बाप! उसका बाप कौन है? रमाकान्त! हुँ! हुँ! नाहीं! नहीं! वह केवल हमी जानते हैं। हाँ! हाँ! यह कहकर उन्मादिनी जोर से वहाँ भाग गई। वर्षीय सी चौंककर वहाँ ही खड़ि रही।

षोडश परिच्छेद

वहि सन्यासि का परिचय

डांकां का हल्ला कुछ दिन पीछे थम गया। उसके बदले और एक नया घटना उपस्थित हुआ। वह घटना लेकर सुवर्ण ग्राम में महल्ले महल्ले यहि (95) चर्चा होने लगी। यह आख्यायिका के प्रथम परिच्छेद में उल्लेख किया गया है कि कुमुदिनी अति बाल्यावस्था में विधवा होने से, उसका पिता हरिनाथ मुखर्यी द्वितीय बार उसका ब्याह देने का उद्यम किए थे। किन्तु वह उद्यम सफल करने नहीं पाय ईससे उदासीन हो गए थे। अब अचम्बा हरिनाथ मुखर्यि सन्यास आश्रम छोड़कर गृह में प्रत्यागमन किए और प्रचार किये, कि उनकी बेटि कुमुदिनी की दुसरा ब्याह फीर देगें।

(96) बोध होता है कहना बाहुल्य है, विनोदिनी जो सन्यासी को कुमुदिनी के सिरहाने बैठने देखिँ थीँ, वही हरिनाथ मुखर्यी हैँ। अपत्य स्नेह के अनुरोध से सन्यास आश्रम में रहकर भी अपने गृह में प्रवेश करके कुमुदिनी को गोपन से देखने आए थे। कुमुदिनी प्रथम उनको नहीं पहचानी थी। पीछे चिन्हकर स्वर्ण का शोक भुल गई और अपने पिता को सन्यास आश्रम छोड़कर गृह में आने के वास्ते नाना प्रकार अनुरोध की थी ँ। ईसी प्रकार प्रति दिन रात्र के समय, हरिनाथ मुखर्यि कुमुदिनी को देखने के लिए गोपन से आते थे। (97) और प्रतिदिन ही कुमुदिनी उनको उसी भाँती अनुरोध करति थी ँ। पीछे कुमुदिनी सम्पुर्ण भाव से आरोग्य भई ँ। एक दिन रात को हरिनाथ, कुमुदिनी और उनके स्त्री के साथ साक्षात करके, अपने स्त्री को बोले, "देख संसार में हमारा दो कन्या भिन्न कुछ भी नहीं था। यदि भी उन लोग को त्याग करके सन्यासी भए थे, तब भी हम सर्वदा हि उन लोग को बिना देखे नही ँ रह सकते थे। ईससे जो कुछ ईश्वर का उपासना करते थे सो एहि अंचल में रहकर करते थे, किन्तु जिस दिवस सुने की हमारी सोने की प्रतिमा स्वर्णप्रभा (98) को हराए हैं—" यह कहते कहते हरिनाथ (मुखर्जि) को कन्ठ रोध हुआ-रमनीगण भी रो उठिँ. पीछे सब जरा स्थीरता लाभ करने के पीछे, सन्यासी फीर कहने सुरू किए। जिस दिवस सुने स्वर्णप्रभा को हराए है। वह दिवस से ईश्वरोपासना में, और मन विनिष्ट नही ँ कर सकै। सर्वदा ईच्छा होने लगा कि कुमुदिनी को देखैं, और कुमुदिनी का पीड़ा का संवाद सुनकर वह ईच्छा और भी बलवती हुआ। कुमुद को गोपन से देखने आए। प्रति रात्र को उसको देखने आते थे। हम अपत्य स्नेह के स्रोत में जो बाँध! बाँधे रखे थे सो वह गया-हमारा अब (99) आश्रमवासी होने का इच्छा होता है।" यह बात कहते हि कुमुदिनी और कुमुदिनी की माता दोनों सन्यासी के पावों पर गीर पड़ी और रोने लगी ँ, कुमुदिनी बोलि, "बाबा हम लोग का और कोई नहीं है।" सन्यासी का दर विगलित नयनाश्रु कुमुदिनी के सीर पर गीरने लगा। बहुत देर पीछे बोले, "हम और तुम लोग को छोड़कर नहीँ जायेगेँ। यदि तुम लोग हमारा एक अनुरोध रखी।"

कुमुदिनी बोलि, "बाबा क्या अनुरोध, तुम्हारा अनुरोध न रखैंगे। तुम्हि तो हम लोग का एक मात्र पृथिवी में हो।"

सोलहवें परिच्छेद के त्रुटित अंश का सारांश—हरिनाथ बाबू को जब कुमुदिनी पर विश्वास हो गया, तब उन्हौंने अपना मन्तव्य प्रकट करना आरम्भ किया, "यदि तुम पुनर्विवाह करने पर सहमत हो जाओ, तब हम संसारी हो जायेंगे। अन्यथा हम सन्यास ग्रहण कर लेंगे।" पहले तो कुमुदिनी बहुत लज्जित हुई और उसके आँख से आँसू गिरने लगे। फिर माता के समझाने से तथा पूर्वापर विचार करके अपनी सहमति दे दी।

त्रुटित सप्तदश परिच्छेद से सप्तविंश परिच्छेद के पूर्वार्ध

अर्थात पृष्ठ 100 से 215 तक की कथा का सारांश

कुमुदिनी धीरे-धीरे ज्वरमुक्त हुई। साथ ही डाका के समय उसकी रक्षा करने वाला युवक शरतकुमार भी उसी के घर में रहकर स्वास्थ्य लाभ करने लगा। इसी बीच हरिनाथ बाबू भी सहसा सन्यास त्यागकर गृहस्थाश्रम में प्रवेश कर गए। लोक में यह प्रवाद तीव्रता से फैलने लगा कि हरिनाथ बाबू कुमुदिनी का पुनर्विवाह करने वाले हैं। इसी कारण संसारी हुए हैं।

रजनीकान्त और कुमुदिनी दोनों आरम्भ से परस्पर आकृष्ट थे ही। उसके द्वारा डाका की पूर्व सूचना पाकर उसके उपकार से रजनीकान्त और भी दब गये। उसके प्रति उनका प्रेम प्रगाढ़ से प्रगाढ़तर हो गया। स्वर्णप्रभा की मृत्यु तथा हरिनाथ बाबू के संसारी हो जाने से उन्हें अपने मनोरथ की सिद्धि में विशेष बल मिला।

कुमुदिनी ने रतिकान्त का सारा रहस्य उद्घाटित कर दिया था। अब सब लोग उसके तांत्रिक रूप को भली भाँति पहचान गए थे और रजनीकान्त से उनकी घोर शत्रुता भी प्रकट हो गयी थी। अपना देवर होने के कारण कुमुदिनी रतिकान्त की सहायता भी करना चाहती थी। रतिकान्त पर उसने यह बात प्रकट कर दी कि यदि रतिकान्त को उसका न्यायपूर्ण भाग वापस मिल जाये तो गृह का सारा वैमनस्य सदा के लिए दूर हो जायेगा। रजनीकान्त इसके लिए सहर्ष प्रस्तुत हो गए।

काली मन्दिर में हुई रतिकान्त कुमुदिनी वार्ता शरतकुमार को ज्ञात हो गई थी। शरतकुमार ने जब कुमुदिनी से विवाह का प्रस्ताव किया। तब कुमुदिनी ने बात टालने के लिए विनोद में उनसे कह दिया कि यदि मैं कभी पुनर्विवाह करूँगी तो दरिद्र से ही करूँगी, धनवान से नहीं। शरतकुमार ने इसे सत्य समझ लिया। वह कुमुदिनी के रूप पर मोहित था। उसने मन में स्थिर किया कि यदि मैं अपनी सम्पत्ति रतिकान्त को देकर दरिद्र बन जाऊँ तो उससे सारे कार्य सिद्ध हो जायेंगे। फिर कुमुदिनी को मेरे साथ विवाह करने से हटने का कोई बहाना भी नहीं रहेगा और रतिकान्त को दिए गए उसके वचन का भी पालन हो जायेगा, साथ ही मेरी ऋजुता एवं सत्यपरायणता भी कुमुदिनी को प्रभावित करेगी और रतिकान्त भी मुझसे उपकृत हो अपना विरोध त्याग देगा।

शनैः शनैः शरतकुमार और कुमुदिनी का गुप्त प्रेमालाप उत्तरोत्तर बढ़ता गया। कालांतर से रजनीकान्त भी इससे अवगत हो गए थे। एक बार उन्होंने सोचा तो अवश्य कि कुमुदिनी को अपने हृदय से हटा दूँ। किन्तु वे ऐसा कर नहीं सके।

उधर रतिकान्त डाका-कांड के पश्चात पलायित हो गये। उन्हौंने भली भाँति समझ लिया था कि कुमुदिनी के कारण ही उनकी योजना विफल हो गयी थी। न तो वे रजनीकान्त का ही वध कर सके और न कुमुदिनी का ही अपहरण कर सके।

यदि मार्ग में शरतकुमार न आते तो कुमुदिनी का अपहरण तो अवश्यंभावी था। इस कारण वे शरतकुमार से भी अप्रसन्न होकर प्रतिशोध के वशीभूत हो गए थे। हरिनाथ बाबू ने जब इस नवीन आगन्तुक विपत्ति पर ध्यान दिया, तब यह स्थिर किया कि कुछ समय के लिए सुवर्णपुर छोड़कर कहीं दूर देश में चले जाना ही श्रेयस्कर है। अत: सपरिवार आगरा जाने का निश्चय किया गया। शरतकुमार ने मन में सोचा था कि आगरा जाते समय मार्ग में कुछ समय के लिए कलकत्ता में रुककर वकील से परामर्श करके अपनी सम्पत्ति का दानपत्र रतिकान्त के पक्ष में लिख देंगे।

जब हरिनाथ बाबू ने सपरिवार आगरा जाने के लिए कलकत्ता प्रस्थान किया। तब शरतकुमार भी उनके साथ हो लिए। शरतकुमार के इस कार्य से रजनीकान्त को हृदय में धक्का तो अवश्य लगा किन्तु उन्हौंने उसे प्रकट नहीं होने दिया। कलकत्ता में शरतकुमार वकील से परामर्श करने चले गए। जब उन्हें लौटने में बहुत देर होने लगी और गाड़ी छूटने का समय नजदीक आ गया तथापि जलवृष्टि भी आरम्भ होने लगी, तब हरिनाथ बाबू घोड़ा-गाड़ी करके हावड़ा स्टेशन जाने को उद्यत हुए। शरतकुमार गाड़ी न मिलने से पैदल ही हावड़ा की ओर चल पड़े। मार्ग में घनघोर वृष्टि भी होने लगी। जब सब लोग घोड़ा-गाड़ी में स्टेशन की ओर जा रहे थे। तब थोड़ी दूर जाने पर कुमुदिनी गाड़ी से (अब पृ0 216 से आगे की कथा मूल के अनुसार) मुह बढ़ाकर देखि कि शरतकुमार मुषलाधार पानी में अति दीन दु:खि के भाँति भिजते-भिजते हाबड़ा की तरफ जा रहे हैं। वरषा का पानी उनके सीर से बहकर गीर रहा है। उनका आधा शरीर मार्ग के पानी में डूब गया है। अति कष्ट से गमन कर रहे हैं। हरिनाथ बाबू "शरतकुमार-शरतकुमार" कहकर पुकारने लगे। शरतकुमार सुनते नहीं, बाबू सन्ताडित बरषे का धारा उनके मुँह पर आघात करने से मस्तक निचा करके जा रहे हैं। उनको देखकर स्त्री लोगों का हृदय विदीर्ण हुआ। हरिनाथ बाबू छड़ी थमाकर चिल्लाकर पुकारने लगे। शरतकुमार (सुन)कर उन लोगों के तरफ हँसते-हँसते (मुख किए), उनका हँसी देखकर स्त्री लोगों के आँख में पानी (आ गया)। हरिनाथ बाबू अपने बैठने का स्थान छोड़कर शरतकुमार को बैठने का अनुरोध किए शरतकुमार कोई सुरत से स्वीकृत नहीं हुए (और) (217) बोले, "आप लोग बढ़िए, हम ठिक समय में आप लोग से मिलेगें।" हरिनाथ बाबू अतिकष्ट से बहि स्वीकार किए। शरतकुमार पयदल चले। आँधि पानी अब कुछ ग्राह्य नहीं है, वहि गाड़ि के उपर दृष्टि रखकर चले। दो एक बार शरत देखे वह गाड़ी से कोई मुँह निकालकर उनको देख रहा है। शरत उनको चिन्ह नहीं सके। ठिक समय हबड़ा पहुँचे। हरिनाथ बाबू स्त्रि लोग को गाड़ी पर चढ़ाकर उनके कारण बरान्डा में खड़े होकर अपेक्षा करते थे, वे शरत को गाड़ी के भीतर ले गये। गाड़ी के भीतर जाकर शरतकुमार का कम्प आरम्भ हुआ। शरीर अवश हुआ, हस्त के द्वारा जो शरीर पुछे ऐसी क्षमता न रही। एक अगोंछा लेकर कुमुदिनी ईषत लज्जिता

होकर ईषत मुखावरण करके सीर निचा करके आगे बढ़ि। शरतकुमार उनके हाथ से अगोंछा ले लिए, किन्तु पोंछ न सके, हाथ कांपने लगा, देखकर हरिनाथ बाबू कुमुदिनी को देह पों(छने को कहे) (तो) कुमुदिनी और भी सीर में कपड़ा (218) खींच दि वामहस्त से सल्लज (भाव) से शरतकुमार को पकड़ी जैसा प्रभात प्रफुल्ल पद्मदल के द्वारा (शरत) को पकड़ा और दहीने हाथ से उनका देंह पोंछने लगी। क्रमशः वक्षःस्थल पोंछने लगी जब कुमुदिनी का सीर शरत के पाश आया, तब कुमुदिनी के ब्रीडा विकम्पित ओठ (पर) जरा हँसि आया। वह हँसि केवल शरतकुमार देखे। दोनों जन का सीर से सीर एक हुआ। दोनों जन का (मुंह) से निश्वास मिल गया आँख पर आँख पड़ा, लज्जा से (वह) फीर जरा हंसि। कुमुदिनी ठिक कहि थी, कि "शरतकुमार का स्वभाव लड़कों के भाँति है।" शरतकुमार हँसि के और भी काँपने लगे। उनका काँपना देखकर कुमुदिनी त्रस्त होकर दोनों हस्त के द्वारा शरत का दोनों बाहु (को) दबाकर पकड़ी, जैसे हृदय में उठा लेने का उपक्रम कर रही है। यह देखकर शरतकुमार का मुँह और भी (कंपित) हुआ। क्रम से अंग अवश हो आया एवं थोड़ी देर में अचेतन होकर कुमुदिनी के गोद पर गीर पड़े। कुमुदिनी अति यत्न से उनको दूसरे स्थान में सोयाने की चेष्टा की। किन्तु शरतकुमार के मुँह देखकर वह चेष्टा (विरत) हुई। अपने गोद में हि शरतकुमार को सोने दिया।

(219) अष्टविंश परिच्छेद

कुमुदिनी का स्नेह

"(हम) क्या तुमको दरिद्र होने कहे थे।" (अति) घोर, अति मृदु अति मधूर एवं अति कातर स्वर से एक विंश वर्षीया सुन्दरी निकटस्थ एक युवा को यह बात (कह रही) थी। आगरा शहर यमुना तीर में एक क्षुद्र (से) वरन्डा में बैठकर कुमुदिनी और शरतकुमार दोनों जन का बातचीत हो रहा था। शरतकुमार (व्यथित) शीर्ण जैसे सम्प्रति कोई उत्कट रोग से शांति लाभ किए हैं, दोनों जन दोनों जन के बहुति अनुगत-(सर्वदा) दो (नो) एकत्रित, क्षणिक विच्छेद होने से दोनों कातर होते थे : एक विमार होने से दूसरा कातर होते थे, उभय जैसे कोई स्नेह-रज्जु में आबद्ध है। शरतकुमार का मलिन मुखमण्डल देखकर कुमुदिनी (विच) विच बहुति कातर होती थी। कुमुदिनी के शुश्रूषा (यत्न) से हि शरतकुमार वह उत्कट पीड़ा से आरोग्य (लाभ किये थे)। एक दिन कुमुदिनी अति यत्न से शरतकुमार (का हाथ) पकड़कर उनके मुँह के तरफ ताककर (कातर भाव) से बोलि "हम क्या तुमको दरिद्र होने कहे थे।" शरतकुमार कम्पित स्वर से बोले "कुमुदिनी हम

किसके (लिए सारा) ऐश्वर्य दूसरे को वितरण करके दरिद्र हुए (220) तुम्हरेहि वास्ते न? तुमहि न हम को दरिद्र होने (कहि थी) याद आता है या नहीं देखो याद करके (तुम कही थी) हम यदि कभी किसि को ब्याह करैंगे तो दरिद्र को करैं(गे) अब वह बात का अन्यथा क्यौं करति हैं?" कुमुदिनी फिर मन ही मन में चिन्ता की, शरतकुमार का बड़ा (लड़का) के भाँति स्वभाव है—अभी ऐसा लड़कों के (भाँति) दावा करता है—जैसा ब्याह होने के पूर्व हम (उसके) खरिदे गुलाम हैं—न जाने ब्याह होने से कितना दावा करेगा। यह सोचते-सोचते उत्तर दि, "हम अदृष्ट करके पृथिवी में आएं हैं! शरतकुमार! जो दरिद्र होगा उसि को हमें ब्याह करना होगा। यदि विधाता यहि हमारे अदृष्ट में लिखे हों तो शतसहस्र लोग दरिद्र हैं, उन लोग से कोई (भी) स्वामि होगा-तुम कैसे होगे। तुम तो दरिद्र (कैसे)" यह कहकर कुमुदिनी अन्यमनस्क होकर नदी (प्रति) दृष्टीपात करने लगी। शरतकुमार बालक के भाँति "यह कैसा यह कैसा कुमुदिनी" कहने लगे। कुमुदिनी यह स(ब) नहीं सुनती थी। अन्यमनस्क से यमुना तरफ ताक कर कुछ चिन्ता करति थी। बहुत देर (बाद) शरतकुमार का दोनों हाथ पकड़कर (उनकी) तरफ एक दृष्ट से ताककर बोलि—("क्या आप हमको) चाहते हैं?"(229) शरतकुमार उन्मत्त के भाँति कहने लगे "यह कैसी बात है कुमुदिनी? तुमको नहीं चाहते? तब किसको?"

कुमु : यदि चाहते हो तो उसका परीक्षा दो।

शरतकुमार : क्या परीक्षा कुमुदिनी! कहो हम प्रस्तुत हैं, क्या प्राण देना होगा?"

कुमु : नहीं प्राण नहीं, एक तो हम अपना हि यह क्षुद्र प्राण नहीं रख सकते हैं—तीसमें तुम्हारा इतना बड़ा प्राण लेकर क्या यह बोझा डुबावैगें?

शरतकुमार यह मर्मभेदी उपहास से बहुति दुःखि हुए; उनको जो आशा उद्दीपन हुआ था, वह एकबारगी बुत गया—बोले, "तब क्या परीक्षा कुमुदिनी?"

(कुमु.) तुम हमको स्पर्श करके शपथ करके (यह) बात स्वीकार करो।

फिर शरतकुमार का आशा जन्मा।

(शरत.) तुम्हारि सन्मुख स्वीकार करना हि हमारा शपथ (है.)

(कुमु.) तुम हमे स्पर्श करके स्वीकार करो।

शरतकुमार खड़े रहे, कुछ समझ न सके। कुमुदिनी के बार-बार पुछने पर उत्तर दिए, "हमारा तो अब कुछ विषय नहीं है। सब विषय दान करके तुम्हारे वास्ते भीखारी भया।"

कुमु : "यदि फीर कोई विषय पाओ?"

शरत : "यदि हि कोइ विषय पावै, यह कैसी बात है—इस वास्ते इतनि व्यस्त क्यौं है, कुमुदिनी के सा(थ) ब्याह होने से, पीछे भविष्यत में हम सब उड़ाकर उसके सन्तानगण को दरिद्र करैं, इसी डर से यह शपथ करति है? यहि क्या? बोध

होता है निश्चय ईसि से-तब कुमुदिनी हमको निश्चय ब्याह करेगी" यह शोचकर शरतकुमार व्यग्र बोले, "कुमुदिनी, हम तुमको स्पर्श करके (कहते हैं) और (फीर) कभी हम अपना विषय किसी (को दान नहीं करेंगे।")

(223) शरतकुमार का हाथ छोड़कर उसके प्रति ताककर (कुमुदिनी) हँसते-हँसते बोलि, "हम कैसे तुम्हे ब्याह करैं, शरतकुमार तुम तो दरिद्र नहीं हो-यदि दरिद्र होते तो ब्याह करते, तुम्हारा विषय तो तुम दान कर नहीं सकै।"

शरत: वाह! हम दानपत्र लिखकर रतिकान्त को भेज दिए हैं। हमारा विषय हम नहीं जानते, तुम जानति हो?

कुमुदिनी हंसते-हंसते बोलि, "वह दानपत्र कहाँ हैं।"

(शरत.) रतिकान्त को भेज दिए हैं।

(कुमु.) हाँ, कैसे भेजे कहो तो?

(शरत.) कलकत्ते में वकिल के यहाँ दानपत्र लिखाकर मन में किए थे कलकत्ते के डाक में अपने हाथ रवाना करेंगे। किन्तु समय न मिलने से रवाना नहीं कर सके। फीर गाड़ी पर मुर्च्छा हुआ। (ज्वर) हुआ-ज्वर समेत काशी में पहुँचौ-कुछ याद (आता है)-वह हमारा कुरते के जेब में था-तत्पर (वह हम) अपने हाथ डाक में छोड़वाए हैं।

(कुमु. वह क्या) था?

(224) शरत. दानपत्र था।

कुमु. खोलकर देखे थे?

शरत. देखने की आवश्यकता क्या, हम अपने हाथ कल (कत्ते में) लिफाफे के भीतर बन्द किए थे।

कुमु. लिफाफा खोलकर क्या कोइ, दानपत्र निकालकर दुसरा कागज उसके भीतर रख नहीं दे सकता?

शरतकुमार चौंककर अति कठीन कटाक्ष से कुमुदिनी प्रति ताकने लगे पीछे, प्रति परुष भाव से बोले, "किसका आवश्यक, कौन चौर्य-वृत्ति अवलम्बन (किया?)

(कुमु.) "शरतकुमार, तुम जीसको ब्याह करने चाहते हो, जिसको सर्वस्य ब्याह करने को उद्यत थे, वह क्या तु(म्हारे) वास्ते चोरि नहीं कर सकता?"

शरतकुमार, "कुमुदिनी, तब तुम चोर हौ" यह कहकर रुष्ट भाव से उनके तरफ पीछा करके खड़े होकर नदी (को) ताककर चिन्ता करने लगे।

कुमुदिनी यह रूढ़ वाक्य से प्रति दु:खि (हो) चिन्ता कि, शरत के स्नेह के साथ रजनी का स्नेह कि(तना) प्रभेद है? दोनों जन हि उनके बात पर विषय (त्याग करे) हैं—एक जन रूप में वशीभूत होकर, (दूसरा जन स्नेह में) वशीभूत होकर। उनके उपर रजनी का (स्नेह देखो) (225) (कि) एक बात पर विषय त्याग कीया-रजनी देवता के भाँति (आचरण) करता है और चाहता है, शरतकुमार पुत्तल के भाँति चाहता है। जितना दिन उनका रूप रहेगा तितना दिन उनका चाहना रहेगा-किन्तु

रजनी का स्नेह? रजनी क्या अब उसको चाहता है? अब की विषम समस्या, कुमुदिनी सब भूल गई, चिन्ता में मग्न भई।

शरतकुमार कियत् काल चिन्ता करके, निकट एक कक्ष में प्रवेश करके तत् क्षणात् रतिकान्त मुखोपाध्या(य) को एक पत्र लिखे, समस्त वृत्तान्त उनको अवगत कराकर और भी लिखे, "वह दानपत्र तुम्हारी भ्रातृजाया कुमुदिनी के पास है यदि सकै तो उससे कौशल करके निकाल लें, तो विषय अभि तक आपहि का है। और हम चेष्टा करेगें तो नहीं सकेगें। कुमुदिनी बड़ि कौशलमयी है।" पीछे क्रोध शान्त होने से शरतकुमार बालक के भाँति फीर कुमुदिनी के पास आकर खड़े हुए। उनको देखकर कुमुदिनी हँसते-हँसते बोलि, (तुम्हारा) प्रणय फीर क्या फीर आया? शरतकुमार लज्जीत होकर भट्टि के तरफ (226) ताकने लगे, वाक्य स्पूर्ति नहीं हुआ। कुमुदिनी (यह) देखकर बहुत प्रकार का प्यार करने लगी। (शरतकुमार) साहस पाकर पुछे, "अच्छा कुमुदिनी! रतिकान्त तुम्हारा अपना सम्बन्धि है—हम तो को(ई) नहीं लगते-हम रतिकान्त को विषय दान किए व तुम्हारा इसमें खुसि की बात है। सो न होकर तुम हमारा विषय फीराय देने का चेष्टा क्यों देखति हो?"

"क्यों? तब सुनो।" कहकर कुमुदिनी उठकर खड़ि होकर शरतकुमार के कान के पास मुँह ले गई। उनका अल(क) शरत के गन्डदेश में आकर पड़ा, शरतकुमार का रोमांच हुआ। अति मृदु स्वर से कान में कुछ बोलि, "तुमको जैसे हम चाहते हैं जगत में (और किसी को) उस भांति नहीं चाहते। हमारा सहोदर नहीं है (तुम्ही) हमारा सहोदर हो, तुह्मारा विषय तुह्मारे (पास रहने) से हम बहुत सुखि होंगे।"

शरतकुमार के सीर पर वज्रापात हुआ रोदन (युक्त) होकर वह स्थान से प्रस्थान किए।

(229) उनत्रिंश परिच्छेद

बहुत दिन के पीछे

आगरा शहर में हरिनाथ बाबू जो मकान भाड़ा लिए थे, उसके दक्षिण तरफ के खिड़कि में बैठने से शहर का शोभा सम्पूर्ण रूप दिखलाई पड़ता है। निम्न राजपथ में सुर्यदय से रात्र दो प्रहर तक जनाकीर्ण, दिवारात्र नाना प्रकार की गाड़ी पाल्की यातायात करति है। दुर वृहत्-त्रृहत् श्वेत अट्टालिका श्रेणि अपरान्ह के सुर्य कीरण में हरिद वर्ण दिखलायी पड़ति है और उसमें वैश्वर्य मदमत्त यवन राज लोगों का वैश्वर्य का सुवर्ण (सूर्य) स्वरूप ताजमहल का सुवर्णा कलस सुर्य कीरण (सा ज)ल रहा है, सन्मुख में यमुना नदी नीलम्बु (नृ)त करके दुर में अदृश हो रहि हैं—उसके

उपर एक पार्श्व वृहत वृहत वाणिय पोत था, अति उच्च मास्तुल का श्रेणि दृष्ट हो रहा है। दुसरे पार्श्व महाकाल के भाँति वृहत दुर्ग अङगरेजों कि गौरव रक्षा कर रहा है। दिवस अपरान्ह समय जब सान्ध्य तिमिर क्षण-क्षण महान (से महानत)र होता था, तब यह गृह के दक्षीण के खिड़कि (पर) कुमुदिनी और विनोदिनी बैठकर राजपथ (228) निरीक्षण करति थीं, सन्ध्या की स्निग्धकर (छाया की) लालसा से नागरिकगण नानाविध परिच्छेद हो होकर, कोइ राजपथ में कोइ नदी तीर में (विचरण) करते थे। कोई पयदल को (ई) घोड़े पर चढ़कर (कोई) गाड़ी पर चढ़के भ्रमण करते थे। घोड़े के टाप का और असंख्य ऐंक्का का दुरनि:सृत झन् झन् एकत्रित होकर महानगरी का एक भाग अति मधुर कोलाहल उठा। अन्य भाग में जिस पर हिन्दु लोगों का वास है, सन्ध्या समागम में स्थान का देवार्च्चना जनित शंख घण्टा और वाद्यों का गंभीर निनाद से सहर परिपुष्टि हुआ। भ(गिनी दोनों) कभी वह शब्द सुन रही हैं, कभी दुर में दृष्टि निक्षेप कर सहर का सौन्दर्य दृष्टि कर रही हैं, कभी अंगरेज अबलागण का परिच्छेद और अश्व चालना और साहेबों के साथ नि:शंकोच से उन लोगों का (बात) चित करते देखकर कितना प्रकार का ठहा(का), (बा) लिका स्वभावा विनोदिनी अपने लोगों के खिड़कि निचे गाड़ी श्रेणि देखकर बोलि, "जिजि देख कितना एक्का जा रहा है, हम गाड़ी गनते हैं एक-दो-तिन—जीजी देख-देख कैसी सुन्दर (है) कैसा रंग है, आंख के तारा का रंग और वार का(ला) होता तो कैसी सुन्हरी होती।" देखते (देखते) (229) (सब अ)दृश्य हुआ? पीछे फीर यह पांच-छय अहा यह (कैसी) सुन्दर गाड़ी है! कैशा तेजी घोड़ा दोनों इसमें लगा है। इसमें हम लोग के जातीय बाबू-कैसा गाड़ी में सुन्द(र) बैठा है—साहेब लोग से भी सुन्दर लगता है। पीछे अति विष्मयान्वित होकर बोली, 'जिजि यह कौन है? मालुम होता है इसको कहुँ देखे हैं।"—कहकर हाथ से कुमुदिनी को खिंचकर दिखलाई जैसे एक स्थान में (प्रच)न्ड घूर्ण वायू के जोर से वह स्थान का द्रव्यादि (आ) लोड़ित होता है। उसि प्रकार गाड़ी के ऊपर दृष्टि करके कुमुदिनी का मन आलोड़ित हुआ, अथच उपर से कोई (उसका) चापल्य प्रकाश नहीं हुआ। कुमुदिनी देखते हि (तत्) पर चित्कार ध्वनि से बोलि,"रजनीकान्त, रजनी, हम (सबों) का रजनी है।" विनोदिनी आश्चर्यन्वित होकर बोली, कौन, रजनी! हाँ तो रजनी हि तो है—दाढ़ी रखा (भ)या है इससे हम पहले नहि चिन्ह सके थे।" यह कहकर अति वेग से दौड़कर वह स्थान से (भा)ग कर कुमुदिनी के पिता माता को समाचार देने गई। कुमुदिनी वहि खिड़कि में बैठकर वहि गाड़ी पर दृष्टि (लगाए रही.) देखते-देखते गाड़ी अदृश्य हुआ। कुमुदिनी (230) तत् क्षणात् छत पर दौड़कर गई देखि गाड़ि सामने का (मोड़ से) फीरकर उन लोग के मकान के सामने तृणाच्छादित प्रान्तर के दक्षिण तरफ एक अनतिवृहत् सुचारू श्वेत आट्टलिका के सामने थमा वह आट्टलिका कुमुदिनी के शयन कक्ष से दिखलायी पड़ता है। कितना दिन आप

(से) वह आट्टलिका का सौन्दर्य का प्रशंसा (किए) पीछे उपर से उतर आकर विनोदिनी बुलाकर (गोपन) से अति मृदु स्वर से (जैसे कितना लज्जा का बात है) बोलि, उस मकान में रजनीकान्त रहता है गाड़ी उसी में गया है। विनोदिनी फीर दौड़कर जाके हरिनाथ बाबू को संवाद दि। और छत पर उनको ले जाकर अंगुलि के द्वारा (आट्टलिका) दिखला दी। हरिनाथ बाबू एक चादर लेकर (उनसे मिलने) के उद्‌देश्य से निकले।

त्रिंश परिच्छेद

प्रतिशोध

(क्या हो)ता है—अभि तक कुमुदिनी वहि खिड़कि में (बैठकर) नीरव होकर वहि प्रान्तर पार्श्वस्थित आट्टलिका के प्रति दृष्टि कर रहि है। वह आट्टलिका के एक एक कक्ष में जो उजियाला बल रहा था वहि देख रहि थी, (कितना बड़ा) पंखा झुल रहा था, तन्मन होकर वहि कक्ष के (भीतर देख) रही थी। ताकते ताकते एक बार दृष्टि लोप (हुआ) (239) फीर आँख बन्दकरके हाथ से मल देति थी। दृष्टि का पुनः सञ्चार होता था। खड़खड़ि के अल्पायतन छिद्रपथ से अधिक क्षण दृष्टि नहीं चलता था-विच विच में लोप होने लगा। उठकर कुमुदिनी छत पर गयी उपर नील नभोमन्डल में एक वृहत चांदि के थाली के भाँति चन्द्र उठा है। पीछे नाओ भरा हुआ यमुना के नील वक्ष में चन्द्र का उजियाला झिलमिल चमक रहा है, और अति दुर में वृहत-2 वानिज्य पोत का मास्तुल सब नीलाकाश में अस्पष्ट लक्षित हो रहा है। सन्मुख में महानगरी के विचित्र प्रस्तर रेईल परिवेष्टित (वह) सौधमाला नव वसन्त पवन स्पर्श-लोलुप (अतिक्रमण) परिपुरित होकर चन्द्र के उजियाले में (चमक) रहा है। राजपथ क्षण क्षण विरल मानव होता है। भ्रमरकारी गण क्लान्त होकर अलसावेश से गृह में प्रत्यागम कर रहे हैं। प्रशस्त तृणाच्छादित प्रान्तर में चन्द्र के उजियाले में बैठकर एक एक दल युवक स्थान स्थान (पर बात कर) रहे हैं। कुमुदिनी प्रसादोपरि उठकर वह सब (देख रही) थी। अविचलित चित्त से स्थीर नेत्र (से वह आट्टलिका) ताक रही है। एक कक्ष में पंखा चल (रहा है) (कुछ काल बाद) पंखा थमा। बहुत देर तक उस कक्ष में (किसी व्यक्ति) के अवस्थिति का चिन्ह नहीं मिला तथा ये (232) कुमुदिनी प्रसादोपरि बैठकर स्थिर नेत्र से ताकते रही इतने में विनोदिनी देखकर हाँफते-हाँफते आकर बोलि, "जिजि जलदि आओ-रजनीकान्त आए हैं—बड़ि माँ के साथ बात कर रहे हैं।" कुमुदिनी यह सुनकर जलदि उठने कि उद्यम कि, "किन्तु उसी क्षण हि अति (खिन्न) भाव से बोलि, "तुम जाओ हम

आते हैं।" यह सुनकर विनोदिनी बोलि, "यह क्या जिजि यह कैसा-वह हम लोग का भगिनीपति है—बहुत दिन पीछे आये हैं—उनके साथ मिलने तुम्हारा ईच्छा नहीं करता?" कुमुदिनी बोली; "क्यों नहीं करता-तुम चलो न हम आते हैं।"—फीर बोलि, "रजनी क्या तुम्हारा हमारा कोइ बात पुछते थे (या नहीं?) विनोदिनी बोलि, "तुम्हारा बात नहीं पुछते (थे किन्तु हमारे) साथ साक्षत होने से बहुत बात किए फीर व(ड़ि मा के)साथ बात कर रहे हैं, हम इसी अवसर से तुमको (अवगत कराए.)" जिजि जलदि आओ—"यह कहकर विनोदिनी (के चले जाने पर) कुमुदिनी जब एकेले भई तब अति द्रुत पद (चल) कर प्रसाद से नीचे जिस कक्ष में रजनी है वहि कक्ष के निकट दरवाजे के आड़ में छिपकर जो मुर्त्ति दिन रात चिन्ता करति है वहि मुर्त्ति अनिमेष लोचन (हो देखने) लगी, क्या देखि, जैसा वर्षा के मेघाकाश (मन्डल) कि किन्चित म्लान अचल नयनरंजन स्निग्ध (कान्ति को) (233) कोई गम्भीर चिन्ता में धँसे उनके मुख चन्द्रमा का उज्जवलता ढांक रहा है। देखते देखते हृदय उछल उठा, नयन वारी ओर से परिपूर्ण हुआ। और देखने नहि पाति, आंचर से आँख पोंछकर फीर देखने लगी। अब कि रजनी पीछा फीरकर खड़े हैं अच्छि भाँती देखने नहि पाई-कुमुदिनी का क्या यन्त्रना हि होने लगा, किस तरफ खड़े होने से अच्छि भाँति देखने पावैगी स्थीर नहीं कर सकी—रजनीकान्त को तो बहुत बार देखी है, अब कि इतना देखने कि साध क्यों? देखकर इच्छा क्यौं नहीं भरता? अंधेरे घर में व्यस्त होकर घुमने लगी। (कक्ष में) कतिपय द्रव्यादि एकत्रि था। कुमुदिनी उसमें अरझकर गीर पड़ी उसके साथ धातु (और) द्रव्यादि का झन झन् शब्द हो उठा। तत् क्षणात् उजियाला लेकर कुमुदिनी की माता, विनोदिनी रजनीकान्त कक्ष के मध्य प्रवेश किए। देखे कुमुदिनी लज्जा से (अवनत) होकर सीर में कपड़ा खिंचते खिंचते (उठ खड़ी हुई और कुमुदिनी को) देखकर रजनीकान्त वह कक्ष से प्रत्यागमन (किया) (और) कुमुदिनी लज्जित और अप्रतिभ होकर छत के उपर (जा बै)ठी। रोने लगी, क्यों रोने लगी सो वहि (अच्छी तरह) समझ सकि। ज्यादे क्षण नहिं बैठ सकि (और) (234) व्यस्त होकर आँख पोंछकर नीचे आकर देखि वरण्ड होकर विनोदिनी और रजनीकान्त चन्द्रा में जमुना शोभा देखते देखते कथोपकथन कर रहे हैं।

विनोदिनी पुछि, "तुम क्या नौकरी करते हो?

र. ओकालति करते हैं.

वि. कितना रुपैया पाते हो?

र. कुछ भी नहीं.

वि. तब कैसी नौकरी?

र. यह नयी चाल कि नौकरी है.

वि. वह गाड़ी किसका है?

र. हमारा.

वि. रुपैया देकर खरिदे थे?

र. नहीं त क्या.

वि. रुपैया कहां पाये?

र. पड़ा हुआ पाये.

वि. क्या तुम चोर हौ?

र. कैसे.

वि. जो रुपैया तुम पड़ा हुआ पाये वह रुपैया क्या तुम्हारा है?

र. अब कि हम हार माने.

दोनों जन क्षण काल निस्तब्ध हुए कोइ (साह्मने के) तरफ ताकने लगे कोई यमुना के तरफ ताकते (थे)। कियत् क्षण पीछे विनोदिनी फीर बोलि, "तुम क्या) (235) (ब्याह करने नहीं सोचते) हो?" रजनी का मुख कान्ति परिवर्तित हुआ, फिर थोड़ी देर नीरव होकर बोले, ' 'नहीं, करेंगे।"

वि. किसको.

र. पीछे जानोगी.

वि. लड़की की उमर क्या है?

र. तुम्हारा उमर.

वि. देखने में कैसी है?

र. बड़ी सुन्दरी.

वि. ऐसी कोई कभी नहि देखा है क्या?

र. कभी नहीं देखा.

वि. (कोई) को देखे हो क्या?

र. (दे)खते हि भूले हैं.

वि. (औ)र वह भी भूलि है?

र. कैसे जानेंगे.

वि. भला एसी अद्भूत सुन्दरी धुंड़ धुँड़ के कहाँ पाये?

र. तुम लोग के ग्राम से, सुवर्णपुर से.

वि. हम लोग के गाम से? किसकी लड़की है? नाम क्या है? र. (राम)नाथ मुखोपाध्याय की कन्या, नाम विनोदिनी.

(यह) सुनते हि विनोदिनी लज्जीत और अप्रतिभ होकर किंकर्तव्यविमूढ़ के भाँति क्षणेक खड़ि रहि पीछे दौड़कर (वहाँ से) भागी, उसके पाओ के कड़े का झन झनात् (शब्द के) (विक्षेप) प्रति कक्ष कक्ष में प्रतिध्वनित होने लगा। (236) रजनीकान्त हँसते-हँसते एक बार बोले, "दौड़ो नहिं गीर पड़ोगी" पीछे वहाँ से चले गए।

और कुमुदिनी? कुमुदिनी कहाँ है? वरन्डा के पास एक (कक्ष) के दरवाजे के आड़ में प्रस्तरवत् खड़े होकर यह कथोपकथन सुन रही थी। हृदयाघात से व्यथित

होकर हस्त के द्वारा (सीर) थामकर, स्थीर नेत्र से रजनीकान्त के तरफ ताककर (उनकी) बात सुन रही थी। रजनी को कितना सुन्दर देख रही थी। उनका बात कितना मधुर लगता था। बेहायी विनोदिनी को क्या कुत्सित देखि थी? क्या निर्लज्जा के भाँति रजनी के साथ बात करती थी।

कुमुदिनी को याद है या नहीं, नहीं जानते (किन्तु रजनीकान्त) को अच्छि भाँति याद है, इस भांति चोरी चोरी (रजनीकान्त) एक दिवस रात्र को कुमुदिनी का और शरत (कुमार का बातचीत) सुने थे? वह ज्योत्स्नामयी उद्यान के स्वच्छ (समीरण में) एवं चन्द्रालोक प्रतिबिम्बित सरोवर के सोपान में बैठकर जब दो जन प्रेमालाप करते थे तब नगीच के एक कामिनी वृक्ष के डार अवलम्बन करके रजनीकान्त उन लोगों का कथोपकथन सुने थे। कुमुदिनी तिसमें कितनी क्रोध कि (थी) कितना विरक्त भई थी, रजनी का रुढ वाक्या द्वारा (कितना) भर्त्तसना कि थी एसा क्या रजनी को रूला के त(ब छोड़ि थी।) आज आप क्या की? संसार का एसा ही गति (है.)

(237) रजनीकान्त वरन्डा से जाकर कुमुदिनी के माता के पास गये। जाके विदाय प्रार्थना किए। कुमुदिनी के माता बोलि, "रोज सवेरे सन्ध्या को एक एक बार आना और प्रत्यह यहाँ भोजन करना।" रजनीकान्त साक्षात् देने में स्वीकृत हुए, किन्तु प्रत्यह भोजन करने को नहीं सम्मत हुए-बोले, "हमें प्रत्यह कचहरी जाना पड़ता है, कोई दिन दश बजे, कोई दिन दो प्रहर के समय। प्रत्यह यहाँ भोजन करना नहीं हो उठेगा एक दिन भोजन करेंगे।" यह कहकर अपने घर के तरफ चले। कुमुदिनी भी अपने (शयन कक्ष) के खिड़कि में बैठकर देखि, एक व्यक्ति राजपथ (के तृणाच्छादित) प्रान्तर से उसके दक्षिण पार्श्व के एक (आट्टलिका) के तरफ जाते हैं। अति मृदु गमन से जाते हुए (राजपथ) पार होकर एक गृह मध्य प्रवेश किये और वह नहीं दिखलाई पड़े-थोड़ि देर पीछे आट्टलिका के खिड़कि के मार्ग से जो दीपमाला दिखलाई पड़ता था। एक एक सब निर्वान हुआ। पीछे गवाक्ष सब कोइ आकर बन्द कर गया (एक) मात्र सुन्दर श्वेत आट्टलिका चन्द्रलोक में (और) भी श्वेत दिखलाई पड़ता था। किन्तु कुमुदिनी की हृदय अन्धकार हुआ।

(238) एकत्रिंश परिच्छेद

दानपत्र

रजनीकान्त कुमुदिनी को कितना चाहते थे। कुमुदिनी बिना और कोई उनके हृदय में नहि स्थान पाया था। कुमुदिनी उनका एकमात्र चिन्ता (थी) कुमुदिनी प्रतिमा के भांति

उनके हृदय विराज करति थी। किन्तु (जिस) दिवस जानै उनसे शरतकुमार कुमुदिनी का ज्यादे प्रियतम है। उस दिवस से उनके हृदय में विषम विप्लव उपस्थित हुआ। वह विप्लव का फल दृढ़ प्रतिज्ञा। दृढ़ प्रतिज्ञा यह है कि कुमुदिनी प्रतिमा अपने हृदय से विसर्जन करेगें। कितना दुर (तक) प्रतिज्ञा रक्षा कर सके हैं सो हम नहीं जानते किन्तु (जिस दिवस से प्रयत्न करके) वह प्रतिज्ञा में सफल हुए थे उसका किञ्चित कि्चित (परिणाम क्या हुआ) कि जिसको देखने के वास्ते जिसके साथ ब(ड़ा आशा लेकर) रजनीकान्त नाना प्रकार कौशल कल्पना करते थे, आज (बहुत दिन) के पीछे उसके साथ साक्षात हुआ। मिलने से रजनीकान्त का क्या (कोइ) वाह्यिक चाञ्चल्य दिखलाइ पड़ा था? कुछ नहीं। वह क्या "कुमुदिनी" कहकर एक बार कोइ बात न पुछ सकते मूक्त वातायन में बैठकर एकेली कुमुदिनी एहि चिन्ता कर रहि (थी कि) भला, रजनी क्या एक बार मुंह का बात कहकर एक (बार देख नहीं) सकै? एक बार कुमुदिनी कहकर पुकारने की नहीं प्रवृत्ति हुई। (रजनी) उनको चाहते थे सो मिथ्या है। रजनी उनको कभी नहीं चाहते (239) आप हि केवल रजनी को चाहि हैं, किन्तु वह चाहने का प्रतिदान भी (नहीं) हुआ। अब उनका जीवन अन्धकार विजन मरुभूमि के भांति है, यह अन्धेरा का जीवनाकाश में एकमात्र तारा रजनीकान्त। किन्तु वह उजियाला बहुत दुर में है, कभी उनका जीवन आलोकमय करने का और कोइ सम्भावना नहीं है। दिक्भ्रान्त पथिक के मरीचिका के भांति भांति अति दुर एक बार जलता है, एक बार बुताता है। कुमुदिनी के आँख में दरविगलित धारा बहने लगा। अञ्चल से आंख पोछते बोलि, हाँ विधाता क्या किए, क्यौं हमारा ऐसी दशा किए, हम क्या पाप किए हैं कि हमारा दर्प चुर्ण किए। हमको रजनीकान्त का कृत दासी के भांति होना पड़ा! रजनी हंसेगा तो हम हंसेगें रजनी रोवैगा तो हम रोवेगें! रजनीकान्त के उपर क्यौं हमारा एसा भाव हुआ मन (में सोचने लगी)। दुर्दमनीय वेग क्या कभी सम्बरण न कर सकेगें-विधाता (ऐसा बाम हो गया) कहते कहते कुमुदिनी का हटात् भावान्तर हुआ, मेघावृत शरत के शशी के भांति (उनकी प्राकृति मन में) आकर सिहर उठि। इश्वर को पुकार के क्या रजनीकान्त का अकल्यान किए। मन मन में बड़ा यन्त्रना हुआ, हृदय उछल उठा मरोड़ने लगा-फीर नयन में धारा बहने लगा। रजनीकान्त के सीर में एक शुष्क क्षत चिन्ह देखि थी, चिन्ता की वह कैसे क्षत हुआ था? आहा कितना कष्ट पाए होगें? कौन उस समय अपना जानकर यत्न किया होगा? कौन उ समय उनको हमारा कहकर यन्त्रना निवारन के कारण (काम आया) होगा? इस जगत में तो रजनी को हमारा कहे एसा कोइ नहीं है। केवल यह हतभागिनी चिरदुःखिनी मन मन में (ऐसा) बोलति है, यह सुखमय चिन्ता में निमग्ना हो रही (थी) (इस प्रकार) द्वितीय प्रहर अतीत हुआ। कुमुदिनी संज्ञाहीना होकर (240) मूक्त वातायन में बैठि है। निद्रा की आकर्षन नहीं है, (प्रयत्न करके) एक बार भी नहीं स्पर्श की। क्रम सै निशानाथ

मध्य गगन अतिक्रमण करके पश्चिम गगन में आए। हटात् कुमुदिनी का चिन्ता भग्न हुआ। वातायन के नीचे मनुष्य कन्ठ सुनी। देखि ज्योत्स्ना विद्युत राजपथ के पार्श्व से उनके गवाक्ष के निचे एक मओश्री वृक्ष के छाया में खड़े होकर दो व्यक्ति बात करते हैं। कुमुदिनी हटकर खड़ी भई, दुसरे वातायन से उन लोग को देखने लगी। देखि एक जन बंगालि और एक जन हिन्दुस्थानी-जो व्यक्ति बंगालि है वह व्यक्ति कुमुदिनी के गवाक्ष के प्रति अंगुलि निर्देश करके हिन्दुस्थानी को धिरे-धिरे क्या कह रहा है। कुमुदिनी का बड़ा संदेह हुआ, चिन्ता किए यह दोनों व्यक्ति उन लोगों के प्रति अवश्य कोई दुरभिसन्धि से वहां खड़ा है। इस्से गृहस्थ सबको जगाना उचित है। विवेचना करके अति व्यस्त होकर चलि। निकट के एक (कक्ष में) विनोदिनी शयन करति थीं, अति शिघ्र वहि (जगह पहुँची) कि! देखि मूक्त वातायन के मार्ग से ज्योत्स्ना (प्रकाश ने विनोदिनी) का कक्ष उजियालामय किया है वहि (आलोक में) (विनोदिनी) कक्षस्थ समुदय द्रव्य दिखलाइ (पड़ रहा था) (ए)क क्षुद्र पलंग पर विनोदिनी का शय्या (किया हुआ था), किन्तु विनोदिनी उस पर नहीं है, आश्चर्यनिता होकर कुमुदिनी कक्ष के चतुर्दिक देखने लगी, देखि वहि कक्ष के एक (मूक्त) वातायन में कुमुदिनी के तरफ पश्चाद करके प्रान्तर पार्श्व (रजनी) कान्त का अमल श्वेत आटट्लिका के तरफ मुह करके विनोदिनी बैठि है। अति मृदु स्वर से कुमुदिनी बुलाई, ("विनोदिनी" वह) चौंक उठि, लक्षित और अप्रतिभ होकर उठ (खड़ी हुई जैसे) कोई कुकर्म्म कि है। कुमुदिनी यह लक्ष न करके उस(को) (241) (पकड़) कर अपने घर के वातायन के नगीच लेया कर धिरे-धिरे बोलि। देख, मोशरी तले कौन लोग खड़ा है। विनोदिनी किसी को नहीं देखने पाइ। किन्तु कुमुदिनी देखि अनतिंदुर राज मार्ग में उन लोग हन् हन् करके चले जा रहे हैं।

विनोदिनी अपने घर में फीर आई। कुमुदिनी एकेलि खिड़कि में बैठि रही क्रमे निद्रा आकर्षन होने से सब दरवाजा बन्द करके शयन की नी तन्द्रा आयी। कियत क्षण पीछे हटात् नींद खुलि। कक्ष मध्य के कोइ शब्द से नींद खुल गइ। दो एक बार खुट-खुट शब्द से नींद खुला, आंख खोल कर देखि, वरन्डा के तरफ का एक दरवाजा कोई खोला है, एवं तज्जनित अस्पष्ट चन्द्रालोक में (कोई) एक व्यक्ति मुँह ढांककर उनका एक बक्स खोल (रहा है) (और कुमु) दिनी चिल्लाय उठि पुनः पुनः चिल्लाने से (घर के सब जन) एवं और और पौर जन दौड़ आए, किन्तु चोर का कोई दर्शन नहीं पाया। केवल मात्र देखे वरान्डा में एक लकड़ी का सिंडी लगा है। उजियाला लीया कर हरिनाथ बाबू कक्ष के मध्य अनुसंधान किए। देखे कुमुदिनी का बक्स (खुला) (हुआ) है किन्तु अलंकार अथवा अन्यान द्रव्य कुछ नहीं अपहृत हुआ। कौन मार्ग से चोर गृह में प्रवेश किया था (उजियाला) लेकर वह अनुसंधान करते करते देखे, वरान्डा (की) खिड़की के पास एक कागज पड़ा है। उजियाला से वह (पाकर) आश्चार्यन्वित हुए, कुमुदिनी को बुलाकर (गोपन) (कर के पूछा)

"कागज कैसा है तुम जानती हौ? यह क्या तुम्हारे वक्स में था?" (242) कुमुदिनी बोलि, "यह शरतकुमार का दानपत्र है। यह (हमारे वक्स के भीतर था) एवं किस प्रकार से मिला था वह सब वृत्तान्त अपने (पिता को अवगत) कराइ। हरिनाथ बाबू हंसकर बोले, "तब शरतकुमार का (विषय शरत) कुमार काहि है, रतिकान्त का नहीं है।" कुमुदिनी उत्तर की, "(दान पत्र) रेजष्टरी नहीं हुआ, एवं रतिकान्त के हस्तगत नहीं हुआ, तब (वह शरत) काहि है।"

हरिनाथ बाबू कुमुदिनी के कौशल से अतिशय सन्तुष्ट होकर हंसकर बोले, "कुमु, तुम आज वाल्य स्वभाव शरत की रक्षा कि हो, यदि शरत तुम्हारे परामर्श से सब कार्य करै, तब उसका विपद का सम्भावना नहीं है।" यह कहकर हँसते-हँसते दानपत्र को खन्ड खन्ड करके फाड़ डाले और खन्ड समस्त अग्नि संस्पृष्ट किए। यह वृत्तान्त पौर जन सब (कोइ) जानने पाए। हरिनाथ बाबू का दृढ़ विश्वास हुआ यह चोर (रतिकान्त ही होगा) और कुमुदिनी का दृढ़ विश्वास हुआ यह चोर (शरतकुमार ही होगा) मन में बहुन्ति यन्त्रना होने लगा।

द्वत्रिंश परिच्छेद

यमुना के जल में

दुसरे दिवस अपरान्ह में हरिनाथ बाबू कुमुदिनी और उनके असु (ता को) बुलाकर निर्ज्जन में बोले, "कुमुदिनी तुम्हारा स्मरण है, हम (पुनर्पि) संसार आश्रयी भये हैं केवल तुम्हारे वास्ते। (तुम्हारे सिवा हमको) और द्वितीय सन्तान नहीं है, तुम्हारा सुख साधन ह(मारे जीवन) का प्रधान उद्देश्य है। (तुम जिस) काल में विधवा भइ (थी) (243) (हम वहि दुःख से) उदासी हुए थे, पीछे तुम ब्याह करने को सन्मत्र (हुई. तब) हम फीर संसारी हुए, किन्तु आज छय महीना (व्यतीत) हुआ तथा च तुम्हारा ब्याह नहीं देने पाए। हम दिन दिन क्षीण हो रहे हैं—और थोड़े दिन जिएगें, तुमको इस अवस्था में छोड़कर जाएगें तो बहुति कष्ट से मरेगें," अतएव—कुमुदिनी अति कातर स्वर से बोलि, "पिता, तुम जो कभी हमको त्याग जाओगे, यह स्वप्न में भी नहीं मन में (आ)ता. तुम हमको त्याग जाओगे तो फीर हमार क्या (प्राण) रहेगा, वह होने से क्या हम जीएगें," हरिनाथ (बाबू ने) (उत्तर) दिए, "जाने दो हमारे मृत्यू कि बात उत्थापन (कर तुम्हें कोई) कष्ट नहीं देंगे-अब हम तुम्हारा ब्याह (करने का सोचते) हैं। तुम्हारे ऐसी सुबोध कन्या जो (पिता) की आज्ञा अवहेलना करेगी एसा हमें नहीं मालुम होता, आगामी कल स्वर्णपुर यात्रा करेंगे, व(हाँ) हि ब्याह होगा-हम पात्र स्थिर किए हैं, तुम लोग प्रस्तुत हो। कुमुदिनी, हमें सुखि करो।

(कुमुदिनी) कुलकामिनी, ब्याह के सम्बन्ध की कोई (बात उत्था)पित होने से लज्जा पाने होता है। सुतरां (लज्जा) से अवनत मुखि भई। (पीछे) हरिनाथ बाबू (आशीर्वाद) दिए। (कुमुदिनी अप)ने कक्ष में जाकर (244) सब दरवाजा बन्द करके अपने शय्या (में गिरकर) मुह छिपाकर रोने लगी। कितना (कितना) रोने लगी, जिसको मन मन में पतित्व में वरण कि थी, तिसको जन्म भर के कारण हटाई, और कभी उसको मन में स्थान दे नहीं सकेगी, उनका चिन्ता अब से पाप संस्पृष्ट (होगा) अपने जीवन का एक मात्र सुख का वह रजनीकान्त का चिन्ता आज से वह वर्ज्जन करना पड़ा; किसके कारण? शरतकुमार के कारण-रात्र में उनके पिता के बात से कुमुदिनी का (निर्णय) बोध हुआ था कि शरतकुमार को (उनके पिता) दामाद करने का मानष किए हैं। (किन्तु शरतकुमार) उनका स्वामी होने से वह बड़ी अ(नीति करेगी और) पिता का उद्देश निष्फल होगा। यह बात (पिता को) कैसे जतावेगी। कुलकामिनी गण को (तो) ब्याह के बात में मतामत देने की तो कोइ अधि(कार) नहीं है, केवल मात्र रोने का अधिकार है। कुमुदिनी रोनेहि लगी। रजनीकान्त का मुह (ध्यान कर) रोने लगी और विपद भण्डान श्री नारायण को (स्मरण की) सन्ध्या अतीत हुआ। पीछे कोइ उनके मन की वेदना जा(न ले तो क्या होगा इस डर से कुमुदिनी (कांप उठी) (245) (फीर ध्व)नियुक्त हुए। विनोदिनी एक बार पुछि, (जिजि) तुम्हारा मुंह और आँख (कैसे) फूला है क्यों? (क्या) हुआ है?" कुमुदिनी बोलि, "जी नहीं अच्छा है", किन्तु उसी क्षण हि अगौछा लेकर उनके मकान के पास हि एक गोपनीय घाट यमुना तीर का है उसी घाट में गात्र प्रक्षालन करने गई, आग्रीव निमज्जिता होकर यमुना के जल में अन्धेरा आकाश में एकमात्र तारा के भांति बहने लगी, सन्ध्या तिमिर क्षण क्षण (घना) होने से यमुना की दुसरा तीर अन्धकार मय (हो गया) (कु)मुदिनी थुड्डि तक जल में डुबाई (और रात) हुआ। अन्धकारमय अनन्त समुद्र में (पड़ी है. उसके) चतुर्द्दिक में केवल वारि, निः(शब्द) अन्धेरे में जैसे दौड़ रहा है। आप एकेलि जैसे वह अकूल समुद्र में अन्धेरे में बह रही है, चारो तरफ वारि राशि उछल रहा है। चिन्ता कि हमारा (जी) वन इसि भांति अन्धेरे अनन्त समुद्र में कितने (दुर में) जा यह होश होगा तो नहीं जानते। (दुर अन्धेरे में यमुना के वक्ष में एक उजियाला (जल)ता था। कोइ जलयान में वह बलता था। कुमुदिनी (सोचि) वह उजियाला क्यौं जलता है? हमारे जीवन सा(थ) (कभी वह) उजियाला जलता था, यह तो आज (246) (बुता) हुआ है। तब वह क्यों बलता है? देखते (देखते) उजियाला बुत गया, कुमुदिनी चौंक उठि, हृदय (में संदेह) हुआ, यह सामान्य घटना रजनीकान्त का अमंगल (सूचक) भविष्यत वाक्य विश्वाष हुआ। बहुत देर तक उधर (ताकते रही) किन्तु वह उजियाला फीर नहीं बला। भग्न हृदय से (यमुना) वारि राशि के प्रति ताकने लगी। थोड़ी दुर ज(ल के) भीतर एक मृदु उजियाला देखकर उत्साहन्विता भई। कृष्णा यामिनी के

नील नभोमन्डल में सान्ध्य तारे का प्रतिबिम्ब यमुना के काले जल में झिक्मिक् कर रहा है। देखकर हृदय कथन्चित प्रफुल्ल हुआ, अति मृदु मृदु स्व(र) से कहने लगी, "वलईया क्यों" हम अकारण रजनीकान्त का (अमंगल) आशंका करते थे।" कहते कहते और वह प्रतिबिम्ब (पास में) दिखलाइ पड़ा, उपर ताक कर देखि (तो कोई) आकर वह सान्ध्य तारे को आवृत किया। (ऐसा होने से) कुमुदिनी का हृदय एकबारगी बुत गया (और सोचने लगी कि) प्रकृति षडयन्त्र करके उनके रजनीकान्त का (भविष्यत) उनको देखा रहा है। नयन से दर विगलित धारा (बह) कर यमुना के जल में गीरने लगा। अविश्रान्त रोने (से) घाट के सिड़ी पर मनुष्य पद शब्द सुनकर हाथ (से) आंख पोंछ कर पीछे फीर कर ताक के देखि एक (जन) एक अगोंछा कन्धे पर करके पानी में उतरने का (यत्न) कर रहा है। वह जल में उतरा, उनके न(जदिक आने से) उभय उभय को चिन्हे, एक जन बोल उठा, "कुमुदिनी," (249) (वह उसी क्षण) में बोलि "रजनी" आगंतुक थोड़ी देर (रुक) कर खड़े हो रहा, पीछे धिरे धिरे जल से कूल में गया। पीछे सिड़ी पर चढ़ने लगा। कुमुदिनी का हृदय उछलने लगा। एक बार मन में इच्छा हुआ कि दौड़कर उनको स्पर्श करै, एक बार उनके कन्धे पर सिर रखकर (जी भर) के रोवै मन का वेदना सब प्रकाश करै, निष्ठूर रजनीकान्त आस्ते आस्ते प्रस्तर निर्म्मीत सिड़ि पर चढ़ने लगे। कुमुदिनी अन्धेरे में रोते रोते रजनीकान्त को देखने लगी। मन मन में कहने लगी, "जाओ प्राननाथ जाओ, इस अभागिनी के संस्पर्श में मत आना जाओ प्राणेश्वर! तुम्हारे पाओ में कभी एक कुशंकुर न (विंधे नहीं) कभी नहाते में सिर का एक बाल (उखड़े) चिरजीवि होऔ-फीर कोइ (मन की स्त्री) ग्रहण करके सुखि होऔ। किन्तु (हमें चिरदुःखि)नी किए। हमारा यह क्या हुआ।" विश्रान्त आँख से वारि धार बहने लगा (उस) अन्धेरे जलराशि के मध्य में आग्रीव निमज्जीता होकर रोने लगी। इतने में कूल पर कुत्ते का कलरव सुनकर देखि जल के पास एक बिल्ली के इतना बड़ा छोटा विलायति कुत्ते को एक बड़ा देशी कुत्ता दौड़ाया है। देखकर चिन्हि कि वह छोटा कुत्ता रजनीकान्त का है। अति शिघ्र तीर पर जाकर उस कुत्ते को छापि (छाती?) पर उठा लि। किन्तु देशी कुत्ता उसे पीछे से दौड़ाया तो कुमुदिनी भिजे कपड़े (248) से दौड़ते दौड़ते सिड़ि पर गीर पड़ी। ज्यादे चो(ट लगने) से अस्फुट चित्कार कर उठि। थोड़ि देर पी(छे उठने) का चेष्टा कि, किन्तु सफल नहीं हुआ। किन्तु (रजनीकान्त) आकर हाथ पकड़कर उठाने का चेष्टा किया। उसके हाथ पर बोझा देकर कुमुदिनी उठ खड़ि भई, देखि रजनीकान्त भूवन मोहन रूप से सजकर उनका हाथ पकड़े है। कुमुदिनी का मुँह पान्डुवर्ण हुआ हाथ कांपने लगा, दोनों जन दोनों के ओर ताकने लगे, वह जनहीन शब्दहीन यमुना के उपकूल में अन्धेरे में दोनों जन दोनों जन का हाथ पकड़कर खड़े रहे। वामहस्त के दबा(व से) वे कुत्ते को छाती में धारण करके दहना हस्त रजनी के हाथ पर रखकर नी(र्निमेष उसके)

मुँह के तरफ ताकती रह गयी। अब वह (देखता रहा कि) वह व्रीडा विकम्पित दृष्टि नहीं है—ह(ठात् कुमुदिनी का) आचरण परिवर्तित हुआ, बहुत देर पीछे रजनीकान्त बोले, "कुमुदिनी!" कुमुदिनी वैसे हि चौंक उठि लज्जा से सिर में कपड़ा खिंचकर दि। सीर निचा कर ली, रजनी(कान्त के) हाथ से, अपना हाथ हटाय ली। छाती से कुत्ते को लेकर रजनी के हाथ में दि। रजनी दोनों (हाथ) बढ़ाकर कुत्ते को लिए-फीर बोले, "कुमुदिनी, बड़ा चोट लगा है?" कुमुदिनी सीर नीचा करके अति मृदु स्वर से बोलि, ("नहीं", रजनीकान्त) (249) और कुछ बोलने का उपक्रम करते थे, किन्तु (कुमुदिनी) खड़ी नहि हुई। अति मृदु पद संचालन से वह उठने लगी। घाट के उपर उन लोगों के खिड़कि के दरवाजा के पाश विनोदिनी खड़ी है, पुछि।

"कौन है जिजि, घाट पर कौन है?"

कु. रजनीकान्त

वि. क्या हुआ है, लंगडाति क्यों हो?

कुमुद. गीर पड़े हैं

वि. अहा. चोट बड़ा लगा है क्या, कहां लगा है?

विनोदिनी अति यत्न से कुमुदिनी का दोनों पाओ (सहलाने लगी) पीछे पुछि जिजि फीर कैसे उठे?

(कुमुद. रजनीकान्त रजनीकान्त आ)कर उठाया।

(वि.) छिः छिः रजनी के साम्हने गीरते तुम्हे लज्जा नहीं आया? (कुमुद.) किन्तु क्या करैं।

(250) त्रयशित्रिंश परिच्छेद

सुवर्णपुर

हरिनाथ बहुत दिन पीछे सपरिवार से सुवर्णपुर आ(ए) आकर विधवा कन्या की ब्याह देने को यत्न करते हुए समाज के भद्र लोगों को किसी को मिष्ट वाक्य के द्वारा किसि को धन के द्वारा एवं कोइ कोइ व्यक्ति को कोइ उपकार के द्वारा हस्तगत किए। आगामी अग्राहण महिना में (लग्न) का दिन ठिक हुआ। सुवर्णपुर उसि भां(ति) उसी भांति चन्द्र का उजियाला, (उसी भांति हरित) वर्ण निविड़ पल्लवाच्छादित घन वृक्ष (शाजि तथा हरित) वर्ण तृणाच्छादित प्रान्तर पपिहरा का (मधुर) चित्कार, क्रीड़ाशील बालकों का आनन्द(मय) ध्वनि, युवतिगण का मृदु मधुर हंसि, सब उसि भांति है—केवल कुमुदिनी का मन (जरा) वैसा नहीं है—सुवर्णपुर उनका अग्नि कुंड (के) भांति लगने लगा। ग्रीष्म गया (वर्षा आया) वर्षा गया, शरत आया, क्रम (से

हेमंत) आया, कुमुदिनी पद्‌म पुष्प को साथ सुखने (लगी) (251) एक एक अर्द्ध प्रस्फुटित पद्‌म सुखता था, किस (कारण) से नहीं जानते, सरला विनोदिनी दिन दिन म्लान (हो रही) थी। शरतकुमार भी सुवर्णपुर में प्रत्यागमण करके रतिकान्त को उच्छेद करके अपना पुर्व सम्पत्ति दखल किए। जनरव यह उठा कि हरिनाथ बाबू दरिद्र के हाथ कुमुदिनी को समर्पन करने को असम्मत हुए हैं इसि से शरतकुमार अपना पुर्व कृत दानपत्र अवर्तमाण है इसि से अपने पुर्व वैश्वर्य का अधिकारी हुए। शरतकुमार अपना घर प्रचुर अर्थ व्यय करके सजाने लगे। किन्तु किस कारण से किसि को नहीं (जानने दिया)। उनका गंगा तट का रमनीय वृक्षवाटिका (कितने में) किसको बेचे यह भी किसि को नहीं (जताया)। कोइ कोइ बोला की वह मकान में (भूत) योनि रहता है। इसी से बेच डाले हैं, और कोइ कल्पना विशिष्ट व्यक्ति भाषण किए, कि एक एक दिन गंभीर रात्र काल में वह वृक्ष वाटिका के पार्श्व के बड़े-बड़े देवदारु वृक्ष के निचे अति दीर्घकाय एक (भूत) रात्रि घुमते देखे हैं। कुमुदिनी की प्रिय परिचारिका (श्यामा सु)नती थी-कि उस मकान में एक (भूत) का ओझा आकर वास किया है (252) उसका कारण, वह एक दिन वृक्षवाटिका के एक ज(न को) गंगातीर में देखकर पूछि थी—हैं जी तुम लो(ग) तुम लोग का क्या साहस है? भूत के रहने के (मकान में) आकर उतरे हो? परिचारक उत्तर दिया न(हीं) हम लोग का मालिक एक जन पश्चीम देशों (का) विख्यात भूत का ओझा है। उसी दिन से श्यामा भूत का ओझा उस मकान में उतरा है। जो हो सन्ध्या के पीछे उस मकान के पास के मार्ग कोइ नहीं जाता, और दिन को जिन लोग जाते (आते) उन लोग उस मकान में नुतन प्रकार का नौकर चा(कर) का आविर्भाव देखकर दुसरे प्रकार का सन्दे(ह) (करते)।

इस समय निष्कर्म्मा, निन्दाप्रिय एवं (मिथ्याभाषी) सुवर्णपुर ग्रामवासी लोग नाना प्रकार (कल्पित कथा में) अतिव्यस्त हुए। कहुँ दुकान में (कहुँ किसि दे)व मन्दिर में बैठकर और कहुँ कहुँ पाठ(शाला में) मास्टर के पास बैठकर दल के दल ग्रामावासी वह सब नुतन बात लेकर आन्दोलन करने लगे। प्रथमतः विधवा विवाह, द्वितीयतः दान (का विषय) फेर लेना तृतीयतः गंगातीर के मकान में कौन (वास) किया। स्त्रि लोगों का तो बात हि नहीं। (बहुत से कुमति) ब्राह्मण लोगों के भांति गंगातीर में (स्थान स्थान) बैठ के पुजा करते करते कुमुदिनी, शर(त कुमार) (253) (और) गंगातीर के वृक्ष वाटिका के अधिष्ठाता भूत का श्राद्ध (की)। यह तो वृद्धा और अर्द्ध (वय) कि औरतों का सभा है। मध्यह्न, सूर्य म्लान किरण होते होते प्रौढ़ा और युवतिगण, कोई दुग्ध पोष्य शिशु त्याग करके कोइ पीड़ित स्वामी को छोडकर, कोइ वृद्ध पिता त्याग के दल के दल हरिनाथ बाबू के मकान के पास का निभृत एवं वृहत, है? उनके पाश खड़ा है क्यों? (उस रमनी) को संदेह हुआ यह अपरिचित मनुष्य (किसी वि)धि से कोइ कौशल से गृह प्रवेश करके (सुप्ता)

वस्था में उनको उठाकर यहाँ (ले) आया है। यह सिद्धान्त रमनी के मन में उ(ठते हि) (वह) डरकर अति शिघ्र वृक्षवाटिका के तरफ (जाने का) उद्योग करने लगी किन्तु अपरिचित (व्यक्ति विधु) के साम्हने आकर उसका गतिरोध किया। रमनी वैसे चिल्ला उठी। अपरिचित व्यक्ति बोला, "(तुम) चिल्लाओ मत-कोइ डर नहीं है।" (अपरिचित व्यक्ति उनका) नाम लेकर पुकारतें उनका (मन में विश्वास बंधा) कि जब यह व्यक्ति उनको (259) जानता है तब यह कोइ अवश्य परिचित (मनुष्य है) वसन के द्वारा मुह किए दश आवृत (किए से) वह चिन्ह नहीं सकति है एवं इसि कारण (उसे जानने) की कारण नहीं है। यह सिद्धान्त करके (मन में) विधु नहीं चिल्लाइ और पुछि।

"आप कौन है?"

अ.पु. पीछे जानोगी अब हमारे साथ आओ.

वि. कहाँ जायेगें? आप हमको सोते हुए क्यों उठाय ले आये हैं?

अ.पु. तुम निंदहि में यहाँ आये हो ठिक है किन्तु हम नहीं लियाए हैं—(तुम अपने ही उठि) कर आइ हौ.

वि. झूठ बात है, तुमहि लियाए (हो, हम कैसे सोते) हुए चल सकते हैं?

अ.पु. हाँ क्यों नहीं सकते, तुम क्या कभी नि(र्बाध स्त्री) नहीं सुनि हौ, वह भी तो इसी तरह च(लते) घुमते हैं।

यह बात सुनते ही विधु का हृत कम्प हुआ (वह) पीछे बोली, "वह तो भूत पुकारता है। (इसी से) जाता है।

(260) (अ.पु. वह) सब निर्वाध स्त्रीओं कि बात है। निशि में (जाने) का अर्थ यह है जो सब कर्म्म मनुष्य दिवस (में) करते हैं या करने का इच्छा करते हैं। कोई कोई निद्रित अवस्था में स्वप्न देखने के भाँति वह सब कर्म्म करने को घुमते फिरते हैं। तुम बोध होता है दिन को इस घाट पर आति जाति हौं, अथवा आने का ईच्छा करती है, इसी कारण निद्रित अवस्था में यहाँ आयी हौ निशि में, आना जाना और कुछ नहीं है।

(यह बा)त सुनकर विधु अति कातर होकर बोलि, "यदि उस)का बात सत्य हो तो हमारा (आ)यू अब अल्प अल्प दिन है, क्यौं न (ऐसे) ऐसे घुमते-घुमते, हम (कोइ दिन) (गल) में डुब मरेंगे, न हो छत पर (से गि)र कर मर जायगें किन्तु आज आप हमारा प्राण (दान) दिये हैं (अत:) हमारे पिता हैं—आप कौन हैं?"

अ.पु. यह पीछे कहेंगे, आज से तुम हमारी कन्या भइ। हम अवधौतिक मत से बहुत मनुष्य का यह (व्याधि) शांत किए हैं। (तुमको भी) आरोग्य करेगें। हमारे साथ आओ. (261)

विधु जाने के इतस्तत: करने लगी यह देख (अपरिचित व्यक्ति) द्रुत गंगा जल में उतरकर बोले, "सु(नो, हम) गंगा जल स्पर्श करके कहते हैं कि आज से तुम

(हमारा कन्या हुइ) हमारे द्वारा तुम्हारा कभी कोइ अनिष्ट नहीं होगा। (और न) होने का संभावना है। क्यों न हम तुम्हारा रोग भ(गा न सके), किन्तु तुम यदि हमको पिता के भांति ज्ञान करो तो तुम यह गंगा जल स्पर्श करके शपथ करो कि हमको (सदा) विश्वाष करोगी और जिसमें हमारा उपकार हो सो (इ करोगी.) उनका जीवन रक्षाकर्ता अपरिचित के बात में विधु का विश्वास होता था, अब उस(के ऐसा) करने से उनके प्रति सम्पूर्ण विश्वास जन्मा (और विधु) भी गंगा जल स्पर्श करके अपरिचित के आ(गे शपथ) कि। पीछे अपरिचित के आज्ञा से उनके (साथ चली) वह गंभीर रजनी में वृक्ष वाटिका के (भीतर) चन्द्र आलोक में एक युवति को लेकर कुछ पढ़ता था (उस) कूल में अपरिचित पुरुष को प्रथम (बार देखकर) चिल्लाय उठि थी। वह चिल्लाना सुनकर युवति (जन) निकल कर वाग के कोइ स्थान में छिपकर (उस)को देखता था। जब अपरिचित एवं पीछे विधु नदी गर्भ से उपर उठति थी तब (किसी ने उसको) देखा. देखकर शि(हर उठा और) मृदु मृदु (बोला) यह क्या—"स(त्य ही) कुमुदिनी की दासी क्यौ? किसे और इतनी रात को कहाँ जाती है?"

(262) षट्त्रिंश परिच्छेद

कानन में

द्वितीय प्रहर अतीत होकर तृतीय प्रहर (व)हि समय यह आकाश तरल मेघाच्छन्न (से) काक ज्योत्सना हुआ है, इससे दुर का (दृश्य) नहि दिखलाइ पड़ता था। अपरिचित पुरुष (और) विधु ग्राम प्रान्त में वहि निबिड़ अन्धकारमय (कान)न के बिच प्रवेश किए, थोड़ि देर पीछे ही (गु)प्त प्रभाव से उन लोग के पीछे वह युवा (प्रवेश) किया। विजन और अगम्य वन देखकर (विधु रुक) कर खड़ि हो गई। और बोलि, "कहाँ जाइए)गा, अब हम न जायगें।"

(अन्धकार) के विच्छेद से बन प्रान्त के (निकट) तरंङिनी नहीं दिखलाइ पड़ति थी। ज्योत्सनामयी तटिनी के (पास) अपरिचित पुरुष विधु को ले जाकर (आ)च्छादित वस्त्र त्याग कर बोला, "अब हमको चिन्हति हो?" (विधु विस्मि)त होकर उनके ओर ताकने लगी, (फीर बोली) क्यों नहीं चिन्हि, किन्तु चिन्हकर पूर्ववत् भई। जिस रतिकान्त का नाम सुन के (263) (उसका) हृदय आहत कीया वहि रतिकान्त (उसके साम्ह्ने) खड़ा है—वह गंभीर यामिनी में (अन्धकार) मय वन के बिच एकाकिनी वह नृशंश के (विमुख) होकर-विधु डर कर उनके तरफ (आने) लगी। रतिकान्त उनके मन का भाव समझकर (के) बोले, "बिधु तुम हमको

देखकर डरति हौ? हमारा के मुंख दे(खि) नहीं समझति हौ कि हम देवार्च्चना में यह (शरीर) अर्पन किए हैं। हमारे द्वारा क्या कोई अनिष्ट आशं (का) उचित है? हम क्या कभी किसि का अनिष्ट किए (है।) रजनीकान्त हमारा पैतृक विषय भोग करता था। (निर्धनता को) पुनः प्राप्त होकर भैरवि के सेवा में (अर्पन किए हैं) कोइ मानष से केवल उन्ह के साथ हि (वैसा किए हैं,) किन्तु सुने हौ और किसि का अनिष्टा (कभी किए हैं) और हम अति पावनु भी होवै तो (तुम्हारे) साथ ऐसा (नहीं होगा) तुम तो हमारी कन्या न हो? छि: (ऐसा विचार) करना तुम्हारा अनुचित है, तुम्हारे (मन में यदि) (ऐसी धारणा) हो तो, चलो तुमको तु(म्हारे साह्यने देवि को) रख (देंगे), किन्तु तुमको हम दवा न दे सके(गें) क्योंकि (काली) देवि को पुजकर तु तुमे दवा (देगें) रोगी को उनके साह्यने उपस्थित (होना ही पड़ता है) इदृश तर्क के द्वारा रतिकान्त विधु को (समझाए) अथवा अविश्वास दुरीकृत किए। (264) (रात्रि) के निबिड़ अंश में (स्प)र्श करके दुर में (कुछ) उजियाला देखने पाए। वह उजियाला देखकर (विधु बोली, "और कितना दुर जाना होगा? सबेरा होते होते हि जो हमको घर फिर जाना (चा)हिये।"

रति. वह उजियाला हमारे आश्रम में जलता है, वह (स्था)न में तुम्हारा दवा है और वह स्थान में तुम (जान) सकोगी की हमारे उपकार के कारण तुमको कौन (कार्य्य) करना पड़ेगा-तुमको रात चार बजते (बजते हम) घर रख आवैगें।

(विधु इस श)ब्द से रतिकान्त के पीछे पीछे चलि। (जाते जाते वह) एक वृहत् और पुरातन देव मन्दिर के (साह्मने) खड़ि भई। रतिकान्त बोले, "मन्दिर में (चलो) देवि के पुजा के वास्ते कोइ (आता है) उसको विदा करके पीछे तुमको ले (चलेगें) तब तक तुम इस कुटीर के भीतर रहो।" यह कहकर मन्दिर के पार्श्व (भाग के कुटीर) में विधु को रखकर रात के (अन्धकार में) मन्दिर में प्रवेश करके (भीतर से कपाट बन्द कर लिए, पश्चात् अनुसारी युवक अकस्मात् से मन्दिर के दरवाजे के पास (आ गया) (265) मन्दिर में एक व्यक्ति) शांत आसन (लगाये) मुख (को) आवृत करके बैठे हैं—दुसरे व्यक्ति हम लोग (के परिचित) देवनाथ मुखोपाध्याय हैं—रतिकान्त मन्दिर में प्रवेश करके मुखावृत व्यक्ति (को सम्बोधन) करके बोले, "आप क्या स्थीर कीए हैं?"

उत्तर. हम प्रथम जो आपको कह गए थे वहि स्थिर है। आपके साथ यदि कभी बैर भाव प्रकाश हम कीए हों सो आप अब भूल जाईये, अब आपके हम अपने (सहोदर) कीए हैं। आज जो किजिए-कुमुदिनी के बिना (हमको) जीवन निर्वाह करना अति कठिन है। (हम कुमुदिनी) को पावैं। आप सो किजिए। इस उप(वन) (में आप) जो मागें हैं हम सोहि देगें।

रति. आपके साथ हमारा प्रथम जिस दिवस का (परिचय है) उसि दिवस से हम कुमुदिनी को पकड़ लियाने (वास्ते) (मेले) से (मनुष्य) नियुक्त किए हैं—अभी

(कहीं) तक सफल नहीं हुए। एक दिवस भूलकर (उसकी) भगिनी विनोदिनी को पकड़ा था (क्या) अति शिघ्र उन लोग सफल होंगे।

उत्तर. आगामी कल उसके ब्याह का (दिवस) है उसके बिच सफल होना आवश्यक है।

(266) (रति.) (कल) उसका (इसी काली) मन्दिर (में ब्याह होगा-पुरोहित प्रभृति उपस्थित में निश्चय रखिए-कल देह में हल्दी लगावे (सायंका)ल में एक बार यहाँ आईएगा।

मुखावृतकारी यह (व्यक्ति) (पुनी)त वाक्य में आह्लादित होकर विकृत स्वर से बोला, "आप जो चाहे हैं सो अभी दे न उसी समय दे?"

(रति.) अभी रखिए उसी समय दीजियेगा। प्रथम आपका कर्मोद्धार करें तब पीछे पुरस्कार लेगें?

जब यह कथोपकथन शेष हुआ तब देवनाथ मुखर्जी बोले, "हम तुम्हारे भगिनीपति हैं, हम जो तुम्हारे वास्ते करते हैं हमको क्या दोगे?"

(उत्तर. महाशय) आप क्या चाहते हैं?

(मुख.) क्या चाहते हैं? अर्द्ध राज्य और एक रात कन्या है—और कुछ नहीं, पीछे हंसकर बोले, "हम क्या चाहते हैं पीछे कहेंगे." पीछे रतिकान्त देवनाथ की ओर वसनावृत युवक को विदाय (करके) थोड़ि देर पीछे विधु को मन्दिर में (ले) आए। विधु देवी को भक्ति भाव से प्रणाम करके एक पार्श्व में बैठकर एकाग्र चित्त से (269) वह (सुनसान स्थान में) मुर्ति दर्शन (किए) रतिकान्त देवी के पाश बैठकर पुजा करने (लगे और) बिच-बिच मंत्र पढ़ने लगे-(पीछे) आके विधु के हाथ में एक चांदी का (यंत्र देकर) बोले, "यह कन्ठ में धारण करना और प्रत्यह (देवी का) स्मरण करके इसको धोकर पानी पिना (और तब) वह उत्कट पीड़ा से निस्कृत पाओगी। विधु उसको अति यत्न से हाथ में लेकर फीर देवी को प्रणाम करके, बैठकर बोलि, "आपके वास्ते हम(को) क्या करना होगा?" रतिकान्त थोड़ि देर पीछे (बोले) "विधु तुम कुमुदिनी को नहीं चाहति है! (उसका विवाह) होने से तुम सुखि होगी?" विधु चओंक उठि। बोली, "यह कैसी (बात, कुमुदिनी) क्या कि है कि न चाहेंगे।"

रति. कुछ कि नहीं-तब तुम्हारी गोपनीय (बात हमारे) बिना और कोइ नहीं जानता उसि कारण तुम नहीं चाहति हौ।

विधु. आप बड़ा असंगत बात करते हैं।

रति. कुछ भी असंगत नहीं है। जब (तुम रजनीकान्त के) मकान में स्वर्णप्रभा के साथ रहति थि (268) (तब क्या कहि थी।)

वह कुमुदिनी का अगोचर नहि है (देवी के) साह्मने मिथ्या मत बोलो। (विधु इस पर) उत्तर न देकर सीर निचा किए रहि। रतिकान्त फिर बोले।

"वह सब बातें जाने दो-कुमुदिनी को हम एक दरिद्र के हाथ समर्पण करेगें, तुम साहाय्य करोगी?

विधु. वह आपका क्या कि है आप उसका इतना अनिष्ट करेंगे।

(रति.) तुम तो सब जानति हौ—वह हमारी भ्रातृजाया (थी) हमारा बुरा कि है—याद नहिं (है) शरतकुमार हमको अपना विषय दान (किया) किन्तु कौन उसको रहित किया था।

(विधु चु)प हो रहि, पीछे रतिकान्त पुछे, "(तुम) हमरा साहाय्य करने को प्रस्तुत हो?"

(विधु.) कैसा साहाय्य?

(रति.) तुम आगे देवी के साम्हने स्वीकार हो (कि) करोगी तब हम कहेंगे।

(विधु.) स्वीकार हुए।

(269) (रति, अब) सुन, कल उसका ब्याह है इसके पहिले हि उसको इस स्थान में (लिआना होगा।) वह दरिद्र सन्तान के साथ ब्याह देंगे।

विधु. किस प्रकार से इसके आगे (कुमुदिनी को) पकड़िएगा?

रति. रात दो प्रहर के समय ब्याह का लग्न (है। गृह) के पीछे उसको तुम कोइ कौशल से एक खिड़कि दरवाजे के तरफ लिआना-उस (जगह) हमारे आदमियों रहेंगे-उन लोग पक(ड़कर) लिआवैगें-मुह बन्द करके लिआना (कोइ) चिन्हाने न सकै और वहाँ साम्हने औ(र कोइ न रहे।) तुम सम्मत हो?

विधु. हाँ

रति. तुम देवी के साम्हने स्वीकार करो।

विधु-किए।

यह कहकर दोनों मन्दिर से निकलकर (गृह के) तरफ चले। थोड़ि देर पीछे हि (हरिनाथ) बाबू के गृह में प्रवेश कि। (रतिकान्त विधु) के पीछे पीछे गए थे, वह भी वृक्ष वाटिका में (प्रवेश) किए। उसके दुसरे दिवस सबेरे हि कुमुदिनी (280) पत्र पाइ (जि)सका अर्थ यह कि (तुम गृह) के पीछे खिड़कि के बाहर मत होना, (विपद) है।

सप्तत्रिंश परिच्छेद

विधवा सधवा भई

(कुमुदिनी) के ब्याह का दिन उपस्थित हुआ। विधवा के ब्याह (बहुत) समारोह नहि है। बालिका कन्या नहीं है—बालक वर भी नहीं है—सतरांग बाजा रेशेला (आदि)

वर यात्रा कन्या याचीओं का भीड़ नहीं हैं; (कुमुदिनी) फेका फेकिं भी नहीं है, उद्योग (कुछ) भी नहीं है। विशेष विधवा का ब्याह है—(गोपनीय) कार्य्य है। जो वरयात्री या कन्या (यात्री उस)का जात जायेगा लोग जन का (शब्द) नहि है; सब चुपचाप, सब छिपाकर (चुपचाप) दुलाहा के बैठने का एक घर में सय्या (किया), (औ)र माली एक मौर दे गया। छिपकर (नापित) और पुरोहित आकर शुभ लग्न (दे गये) (सोच)ने लगे, छिपकर स्त्री आचार होने (से) स्त्री आचार के समय में साथ (त?) सधवा न होगी तो वरणा हि न होगा (इस)से बात सधवा चाहिए किन्तु (विधवा) (291) (का) ब्याह है कौन आवैगा। (स्त्री लोग नहीं) चाहतीं; हरिनाथ बाबू की स्त्री (से सात) सधवा नहीं जुटति उनका मन (जलकर) खाख हो गया। बोलि, "महल्ले के (औरतों का) नखरा अब नहि सह्य होता, जाओ तो (महल्ले की) औरतों को बुला लिया (ओ) तो। उस दिन काहे (को अमुक) के ब्याह में लुचि पुरि मार आई, और हमारे (कन्या) के ब्याह में नहीं आ सकति है। जाओ (अमुक की) मा को, राम के दिदि को, कन्हई (के अमुक) को गिरीश के शाली को, सबको (बुलाओ, जो कोइ) न आवे तो जो होने को है सो (होगा)। विनोदिनी जरा इधर-उधर करने (से उनका) बात न सुनेगें तो क्रोध करेगी। इस (समय) बहुत रात हुआ है। एकेले कैसे जावैं (एक) गृहणी बोली, "विधि को संग ले जा(ओ)। अगत्या विनोदिनी चलि। अगत्या विधु (थी) दोनों खिड़कि के दरवाजा से निकले। रात बहुत हो गया तब भी विनोदिनी नहीं फिरी, अथवा सात सधवा (के गृह गई) तब तो (स्त्री लोग) जुटा इधर दुलाहा आया, क्या होगा, (कैसे की) (292) विधु फिरि कर्त्री चि(ढ़कर) पुछि, (इतना अबो)धे विनोद कहाँ है? (विधुण) यह कैसा, विनोद नहीं आई? वह तो (कहि) दुर जाकर हमको बोलि। विधु तुम (सब)को बुला लाओ हम घर फिर जाते हैं, वह तो नहीं आइ," क्योंकि विनोद घर में (नहि आ)इ है यह कहकर घर में सबको (पुकारा ज)ब कोई बोला नहीं, नहीं आई (तब फिरि) कर्त्री सीर में हाथ देकर बैठ (गई। कहा) उसि का ब्याह है और सात (सधवा) लिआना होगा सब भूल गई। (कुमुदिनी) वय:स्था वय:स्था कन्या (लोग) नहीं मिल रहि है, सुनकर देश में दश (विवाद) उठेगा इसी डर से चुपचाप (काम) होने लगा। जैसे कुमुदिनी का ब्याह (कराणा) था उसि भांति विनोदिनी का सन्धान भी चुपचाप होने लगा। (293) किन्तु विनोदिनी कहुं भी नहीं मिली। (आधा) रात भी गया तब भी वर नहीं आया। (विलम्ब) होने की सम्भावना है, यह भी महा (विपद है।) हरिनाथ बाबू चिन्ता किए विधवा ब्याह जगदीश्वर का मन मत नहीं है, जो हो स(ब) त्यागकर आप क्या कुकार्य किए हैं। वहि रात देड़ प्रहर के समय एक युवक सीर से पाओ तक एक बहुमूल्य दुशाले के द्वारा आवृत्त करके एक युवक साथ लेकर गंगातीर के वृक्ष वाटिका (से) निकले। और बराबर हरिनाथ बाबू (के गृह) में उपस्थित हुए, उन (लोगों को) हरिनाथ बाबू दुलाहा जाने और हाथ पकड़

कर बरा (सन पर बैठा)ए वर के आते हि एक बार मात्र शंख का ध्वनि हुआ था। रात्र प्राय: द्वितीय प्रहर हुआ (किन्तु विवाह) का कोइ उद्योग न देखकर हरिनाथ (294) बाबू के भ्रातष्पुत्र को वर बुलाकर बोला, अतीत हुआ जाता है, सम्प्रदान का अब विलम्ब क्या है?

(भ्रातुष्पु)त्र बोला, "आपके निकट गोपन उचित नहीं है, हमारी एक भग्न भगिनी (संध्या) से नहीं मिलती है। इसि से हम लोग बहुति (चिन्तित) हैं।" बर बोले, "विनोदिनी को नहीं पाते हैं—(उसका) आज ब्याह है—अब तक हो तो गया (होगा वह) सुपात्र को पड़ी है, आप लोग (कितना विकल) होइएगा। अब इस भगिनी के (वास्ते) (अ)ब विलम्ब मत किजिए।" (क्रोध से) अथवा इस हट्टे से हरिनाथ बाबू (के भ्रातु)ष्पुत्र बहुति चिढ़कर वहाँ से चला गया (थोड़ी) देर पीछे हरिनाथ बाबू वर को सम्प्रदान में ले गए। विधु के बुलाने से हो या (कुमुदिनी) का ब्याह देखने के कारण हि हो (उस समय) सात सधवा जुटि हैं। (सबका) एक बार इच्छा हुआ कि (295) स्त्री आचार होवै। दुलाहा स्त्री (के पास) में खड़ा हुआ। किन्तु उनका (सरूप) देखकर सब औरतें चिढ उठि। (सब) प्रकार का ठट्टा मसकरा करने (लगी)। दुलाहा तब भी मुंह नहीं खोला। दुलाहा को सुन्दर पुरुष है (या नहीं ऐसा) होने लगा, किन्तु आंख कैसा है (और) वर्ण कैसा है, यह न देखकर (स्त्री लोग को) मन नहीं भरा। एक जन (साहस करके) पीछे से बोली, "तुम्हारा उपर (मन करता है) एक बार तुमको देखें।" (वह फीर भी नहीं बोला।) किन्तु पुरुष की चातुरी स्त्री लोग (के साह्मने) नहीं चलता, पीछे से वह युवती उन(का दुशाला) पकड़कर ऐसी खिंची कि दुशाला (मुँह) से खुल गया। दुलाहा अनावृत (हुआ). दुलाहा का मुह और शरीर सम्बन्धीगण देखने लगे। किन्तु देखते (देखते वे) और निष्पन्द हुए भविष्य (296) (में क्या) होता है यह वासना से कुमुदिनी एक (टक) फिर खड़ि होकर वर को देखति (है और) वर अनावृत हुआ तब उनको अपना (प्रियतम) को चिन्ह कर उन्मत्ता के भांति भई। (किन्तु) विधु अति प्रियमाना होकर वर को देखति (रही।) एक पात्र में पिशा हुआ (हलदि) देखकर कुमुदिनी वह हलदि अगहन महिने के शीत में हटात् विधु के मुह में और देह में लगाने (चले)। क्यौं रे हमारा वर देखकर क्या (सोचती है)। आओ आज तेरा भी इसी (में), इधर रजनीकान्त को (देखकर) कुमुदिनी की माता बोलि, "हमारे सोने के दिन फीर पाये," यह कहंकर ठुड्डि पकड़कर चुम्मा लि. पीछे कन्या (दान) हुआ, कुमुदिनी फीर से सधवा भई। (उसका) चिर वांछनीय चिर हृदय बिहारी (रजनीकांत के) साथ क्या मिलन हुआ? (सब सोचने लगे) विनोदिनी जो कहाँ है यह रजनी के बिना कोई नहि (जान सके)। रजनीकान्त विनोदिनी के उद्‌देश्य से चले। कुमुदिनी रोने लगी।

अष्टत्रिंश परिच्छेद से अंत तक की लुप्त कथा का सारांश

(पूर्व निश्चयानुसार रतिकान्त ने कुमुदिनी के प्राप्त्यर्थ अपने अनुचरों को हरिनाथ बाबू के निवास के समीप स्थापित कर दिया था सात सधवाओं को बुला लाने के लिए विधु जब विनोदिनी को लेकर रात्रि में दरवाजे के बाहर गयी। तब अवसर देखकर रतिकान्त के अनुचरों ने भ्रम से विनोदिनी का अपहरण कर उसे रतिकान्त के समीप काली मन्दिर में, जहाँ कुमुदिनी के विवाह के निमित्त पुरोहित आदि की सारी व्यवस्था कर ली गयी थी, पहुँचा दिया। वहाँ कुमुदिनी के स्थान पर विनोदिनी को पाकर वे लोग थोड़ा अचम्भित तो हुए, किन्तु विवाह का लग्न टलने के भय से शरतकुमार के साथ विनोदिनी का विवाह करा दिया।

रजनीकान्त रतिकान्त के षड्यन्त्र से पूर्व परिचित थे और इसी से कुमुदिनी को गृह के बाहर न निकलने की सूचना दी गयी थी। जब उन्होंने विनोदिनी को उसके निवास पर नहीं पाया। तब उन्हें सारी परिस्थितियों का अनुमान हो गया। वे विनोदिनी को ढूँढने काली मन्दिर में गये जहाँ उसका विवाह शरतकुमार से सम्पन्न हो चुका था।

रतिकान्त को अपना पैतृक ऐश्वर्य लौट गया और वे अपनी गृहस्थी बसाकर सुखपूर्वक रहने लगे। इस प्रकार कुमुदिनी ने सभी के प्रति अपना वचन तथा कर्तव्य पूर्ण रुप से निर्वाह किया और सभी परिवारों का कल्याण करके सुवर्णपुर में सुख एवं समृद्धि को पुनः लौटा लिया।

कुमुदिनी की भूमिका

डॉ. बटेकृष्ण • गिरीश चन्द्र चौधरी

आदरणीय श्री राधाकृष्णदास जी ने लिखा है कि उपन्यासों की ओर भारतेन्दु जी का ध्यान पहले कम था। उनके अनुरोध और उत्साह से पहिले-पहिल 'कादम्बरी' (संस्कृत) और 'दुर्गेश नन्दिनी' (बंगला) का अनुवाद हुआ। हिन्दी में बंगला के उपन्यास शब्द का प्रयोग सर्वप्रथम भारतेन्दु हरिश्चन्द्र ने ही मालती नामक उपन्यास के प्रसंग में हरिश्चन्द्र चन्द्रिका में किया तथा जातीय संगीत नामक निबन्ध में भी किया। मल्लिका जी ने कुमुदिनी को आख्यायिका कहा है। इससे दो अभिप्राय व्यक्त होते हैं या तो यह रचना उस समय प्रस्तुत हुई जब हिन्दी में उपन्यास शब्द का प्रयोग प्रारम्भ नहीं हुआ था अर्थात् सन् 1875 ई. के पूर्व या उस समय जब उपन्यास शब्द सर्वग्राह्य नहीं हो पाया था। आज के उपन्यास को भी पहले कथा-कहानी या आख्यायिका की संज्ञा दी जाती थी। भारतेन्दु जी के पश्चात् पं. बालकृष्ण भट्ट जी ने इस शब्द का प्रचलन सन् 1879 ई. से हिन्दी प्रदीप में करना आरम्भ किया। तत्पश्चात् श्री राधाकृष्णदास जी ने स्वरचित निस्सहाय हिन्दू (सन् 1881 ई. में रचित) को क्षुद्र उपन्यास कहा था। तब से यह शब्द हिन्दी में भी सार्वभौम स्वीकृति पा गया। लाला श्रीनिवास दास, ठाकुर जगमोहन सिंह आदि जो अंग्रेजी से परिचित थे, वे अपनी कृतियों को नये रंग-ढंग की रचना 'नावेल' ही कहते रहे, किन्तु यह अंग्रेजियत बहुत दिनों चली नहीं। भारतेन्दु जी की परम्परा में आगे चलकर किशोरीलाल गोस्वामी आदि ने अपनी तथा अन्यों की इस तरह की रचनाओं को उपन्यास ही कहा। इससे यह अनुमान होता है कि कुमुदिनी की रचना सन् 1881 ई. के पूर्व हो चुकी थी। यदि ऐसा न होता तो मल्लिका जी कुमुदिनी को आख्यायिका न कहकर उपन्यास ही कहतीं। उनकी रचना राधारानी सन् 1882 ई. में प्रकाशित हो चुकी थी। उसकी भाषा अपेक्षाकृत परिमार्जित है और उसमें बंगलापन की मात्रा उतनी नहीं है जितनी कुमुदिनी में है। इससे अनुमान होता है कि इसकी रचना निस्सहाय हिन्दू और राधारानी के पूर्व हुई होगी अर्थात् 1881 ई. से भी पूर्व। प्रेम तरंग (सन् 1877 ई.) में प्रकाशित संग्रहीत उनके बंगला गानों की भाषा बंगला ही

कही जाएगी। उसमें हिन्दी का पुट अत्यल्प है। कुमुदिनी की भाषा हिन्दी है, किन्तु बंगला से प्रभावित, इस प्रकार कुमुदिनी का रचना काल सन् 1877 ई. से 1881 ई. के बीच मान सकते हैं।

पुनः कुमुदिनी पर बंकिमचन्द्र चट्टोपाध्याय कृत 'कृष्णाकान्तेर विल' की ईषत छाया भासित होती है। यहाँ रोहिणी की भाँति कुमुदिनी ने शरतकुमार के जेब से मूल वसीयतनामा निकालकर बदल दिया और रतिकान्त को शरतकुमार की सम्पत्ति से वंचित कर दिया है, किन्तु रोहिणी की भाँति किसी स्वार्थ से नहीं। पात्रों के नाम कृष्णकान्त, रामकान्त की भाँति रमाकान्त, ताराकान्त, रजनीकान्त, रतिकान्त आदि इसमें भी हैं। वैसे ही नायिका के पिता माधवीनाथ के जोड़ पर हरिनाथ भी हैं। स्त्री पात्रों में विनोदिनी, शैलवती आदि नाम इसमें भी मिलते हैं। नदी एवं सरोवर के किनारे प्रेमवार्ता एवं डूबने से बचाने के कारण प्रेम-स्फुटन के प्रसंग दोनों में हैं। इस प्रकार न जाने कितनी बातें ऐसी हैं जो दोनों में समान हैं, किन्तु दोनों के प्रयोजन, कार्य-प्रणाली आदि भिन्न-भिन्न हैं और दोनों मौलिक कृतियाँ हैं। फिर भी दोनों में किंचित साम्य के कारण बंकिमचन्द्र जी की कृति पर बरबस ध्यान जाता है। वह कृति सन् 1878 ई. में प्रकाशित हुई थी। अतः यह कहना सहज है कि कुमुदिनी उसके पश्चात् रची गई अर्थात् सन् 1878 ई. से 1881 के बीच।

कथा संगठन एवं चरित्र विकास

कुमुदिनी कथा की आधारशिला विवाह में प्रेम की परिणति है। इसमें प्रधानतः दो प्रकार का प्रेम चित्रित है—बाल्यकाल से साहचर्यजनित प्रेम और विवाहोपरान्त दाम्पत्य प्रेम। कुमुदिनी के चरित्र में दोनों की अवस्थिति है। रजनीकान्त से उसका साहचर्यजनित प्रेम बाल्यकाल से ही पनपा था किन्तु उसका विवाह उसके पिता ने रजनीकान्त से न करके उसके सगोत्री एवं पारिवारिक शत्रु ताराकान्त के पुत्र रमणीकान्त से कर दिया था। फिर भी कुमुदिनी पूर्ण आस्थापूर्वक ससुराल में सेवारत रही और विधवा हो जाने पर भी कभी कर्तव्य विमुख नहीं हुई और रुग्ण श्वसुर की सेवा निष्ठा पूर्वक करती रही। हाँ, श्वसुर के दिवंगत हो जाने पर तथा देवर रतिकान्त द्वारा भेज दिये जाने पर उसे असहायावस्था में बाध्य होकर स्वपितृगृह लौटना पड़ा। रजनीकान्त का विवाह कुमुदिनी की अनुजा स्वर्णप्रभा से हुआ था, किन्तु रजनीकान्त का चित्त कुमुदिनी में ही अटका था इसी से सुहागरात के पूर्व ही वह पलायित हो गया था। वैसे ही रजनीकान्त के प्रति कुमुदिनी के भाव में भी कभी कोई अन्तर नहीं आया। पति-पत्नी भाव का तो कोई प्रश्न ही नहीं था। उधर काली-मन्दिर में जब कुमुदिनी ने अपने देवर रतिकान्त की दयनीय अवस्था देखी, तब उसके कल्याण के लिए अपने सारे आभूषण देने को प्रस्तुत हो गई और रजनीकान्त से कहकर

उसकी पैतृक सम्पत्ति भी लौटवाने की बात सोचने लगी। अर्थात् ससुराल के प्रति उसकी आस्था कभी कम नहीं हुई थी। साथ ही जब रतिकान्त द्वारा रजनीकान्त पर आक्रमण की स्थिति आयी तब वह स्वर्णप्रभा के सुहाग की (रजनीकान्त के प्राणों की) रक्षा के लिए जी-जान से लग गई। किन्तु जब स्वर्णप्रभा ने अपने प्राण देकर रजनीकान्त को बचा लिया और उसी क्रम में नवागन्तुक शरतकुमार ने स्वयं चोट सहकर कुमुदिनी की रक्षा कर ली। तब कुमुदिनी के समक्ष एक नये आकर्षण की स्थिति उत्पन्न हुई। शरतकुमार को भी कुमुदिनी के प्रति कर्तव्यबोध हो गया। शरतकुमार ने कुमुदिनी के गृह में ही कुछ समय के लिए रहकर स्वास्थ्य लाभ किया। अत: नैकट्य मिलने से दोनों में आत्मीयता का जागरण सहज भाव से होने लगा। शरतकुमार के अनुराग को कुमुदिनी क्षणिक उपाकर्षण ही मानती रही। उसके हृदय में रजनीकान्त के प्रेम की देवतुल्य निष्कलुषता ही सदैव विद्यमान रही। उसके विनोद को सत्य मानकर शरतकुमार अपनी सारी सम्पत्ति रतिकान्त को दान देकर स्वयं दरिद्र बनने को भी प्रस्तुत हो गया। कुमुदिनी न तो मन से उसके साथ विवाह करने को सहमत थी और न खुलकर अस्वीकार ही कर पा रही थी, क्योंकि उसके पुनर्विवाह के लिए उसके पिता का झुकाव शरतकुमार की ओर ही हो रहा था। और वह पिता का विरोध करना उचित नहीं मान रही थी। शरतकुमार के प्रति कुमुदिनी का कुछ विशेष आकर्षण देखकर रजनीकान्त भी प्रकट में उससे कुछ दूर रहने की चेष्टा करने लगा था, किन्तु दूर रह न सका और अन्तत: रजनीकान्त और कुमुदिनी का विवाह हो ही गया।

कहना न होगा कि कुमुदिनी का यह विवाह विधवा-विवाह था। उस समय समाज का यह बहुचर्चित विषय था। विशेष रूप से तत्कालीन बंगला उपन्यासों में इसकी गम्भीर गूँज थी। वहाँ इसका समर्थन विरोध दोनों हो रहा था। स्त्रियों के चारित्रिक पातित्य का कारण उनकी दयनीय आर्थिक अवस्था एवं उनके प्रति समाज की उपेक्षा विशेष रूप से बताया जाता था। समाज को इस पाप से बचाने का एक मात्र उपाय था विधवा विवाह को स्वीकार करना। कुमुदिनी में इन दोनों में से कोई स्थिति नहीं है, न तो किसी पक्ष में आर्थिक दयनीयता ही है न सामाजिक उपेक्षा ही। कन्या के माता पिता भी इसके विरोधी नहीं हैं, बल्कि स्वेच्छा से समर्थक हैं। स्वयं प्रस्तावकर्ता हैं। रूढ़िवादी ब्राह्मण एवं प्राचीन वृद्धायें चाहे जो कानाफूसी करते रहें, किसी को इसकी चिन्ता नहीं हुई। जैसे कन्या विधवा है वैसे वह भी विधुर है। दोनों का उच्च वर्ग के जाने समझे सजातीय हैं। कुमुदिनी में इस विवाह को आदर्शवादी रूप दिया गया है।

इस उपन्यास में कथा-संगठन की सबसे बड़ी विशेषता यह है कि प्रेमालाप के कारण न तो किसी में कभी कोई मनोमोलिन्य हुआ और न किसी प्रकार की प्रतिस्पर्धा जगी। सब एक-दूसरे के जाने समझे व्यक्ति थे। बाबू राधाकृष्णदास जी

के स्वर्णलता में स्त्रियों के कारण भाई-भाई के विरोध की कथा है और इसमें इसके ठीक विपरीत सद्गृहिणी के कारण सबके मेल की वार्ता है। यदि दोनों के प्रतिपाद्य को मिलाकर देखें तो दोनों रचनाएँ जहाँ तक स्त्री के दोनों पक्षों का सम्बन्ध है, एक दूसरे की पूरक सिद्ध होंगी।

एक दृष्टि पात्रों के नामकरण पर भी डाली जाए। रजनीकान्त चन्द्र है जो कुमुदिनी को प्रफुल्ल करता है, और शरतकुमार वह कमल है जो शरत ऋतु में तो खिलता है, किन्तु हेमन्त में मुरझा जाता है, चन्द्रमा की भाँति शाश्वत नहीं है। मल्लिका भी चन्द्र के प्रकाश में खिलती है। भारतेन्दु जी साँवले थे। प्रेम के प्रसंग में मल्लिका जी ने कुमुदिनी में एक गीत उद्धृत किया है—

सोनार वर्ण होलो कालो।
गुण देखे, आमार मन हाराल॥

रचना शैली एवं भाव-व्यंजना

मल्लिका जी ने कवि-हृदय पाया था। सूरदास की कृति की भाँति कुमुदिनी जिस प्रकार सीधी और सरल रचना है, उसी प्रकार वह कोमल भावों से भरी पूर्ण सरस भी है। उसमें भाव चित्रण में विभाव के साथ अनुभाव-योजना सर्वत्र है। इसमें प्रत्येक वस्तु का पूर्ण रूप अपनी पूरी व्यंजना के साथ मूर्तिमान हुआ है। प्रत्येक महिला अपनी वय एवं प्रसंग के अनुरूप आचरण करती है। कुमुदिनी जहाँ कहीं भी दिखाई देती है, चाहे घर में चाहे नदी तट पर चाहे मन्दिर में। सर्वत्र अवगुण्ठन के साथ और अवगुण्ठन भी यथावसर कहीं कम कहीं अधिक। उसके खड़े होने में स्त्री जनोचित लज्जा एवं शालीनता प्रतिपद टपकती रहती है। विनोदिनी बालिका है आगरे में रजनीकान्त से उसका वार्तालाप उसके बालसुलभ भोलेपन एवं अज्ञात यौवनत्व को व्यक्त करता है। गंगा तट पर जब वह उन्मादिनी की तीक्ष्ण वाणी सुनती है, तब वह भय से संगिनी वयस्का के पीछे होकर आंचल की ओट में चलने लगती है। इसी प्रकार देवनाथ मुखर्जी जब अपने साले रजनीकान्त का अनिष्ट सोचकर वर्षा की अर्धरात्रि में श्मशानस्थ निर्जन काली मन्दिर की ओर एकाकी जाते हैं, तब उनके अन्तर्द्वन्द्व का चित्रण बहुत ही मार्मिक हुआ है। एक ओर प्रकृति की वह भयंकरता दूसरी ओर अपने गर्हित कार्य के प्रति उनके अपराधी मन का संकोच उनके पैरों को भारी कर देता है। एक ओर बुद्धि उन्हें दुष्कृत्य की ओर प्रतिशोध की भावना से प्रेरित करती है, दूसरी ओर हृदय उनका पैर पीछे खींचता है।

कार्य के भविष्यत् परिणाम की निश्चयता के प्रति प्रतिश्रुति प्रायः सभी धर्मभीरुओं में देखी जाती है, स्त्रियों में यह विशेष होती है, रतिकान्त तान्त्रिक है, अतः किसी

कार्य का स्वरूप व्यक्त करने के पूर्व वह कार्यकर्ता को देवी के सम्मुख या गंगाजल स्पर्श कराकर सौगन्ध दिलवाता है और जब वह व्यक्ति प्रतिश्रुति हो जाता है, तब वह उसकी इच्छा के विरुद्ध उससे कार्य करवाता है। रतिकान्त ने कुमुदिनी, विनोदिनी आदि सभी से इसी प्रकार व्यवहार किया। उसने देवनाथ मुखर्जी और रजनीकान्त को भी इससे मुक्त नहीं रखा।

यों तो काव्य में प्रकृति-वर्णन उद्दीपनगत अधिक मिलता है आलम्बनगत कम, किन्तु कुमुदिनी में दोनों प्रकार का प्रकृति-वर्णन पर्याप्त मात्रा में है, साथ ही संश्लिष्ट भी है। कुमुदिनी में प्रकृति-वर्णन के थोड़े ही अवसर हैं जैसे वर्षा, निर्जन प्रान्त, नदी तट, रात्रि आदि किन्तु जो हैं वे यथास्थान पूर्ण हैं और परिस्थितियों के चित्रण में परम उपयोगी है। उनमें एक प्रकार की ऐसी क्रमबद्धता है जो सजीवता उत्पन्न करती है। उनके वर्णन कहीं-कहीं तो ऐसे हैं जो बिना अनुभव के सम्भव नहीं जान पड़ते हैं। जैसे रिमझिम बरसात में मेघाचक्र आकाश के नीचे पालकी के भारवाहियों का पद संचालन एवं पारस्परिक वार्ता विधान वही प्रस्तुत कर सकता है जिसने कभी पालकी की सवारी की हो और उन लोगों के क्रिया-कलापों को ध्यान से सुना समझा हो, निम्न वर्ग की स्त्रियों के पारस्परिक वाक्युद्ध का चित्रण भी इसी प्रकार विकासोन्मुख दिखाया गया है। कुमुदिनी में आगरा और यमुना का वर्णन कलकत्ता और हुगली की स्मृति दिलाता है।

कुमुदिनी के कथोपकथन, स्वगत भाषण आदि पूर्णतः नाटकीय हैं, और उनकी वार्ता शैली एवं भाव व्यंजना, बंगला पद्धति भी, बहुत मर्मस्पर्शी और सजीव है।

भाषा और संस्कृति

हिन्दी में आजकल आंचलिक उपन्यासों की धूम है। उनमें जिस प्रदेश की कथा हो उसी प्रदेश की बोली और संस्कृति का चित्रण प्रधान हो गया है। हिन्दी की यह आधुनिक प्रवृत्ति कुमुदिनी में शताधिक वर्ष प्राचीन है। इसकी रचना यह सोचकर नहीं की गयी थी कि इसमें आंचलिकता का स्वरूप झलकाया जाये जिससे भविष्य में लोग प्रसन्न होंगे, इसमें यतः स्वतः सम्भव हो गया है और पूर्ण नैसर्गिक के साथ हुआ है। लेखिका स्वयं बंग महिला, कथा की कर्मभूमि उन्हीं की जन्मभूमि बंगदेश, चित्रित विचारधारा, भावधारा, आचारवृत्ति, सर्ववर्गीय, साथ ही उनकी वाणी भी बंगला में ही पूरी थी। हिन्दी तो उन्होंने साहचर्य से सीखी थी। इसलिए कुमुदिनी की भाषा आद्यन्त बंगला-हिन्दी बनी रही। भाषा विज्ञानियों के लिए यह अद्भुत संयोग है कि उन्हें अध्ययन के लिए ऐसी निखरी एवं विशुद्ध नैसर्गिक बंगला-हिन्दी का प्रतिमान कुमुदिनी में उपलब्ध हो गया है। वर्तनी में ह्रस्व-दीर्घ का भेद, रैफ के नीचे वर्षों का द्वित्व शब्दों के लिंगों में उलट-फेर, हिन्दी विभक्ति चिन्हों का लोप एवं

प्रयोग, संस्कृतानुसार संज्ञानुरूप विशेषणों का लिंग निर्धारण, संस्कृतगर्भित सामासिक पदावली विभक्ति लोप करके कर्तानुसार क्रिया का पूर्वीय प्रयोग, चन्द्रबिन्दु एवं विराम चिन्हों के उपयोग में सावधानता आदि अनगिनत बंगला-हिन्दी के ऐसे प्रसंग हैं जिनका आदर्श रूप अन्यत्र शायद ही मिल सके।

सराहिए आधुनिक हिन्दी के उन्नायक भारतेन्दु हरिश्चन्द्र को जिनके अनुरोध एवं प्रोत्साहन से उपन्यास के क्षेत्र में बंगला हिन्दी का ऐसा प्रतिमान आज देश के समक्ष उपलब्ध है।

इस संस्करण में मूल की भाषा शुद्ध की जा सकती थी किन्तु ऐसा इसलिए नहीं किया गया कि इससे रचना की मौलिकता भाषा की दृष्टि से समाप्त हो जाती है। अत: बिन्दु-विसर्ग सहित मूल में जैसा था वैसा ही प्रकाशित किया जा रहा है। पाठकों को कहीं-कहीं वर्तनी में एकरूपता नहीं मिलेगी वह भी इसीलिए रहने दी गई है। बड़े कोष्ठकों को शब्दावली सम्पादक की है, जहाँ हस्तलिखित त्रुटित होकर नष्ट हो गया था वहाँ-वहाँ कथा प्रवाह बनाए रखने के लिए ऐसा करना अनिवार्य हो गया था। इन शब्दावलियों को जोड़ने में यह ध्यान रखा गया है कि जहाँ जितने अक्षर त्रुटित हुए हैं वहाँ यथासम्भव उतने ही अक्षर जोड़े जाए। और उनका रूप भी लेखिका के मूल शब्दावली के अनुरूप हो। लुप्त परिच्छेदों की कथा उपलब्ध कथा तथा उसमें यत्र-तत्र विद्यमान कथा-संकेतों के आधार पर कल्पित की गई है। हर कल्पना में ऐसा कोई भी प्रसंग आने नहीं दिया गया है जिसका कहीं कोई संकेत नहीं मिला हो।

मर्यादावश जिस महिला ने आजीवन अपना नाम कभी प्रकट नहीं होने दिया और अपने प्राणधन का नाम जिह्वाग्र से यथासम्भव गिरने नहीं दिया, जिस प्राणधन ने उक्त महिला का सहयोग एवं उपकार सदैव साभार स्वीकार करते हुए भी मर्यादानुसार उनका नाम अपने मुख से नहीं उच्चरित होने दिया आज उसी की परम्परा में साहित्य-धर्मिता के नाते मर्यादा-उल्लंघन का यह अपराध मुझसे हो रहा है, आशा है जनता और जनार्दन दोनों हमें क्षमा करेंगे।

(कथादेश, जुलाई, 2007 में प्रकाशित)

पारस्य

उपक्रमणिका

पूर्व्वकाल में कश्मीर नगर में तवंगरन्नबी नामक एक राजा था। उसको एक पुत्र और एक कन्या थी। पुत्र का नाम फखरन्नाज, वह सब्बं शास्त्रों में सुपण्डित और समरबिशारद था। राजकन्या का नाम फरोखनाज, वह ऐसी रुपवती थी कि उसके रूप लावण्य के दर्शनमात्र से पुरुष का मन एकवारगी विमोहित हो जाता था। उसे देखकर कोई यावज्जीवन विक्षिप्तप्राय हो जाता था, कोई कोई स्मरण रोग से क्रमशः जीर्ण कलेबर होकर जमपूरी दर्शन करता था।

यह राजकन्या कभी कभी मृगयार्थ जंगल में गमन करती थी; उस समय पीत चिन्ह से सुशोभित श्वेत अश्व पर आरूढ़ होकर मुखाबरणमुक्त कर राखती थी; और कृष्णवर्ण अश्वारूढ़ एक शत सहचरी उसको घेरे रहती थीं। इसकी सब सहेलियाँ नवीन वयस्का और परम सुन्दरी और बिबिध बेशभूषणों से भूषिता थीं। जैसे नक्षत्रमण्डल के मध्य में चन्द्र की शोभा होती है; सखी-मण्डल के मध्य में राजदुहिता भी वैसी ही सुशोभित थी। सब लोग उसको देखने के लिए ब्यग्र होते थे। विशेषतः उसके रूप की ऐसी यशोवृद्धि हुई कि मृगयागमनकाल में उसका दर्शन करने के लिए पथ लोकारण्य हो जाता। वे लोग उस कन्या के दर्शन से नाना प्रकार की प्रशंसा करके यथोचित मन का आनन्द प्रकाश करते थे, और उसके साथ-साथ जाने के लिए व्यग्र होते थे, उसके अश्वारोही खड्गधारी नपुंशक रक्षा के हेतु उनके निवारण के लिये किसी को अस्त्रर्पित और किसी को संहार करते। दर्शकगण उसके दर्शन को लेकर ऐसी ही भीड़ करते थे और उन लोगों की व्यग्रता देखकर ऐसा बोध होता जैसे कि राजकन्या के सम्मुख प्राण त्याग करना ही उन लोगों की वासना है।

महाराज तवंगरन्नबी राजकन्या के मृगयागमन से प्रजा लोगों का ऐसा अनिष्ट देखकर अति शोकाकुल हुअे। अन्त में दुहिता को अन्तःपुर से निकलने के लिए निषेध किया। इससे रक्त बहना तो निवारण हुआ परन्तु एक और उपद्रव उपस्थित हुआ, अर्थात् राजकन्या के रूप का गौरव सुनकर देश परदेश के नृपतिगण ने उसके पाणिग्रहणाभिलाषी होकर दूत प्रेषण किया।

इसके पहिले एक दिन राजकन्या ने निद्रा में एक स्वप्न देखा कि एक मृग

जाल में बद्ध हुआ है और उसका प्राण संशय देखकर हरिणी ने बड़े कष्ट से उसको जाल से मुक्त किया। किन्तु हरिण की रक्षा करने से हरिणी स्वयं जाल में गिरी, तब हरिण उसको रक्षा न करके भाग गया। स्वप्नदर्शनानन्तर राजकन्या चैतन्य हुई, उसने सोचा कि स्वप्न मिथ्या है या किसी देव ने हमारे ऊपर अनुकुल होकर स्वप्न द्वारा यह उपदेश किया कि पुरुष का व्यवहार इसी प्रकार का अविश्वासी, स्नेहवर्जित और प्रेम प्रसंग में अनभिज्ञ होता है। अबला जाति सरला, आत्मप्राण देकर भी पुरुष का प्राण रक्षा करती है किन्तु पुरुषगण उसके विपरीताचरण करते हैं। इस चिन्ता से पुरुष प्रति राजकन्या के मन में अश्रद्धा हुई, उसने प्रतिज्ञा किया कि कभी विवाह न करूंगी।

राजदूतगण नित्य नित्य राजसभा में आने लगे, राजकन्या को आशंका हुई कि यदि महाराज किसी के साथ विवाह कर देंगे तो हमारी प्रतिज्ञा मिथ्या होगी। एक दिन पिता के निकट जाकर सजल नयन से बोली, "पिता! मेरी आपसे यही भिक्षा है कि आप मेरी सम्मति भिन्न किसी के साथ मेरा विवाह मत कीजिएगा।" राजकन्या का मनोगत अभिप्राय जानकर पिता उसके क्रन्दन से दयाद्रचित्त हो बोला, "वत्से! इसके लिए कौन सी चिन्ता? मत रोओ, तुम्हारी मनोगत वाञ्छा पूर्ण होगी, लड़के लड़कियों का बिबाह करना पिता माता का कर्तव्य धर्म है, परन्तु हम कसया देव की शपथपूर्वक कहते हैं कि पात्र यदि राजाधिराज का पुत्र होवे तो भी तुम्हारी सम्मति बिना किसी के साथ बिबाह न करैंगे।" पिता के इस वाक्य से पुलकिता होकर राजदुहिता अपने मन्दिर में आई और सोचने लगी कि पिता शपथ उल्लंघन कदापि न करैंगे। मैं कभी बिबाह न करूंगी।

[अनन्तर] इधर नाना देशों के राजदूतगण विवाह के सम्बन्धार्थ आकर अपने अपने पात्रों के यशवर्णनपूर्व्वक कन्या याञ्छा करने लगे। राजा शपथ कर चुके थे कि कन्या के असम्मति में विवाह न करैंगे, सुतरां कन्यादान में अक्षम होकर घटकगण को विनय वाक्य से यह कहकर बिदा करने लगा कि "कन्या स्वयंवरा होगी।" राजदूतगण दुखी होकर जाने लगे। राजा जी में भीत होने लगा, यदि कोई भी राजा अपमान समझकर संग्राम करने को आवे तो बड़ा प्रमाद होगा।

इसी डर से राजा ने एक दिन कन्या के धात्री को बोलाकर कहा कि—"धात्री तनया जो बिबाह नहीं करना चाहती, इसका कारण क्या है? तुमने क्या उसको कोई परामर्श दिया है?" धात्री बोली "महाराज! हम ऐसा परामर्श क्यों देंगी? पुरुष के प्रति हमें कभी दुर्भाव नहीं है, हम इसके विषय में नहीं जानतीं। राजकुमारी ने एक स्वप्न देखा था, उसी से बिबाह में घृणा करती होंगी। राजा विस्मित होकर बोला, "स्वप्न देखकर बिबाह में अश्रद्धा! यह कैसा चमत्कार!! भला इस पर किस प्रकार से विश्वास होगा?" धात्री ने कहा, "महाराज! उसका विवरण यह है कि राजकन्या ने स्वप्न में देखा कि एक मृग जाल में बद्ध हुआ है, मृगी ने उसे जाल से मुक्त

किया, किन्तु जब मृगी आप ही जाल में गिरी तब मृग उसको परित्राण न करके भाग गया, इस कारण पुरुष लोग हरिण के भाँति नारी को विपद काल में सहायता नहीं करते, यह सोच करके राजकन्या बिबाह करना नहीं चाहतीं।" राजा बोला "यह बड़ी भुल है, तुम इस भ्रान्ति के शान्ति की कोई उपाय कह सक्ती हो?" धात्री ने बिनती किया, "प्रभो! सब रोगों की चिकित्सा है, यदि आज्ञा हो राजकन्या का भ्रम मिटाऊँ। उसमें आश्चर्य्य क्या है?" राजाने जिज्ञासा किया कि "किस प्रकार से?" धात्री बोली "मैं अनेक उपान्यास जानती हूँ, जिसमें पुरुष के सच्चरित्रता, स्नेह और प्रेम का अनेक उदाहरण है, उन्हें कह कह करके राजकन्या की भ्रान्ति दूर करूंगी, इसमें सन्देह नही है।" राजा परमान्दित होकर बोला "यह युक्ति उत्तम है; अतएव यही करो।"

धात्री राजा के निकट से बिदा होकर चिन्ता करने लगी कि कौन समय गल्प सुनावैं, भोजनान्त में राजकन्या राजसभा में जाकर नृत्य गीतादि दर्शन और श्रवण करती है उस समय अवकाश नहीं, फिर शयन के समय एकाकिनी रहती हैं वह समय अच्छा है। यह शोच कर शयन काल में राजकन्या के निकट जाकर बोली, "राजनन्दिनि! हमको तुम्हें एक उपान्यास सुनाने की अभिलाषा है, वह उपान्यास

[मूल में पत्र संख्या 3 के पश्चात पत्र संख्या 7 मिलती है अर्थात् बीच के 3 पन्ने लुप्त हैं पत्र 7 में राजपुत्र का विवरण है। अतः स्पष्ट है कि बीच के पन्नों में राजकन्या का प्रसंग पूरा हो गया है।, से होगा? यदि उनको परिणाय का मानस हुआ होय सो विषय उन्हने तो सच्छन्द से दुसरे से महाराज के कर्ण गोचर कर सके हैं। यह सब कारण वशतः बोध होता है कि उन्हने केवल बिबाह के लिए अहोरात्र चिन्ता करते हैं नही अन्य कारण भि हो सक्ता है। (चिन्ता करते करते) कुमार के सहसा देश भ्रमण का कारण क्या? उनको सर्ब्बदा चिन्तामग्न और देश भ्रमण में जाने का कोइ विशेष सम्बन्ध होगा यह विषय हमने महाराज का कर्ण-गोचर करना होगा।

हाय! मानवगण जो कितने प्रकार से चिन्ता के अधीन उसका गणना नहीं किया जाता। प्रत्येक नूतन ऋतु का परिवर्तन में स्वभाव के जैसा विबिध प्रकार रूप परिवर्तण होता है, मानवगण के मन भि ऐसा हि नब-नब चिन्ता के अधीन होता है; यह सब कार्य्यकारण बिचार करके देख में बोध होता है कि मानव हृदय मन्दिर नीलाम्बु पुलिन के न्याह हर लम्हा (लह्मा) में नूतन नूतन चिन्तालहरी आश्रय होता है।

हाय! साधारण लोगों ने ज्ञान करता है कि उनि लोग केबल हि बिबिध प्रकार चिन्ता के अधीन? किन्तु राजन्यगण के चिन्ता जो अचित उन लोगों के अपेक्षा कितने दुःख जनक वह ज्ञानातीत। यह देख मीन सिंह सातिशय विस्तीर्ण राज्य के सम्राट् होकर भि एक लहमा के लिए निरापद से कालातीपात नहीं कर सके, उनके

हृदय में जो एक काल में कितने ओर धावमान होता है उसके स्थिर करना दुस्साध्य कारण, कारण, उनके विस्तीर्ण राज्य स्थित असंख्य प्रजागण के शान्ति रक्षा करना, उनके प्रधान कार्य्य के अतिरिक्त कौन विषय? किन्तु कितने स्थान में कितने लोग का जीवन हत्या होता है, कितने लोग चोर डाकू का उपद् में आपने आपने घर छोड़कर भाग जाते हैं यह सब विषय का तत्त्वानुसन्धान करने को लोग नियुक्त करना और वह सब अस् विषय निबारणार्थ कितने नियम संकलन करके स्थापन करते हैं। हाय! यह जगत संसार में चिन्ता शून्य कोई नहीं।

सम्राट मीण सिंह के प्रवेश।

मीण! कू मंत्रीवर, कब सभा में आए हो?

मंत्री—महाराज! अधीन आपका आज्ञानुबर्त्ती होकर आपका श्रीचरण सत्दर्शनाय बड़े देर तक से प्रतिक्षा करते थे।

मीण—सचिव श्रेष्ठ! हम कुमार के पर्य्यटनानुयायी सामग्री सब आयोजन करते थे, उसि से हमरे स्थिरीकृतकाल के अतिबाद्धित हो गया है, आब सूरतपुर का संवाद कहें।

मंत्री—महाराज! सुरतपुर से आज प्रात:काल में आपके नाम से एक लिपि प्राप्त हुआ है (एक दो पत्र प्रदान करके) यह सो पत्र गृहण किजिए।

मीण—(मंत्री को पत्र पुन: प्रदान करके) मंत्रीवर! यह लिपि तुम पाठ करो हम श्रबण करते हैं। मंत्री! (लिपि उन्मोचन करके पाठ)

"राजाधीराज अतुल प्रतापान्चीत मीण सिंह बाहादुर श्रीचरणकमलेषू।

(सेवा) में एतद्वारा यह निवेदन किया जाता है कि आपका सुखमय विस्तीर्ण। साम्राज्य में वसति करके प्रजागण कोइ कभि कोइ विषय का असुखी नही हुए हैं : किन्तु अधुना सुरतपुर निवासी जनगण यक जन राजपुत सेना से सातिशय प्रपीड़ित होते हैं। नगर का शान्ति रक्षकगण उन सबों को शासन करने में अधारय इसलिए आप सानुग्रह प्रकाशपूर्ब्बक सुरतपूर निवासी जनगण का क्लेशनिबारणार्थ कोइ सदुपाय करना। सत्वर करने से श्लाघा के विषय परिगणित होगा।

आपका श्रीचरणाश्रीत

सुरतपुर निवासी जनैक भद्रलोग"

मीण—(भृकुटी करके) मन्त्रीवर! हमरे विंशत बरस राज्याधिकार मध्य इदृश क्लेश प्रकाश लिपि हमरे हस्तगत नही भयी; किन्तु अधुना विदेशीय सैन्य किस कारण हमरे सम्राज्य में उपद्रवी प्रारम्भ किया है? उस दिन पंचविंशतिजन राजपुत अनिकिनी हमरे राजधानी में आकर प्रजागण को आक्रान्त किया था, य दिन च परिशेष में उन लोग कारारुद्ध हुआ है।

मंत्री—(मुड़ी नीचा करके) नरेश्वर! हम अभी सैन लेकर सुरतपुर में यात्रा करते हैं किन्तु हमारे तत्र स्थान में जाने को आभिआवश्यक नही, द्वितीय मंत्री को वहाँ प्रेशणा किजीए।

मीण—सचीबबर! हम तुमारे वाक्य में सम्मति हुआ।

मंत्री—महराज! आपका श्रीचरण में अधीन का और एक निवेदन है।

मीण—मंत्रीबर! तुमारे मनोभाव आभि प्रकाश करो, सो हमरा अनुमति के प्रतिक्षा क्या?

मंत्री—राजन! राजकुमार पहिले जैसा प्रफुल्ल प्रतीयमान होता था, आजकल ऐसा प्रतीत नही होता। बोध होता है कि उनने रात को सुसुप्त अवस्था में कोइ रूपवती कन्या को स्वप्न देखा, कारण उन्हने हर रोज निसावसानकालीन शयनागार से अधिक चिन्तायुक्त वहिसृत होते हैं, और वह स्वप्नप्रतीता कामिनी उनका चिन्ता के मूल कारण।

मीण—(हासकर) सचिव श्रेष्ठ! कुमार का स्वप्नप्रतीता ललना के अनुसंधान में स्वदेश त्याग करके जाते हैं? यह क्या कभि सत्य नही हो सक्ता, यह कल्पना तुमारे युक्ति सिद्ध नही हुआ।

मंत्री—महाराज। हमरा निश्चय बोध होता है कि यह व्यतित कुमार के चिन्ता का और कोई कारण नही है।

मीण—मंत्रीबर! कौन सदुपाय से कुमार के परबास में पाने का यथार्थ कारण हो व देखें, सो हामारे से बहु पुरस्कार प्राप्त होने पायगे। काल दिवावसान कालिन हमसे "कनक उद्यान में" साक्षात करना, आभि हम अन्त:पुर में गमन करते हैं दिनकर प्राय अर्द्धपथाबलम्बी हुए हैं।

(सम्राट मीण सिंह और आहवेन्द्र का प्रस्थान)

यवनिका पतन।

पारस्य की भूमिका

गिरीशचन्द्र चौधरी • डॉ. बटे कृष्ण

पुराने बंगला साहित्य में जैसे छोटी-छोटी पारसी कथाएँ बहुप्रचलित थीं, वैसी ही लघुकथा इस उपन्यास की भी है। इस पर अंकित है 'पारस्य उपन्यास'।

यह हस्तलेख कुछ विलक्षण-सा है। प्रथमत: पारस्य उपन्यास शीर्षक के अन्तर्गत कश्मीर के किसी राजा तवंगरंनवी (दबंगरंनवी) के पुत्री की प्रेमकथा का आरम्भिक अंश है। अनिन्द्य सुन्दरी राजकुमारी फरोखनाज स्वप्न में मृगमृगी के ऐसे युग्म को देखती है जिसमें मृगी तो जाल-पाश में बद्ध मृग को मुक्त कराने के प्रयत्न में स्वयं पाशबद्ध हो जाती है किन्तु मृग मुक्त हो जाने पर मृगी को मुक्त कराने का विशेष प्रयास न कर भाग खड़ा होता है। राजकुमारी सोचती है कि पुरुष ऐसे ही कृतघ्न होते हैं। अत: उनसे विवाह करना धोखा है। आरम्भ के दो पन्नों (चार पृष्ठों) की इस कथा के उपरान्त किसी राजा मीण सिंह के राजपुत्र का प्रसंग है जो किसी के विरह में लीन तो रहता है किन्तु अपना अभिप्राय कभी किसी पर प्रकट नहीं करता। और बिना कुछ कहे-सुने एक दिन सहसा देश-भ्रमण को निकल पड़ता है। यह कथा नाटक के रूप में लिखी है, पर अधूरी ही है। इस कथा का न तो आरम्भ है और न अन्त। आरम्भ के स्थान, कश्मीर की उपर्युक्त प्रेम-कथा के पन्ने आ गए हैं और अन्त में राजा और मंत्री आहवेन्द्र के संवाद में यवनिका-पतन के पूर्व मंत्री का यह अनुमान वर्णित है कि राजकुमार को स्वप्न में किसी राजकन्या से प्रेम हो गया होगा। तदन्तर निरभिमानदानी की कथा विद्यमान है। यह कथा भी अधूरी ही है और उस स्थान से मिलती है जहाँ अबुल कासिम से पहली भेंट के पश्चात हारूल रशीद लौटने को होता है और अबुल कासिम उससे मिलने अकेले ही आता है। यहाँ पन्नों की संख्या 6 (लगभग 12 पृष्ठ) लगी है। स्पष्ट है कि इस कथा के आरम्भिक 5 पन्नों के स्थान पर ऊपर वर्णित कश्मीरी कथा के पन्नें जुड़ गए हैं।

उपलब्ध कथा सानुमान इस प्रकार है। बगदाद के प्रसिद्ध खलीफा हारूल रशीद किसी समय जिज्ञासा कर रहे थे कि विश्व में सबसे बड़ा दानी कौन है। इस पर चाटुकारों ने उसका ही नाम लिया और उसके दान की भूरि-भूरि प्रशंसा की।

किन्तु एक मंत्री मौन रहा। हारूल रशीद ने एकान्त में बुलाकर उसके मौन रहने का कारण पूछा। उसने कहा कि दानी अभिमानी नहीं होता। आपके बगदाद का ही अबुल कासिम नामक एक व्यापारी है, जिसके समान दूसरा दानी कोई दिखाई नहीं देता। उसके द्वार से राजा या रंक कोई कभी खाली हाथ नहीं लौटा। अभिमान तो उसे रंचमात्र छूता नहीं। खलीफा ने मंत्री के इस कथन की परीक्षा लेनी चाही। एक दिन वह अबुल कासिम के नगर में गया और एक भव्य भवन लेकर रहने लगा। अवसर देखकर वह अबुल कासिम के निवास पर भी गया। अबुल कासिम ने उसे कोई विशिष्ट पुरुष समझकर उसका भव्य स्वागत किया। हारूल रशीद उसका ऐश्वर्य, उसका ठाठ-बाट, उसका स्वागत-सत्कार देखकर चकित रह गया। उसने अबुल कासिम की वस्तुओं, दास-दासियों आदि की दिल खोलकर सराहना की। जब उसके बिदा होने का समय आया, तब अबुल कासिम कुछ क्षण के लिए भीतर गया और जिन-जिन वस्तुओं, दास-दासियों आदि की उसने प्रशंसा की थी, उन सबको तथा कुछ अपनी ओर से उपहार मिलाकर उसके बिदा होने के पूर्व उसके निवास पर भेज दिया, साथ में एक पत्र भी भेजा जिसमें लिखा था कि यह मेरा तुच्छ उपहार है, आप इसे कथमपि अस्वीकार न करेंगे।

खलीफा जब बिदा हुआ तब सोचने लगा कि यह व्यक्ति तो महा कंजूस है, स्वागत-सत्कार तो खूब किया, मृदुभाषी भी है, किन्तु उपहार कुछ न दिया, मंत्री का कथन सत्य नहीं है, इसका दंड उसे मिलेगा। किन्तु जब वह घर पहुँचा तब उपहार-सामग्री देखकर अचम्भित रह गया और अपने हलकेपन का अनुभव करने लगा।

दूसरे दिन लज्जित होता हुआ वह पुन: उसके निवास पर कृतज्ञता ज्ञापित करने गया और जानना चाहा कि इतना बड़ा दान किस प्रकार करता है। कितना बड़ा भी धनकोश क्यों न हो, ऐसे दान से निश्चय ही कभी न कभी रिक्त हो ही जाएगा। अत: उसने उसके धनकोश को देखने का निश्चय किया। उसने अबुल कासिम से अपनी जिज्ञासा प्रकट की। कासिम इसके लिए प्रस्तुत नहीं हुआ, किन्तु अति विशिष्ट आग्रह पर कुछ शर्तों के साथ अपना खजाना दिखाने को तैयार हो गया। हारूल रशीद ने उसकी सारी शर्त मान ली। अबुल कासिम मध्यरात्रि के एकान्त में निरस्त्र खलीफा की आँखों पर पट्टी बाँधकर उसे एक भूमिगत गृह में इस प्रकार ले गया कि खलीफा को मार्ग का कथमपि ज्ञान न हो सके। बीच गृह में जब उसके आँखों की पट्टी खोली गई, तब वह अपार स्वर्ण, रत्नादि धनराशि देखकर स्तम्भित हो गया। फिर भी उसके मन में यह सन्देह बना ही रहा कि यह धनराशि भी एक न एक दिन समाप्तप्राय है। इस पर अबुल कासिम उसे एक अन्य गृह में ले गया जहाँ की सामग्री देखकर तो उसके आश्चर्य का ठिकाना न रहा। यह धनराशि पहले की राशि से कई गुना अधिक थी। वहाँ उसने धनराशि के साथ एक राजदम्पति के शवों को भी देखा जिस पर लिखा था कि निरभिमान होकर मुक्त हस्त से सत्पात्र

में दान करने से धन घटता नहीं। खलीफा इस पर विश्वास कर गया और अबुल कासिम के अतुल दान का रहस्य समझ गया।

स्वर्गीय भारतेन्दु जी ने तथा बाबू राधाकृष्ण दास जी ने इस रचना का संशोधन किया है। उन्होंने इसकी भाषा को हिन्दी रूप इस प्रकार देने का प्रयत्न किया है कि रचनाकार की शैली भी बनी रहे और थोड़े शब्दों में काम चल जाय। कहीं-कहीं तो ऐसा प्रतीत होता है कि उन्होंने संशोधन से हाथ रोक लिया हो और फिर चित्त नहीं माना तो दो-चार पृष्ठों बाद पुनः संशोधन आरम्भ किया और अन्त में अपनी ओर से शव-पेटिका पर अंकित लेख का पद्यानुवाद स्वतः प्रस्तुत करके रचना पूरी कर दी।

हारूल रशीद का नाम मुसलिम साहित्य में दानवीरता के पर्याय के रूप में लिया जाता है। सन् 136 हिजरी में अब्बासी राजवंश की स्थापना बगदाद में हुई। हारूल रशीद इसी वंश में जनमे थे। सन् 192 हिजरी में उनकी मृत्यु हुई थी। उनकी पत्नी का नाम जुबेदा और पुत्र का नाम मामून था जो दानशीलता में अपने पिता से भी बढ़कर हुआ है। इस्लामी साहित्य में उनका नाम बड़े आदर से लिया जाता है और उनकी दानशीलता एवं न्यायप्रियता की अनेक कथाएँ लोक प्रचलित हैं। किन्तु अबुल कासिम की कथा कल्पित जान पड़ती है और हारूल रशीद का चरित्र जोड़कर उसके माध्यम से निरभिमान दानशीलता का चित्रण इस कथा का विषय बनाया गया है।

('नागरी प्रचारिणी' पत्रिका, वर्ष 2001, अंक-4)

निरभिमानदानी

प्राचीन काल में हारुनुलरशीद नामक एक प्रबल प्रतापी राजा बगदाद नगर में राज करता था। वह अपनी प्रजा के हित-चिन्तन में निरन्तर लगा रहता था और उनकी सुख-सुविधा के लिए प्रचुर धन राशि नि:संकोच दान करता था। उसके द्वार से कोई निराश होकर नहीं लौटता। उसकी उदारता एवं प्रजावत्सलता की ख्याति जगत में चतुर्दिक् व्याप्त थी। उसे एक दिन जिज्ञासा हुई कि क्या इस विश्व में मुझसा दानी और उदार प्रजापालक कोई अन्य भी है। चाटुकार तो उसी की प्रशंसा के विरद गाते रहे; किन्तु एक मंत्री जो सत्यवादी था और राजा का शुभचिन्तक भी, उस समय कुछ न बोला। राजा ने उसके मौन में रहस्य का संकेत पाया और राजसभा विसर्जित होने पर उसे एकान्त में बुलाकर उसके मौन का कारण जानना चाहा। वह चटुकारों की बातों में आने वाला नहीं था और राजमंत्री की स्पष्टवादिता का आदर करता था।

राजमंत्री ने कहा कि ईश्वर की इस सृष्टि में कोई अपने को सर्वश्रेष्ठ नहीं कह सकता। हो सकता है कि हम जिसे सर्वोच्च दानी समझते हैं, उससे भी बढ़कर कोई अन्य व्यक्ति इस संसार में विद्यमान हो। राजा ने पुन: जिज्ञासा की कि तुम्हारी दृष्टि में क्या अन्य कोई श्रेष्ठ दानी है। इस पर मंत्री ने बसरा-नगर-निवासी अबुल कासिम नामक कुशल वणिक्-पुत्र का नाम लिया। वह जिस प्रकार अतुल धन-सम्पत्ति से सम्पन्न था उसी प्रकार अपनी दानशीलता के लिए विख्यात भी। उसके द्वार से कोई राजा या रंक कभी खाली हाथ नहीं लौटा। कोई उससे चाहें कुछ माँगता या न माँगता, वह उसके मनोनुकूल उसे इतना देता कि वह उसके लिए कल्पनातीत होता। फिर भी उसे अपनी दानशीलता का रंचमात्र अहंकार नहीं था और वह सदैव विनम्र बना रहता। वह प्रभूत ऐश्वर्य का स्वामी था और बड़े बड़े श्रेष्ठ नृपतिगण भी उसके वैभव के चाकचिक्य से विस्मय में पड़ जाते। वह कभी किसी को निराश नहीं करता।

इस वार्त्ता को सुनकर राजा के मन में उस अलौकिक पुरुष के दर्शन के लिए तीव्र कौतूहल जागरित हुआ। उसने बसरा जाकर उससे मिलने का निश्चय किया। राजा बसरा पहुँचकर एक भव्य भवन में निवास करने लगा। धीरे धीरे उसने अबुल कासिम के विषय में अन्य जानकारी भी प्राप्त की और एक दिन उससे मिलने के लिए छद्म रूप से चल पड़ा। राजा जब उसके महल के द्वार पर पहुँचा, तब उसका ठाठबाट, साजसज्जा, एक से एक अद्भुत वस्तुएँ एवं रुप गुणयुक्त अनेकानेक सजी-धजी दास-दासियों की भीड़ देखकर चकित रह गया।

अबुल कासिम ने उसके व्यवहार से जान लिया कि यह व्यक्ति अवश्य कोई नृपति है और मेरी परीक्षा के निमित्त ही यहाँ उपस्थित हुआ है। उसने पूर्ण राजसी शिष्टाचार से सदलबल उसका अपूर्व स्वागत किया। उसके महल की अलौकिक साजसज्जा निहारते ही बनती थी। उसके दास-दासी एवं आतिथ्य-सत्कार निपुण कर्मचारीगण वेशभूषा एवं रूपगुण के साथ अलौकिक शिष्टाचार से भी सम्पन्न थे। बगदाद के राजा ने ऐसे दक्ष सेवकों को कभी देखा न था। रत्नजड़ित स्वर्ण पान पात्रों की अनुपम कलात्मकता उसका मन मोह लेती थी। उसके यहाँ पशु, वृक्ष, बालक, नारी सब एक से एक बढ़कर दिखाई पड़े। राजा सबकी भूरि भूरि प्रशंसा करते अघाता नहीं था।

अबुल कासिम उसकी सारी वार्त्ता बड़े ध्यान से सुनता रहा। फिर कुछ क्षण के लिए वह वहाँ से उठकर अपने सेवकों के साथ अंत:गृह में गया। वहाँ उसने राजा को भेंट स्वरूप दी जाने वाली वस्तुओं, दास-दासियों, पान-पात्र आदि के विषय में कर्मचारियों को यथोचित आदेश दिया; तथापि जो सामग्री राजा के निवास पर भेजी जाने वाली थी उसके साथ अपना विनय निवेदन करते हुए एक पत्र भी प्रेषित किया। तत्पश्चात् सभी सेवकों, आदि को भीतर ही छोड़कर अबुल कासिम अबकी बेर अकेला ही आया। वार्तालाप में दिन बीत गया। राजा ने कहा "अबुल कासिम तुम्मारे व्यवहार से आश्चर्य होता है, अब अनुमति हो तो जाऊँ। अबुल कासिम ने अनेक शिष्टाचार किया और द्वार पर्य्यन्त आकर उनको पहुँचा गया।

राजा यह बात सोचता चला कि "यह व्यक्ति राजराजेश्वरों के अपेक्षा भी धनवान है उसमें सन्देह नहीं, किन्तु मंत्री ने जो इसको बड़ा भारी दानी कहा है वह सर्व्वथैव मिथ्या है। क्योंकि वृक्ष, पानपात्र, बालक और नारी देखकर जब हमने प्रशंसा किया तो उसको कुछ न कुछ देना उचित था, किन्तु कुछ भी न दिया, इस दशा में हम क्योंकर उसे दानशील कहें वास्तव में उसमें दानशक्ति कुछ भी नहीं है; स्वभाव तो अतिकृपण है, पर केवल धन का गर्व्व ही है। मंत्री! झूठ बोलने का दंड तुम्हें अवश्य मिलेगा।"

राजा ने ऐसी ही चिन्ता करता हुआ घर पहुँचकर देखा कि अच्छे अच्छे दास, दासी, अश्व, उष्ट्र और अन्य अश्वादि और जो तरु, तरुणी, पानपात्र और शिशु अबुल कासिम के घर देखा था वे समस्त यहीं इकट्ठे हैं। राजा यह सब देखते ही चुपचाप काष्ठ पुत्तली के भाँति दण्डायमान रह गया। राजा के आते ही सबने भूमिष्ठ होकर प्रणाम किया और युवती ने उनके हस्त में एक पत्र दिया। भूपाल ने उसे खोलकर पाठ किया। अबुल कासिम ने लिखा था "हे आत्मीयवर! आपके पदार्पण से हमारा घर पवित्र हुआ है, किन्तु हम आपके परिचय से अनभिज्ञ हैं इसके आपके योग्य समादर न हो सका, अतएव हे गुणनिधि! हमारा अपराध क्षमा करना। परन्तु निवेदन है कि किंचित उपठौकन प्रेशण करते हैं। यद्यपि किसी प्रकार से आपके योग्य नहीं

है तथापि आशा है कि इसे ग्रहण करके हमारे प्रति अनुग्रह प्रकाश कीजिएगा। यदि इस अनुग्रह से वंचित कीजिएगा तो हम नितान्त दु:खित होंगे। क्योंकि हमारी यह रीति है कि यदि कोई महाशय हमारे किसी द्रव्य को देखकर आह्लादित हों तो उस द्रव्य पर हमारा अधिकार नहीं रहता, इससे जिस तरु, छड़ी, बालक, पानपात्र और रमणी को देखकर आप सन्तुष्ट हुए थे, वह सब अब आप ही का द्रव्य हो गया इससे यह प्रेशणा किया है।"

अबुल कासिम का पत्र पाठ करके राजा मुग्ध हो गये। विचार किया अबुल कासिम के तुल्य दानशील मनुष्य और कोई नहीं है, इससे मंत्री ने जो कहा था वह सब सच है। फिर अपने को सम्बोधन करके कहा "हारुनुलरशीद! अद्यावधि तुम फिर कभी ऐसा अभिमान मत करना कि तुम्मारे बराबर दाता पृथिवी में नहीं है। देखो तुम्मारा एक प्रजा ऐसा दाता है कि सब राजेश्वरों के एकत्रित होने से भी उसकी बराबरी नहीं कर सक्ते।"

राजा सोचने लगा "भला यह एक सामान्य व्यक्ति होकर किस प्रकार से ऐसा अद्भुत दान करता है, इसका तत्त्व जानना चाहिए। इसके लिए मुझे और कुछ काल तक यहाँ रहना पड़ेगा।" यह स्थिर करके राजा ने द्रव्यादि घर में रखवाया, दुसरे दिन बड़े सबेरे गात्रोस्थान[1] करके अबुल कासिम के समीप जाकर कहा, अबुल कासिम! तुम्हारे दातव्य का वर्णन नहीं हो सकता। धरती मण्डल में तुम्माहारे बराबर मनुष्य कोई नहीं है। यदि बुरा न मानो तो तुमको वह सब फेरने की इच्छा है।" अबुल कासिम ने राजा के इस बात से क्षुण्ण[2] होकर कहा", तब तो अवश्य किसी विषय में हमसे त्रुटि हुई है, नहीं तो आप ऐसी बात क्यों करते?" राजा ने उत्तर दिया "अबुल कासिम! तुम्हारे आचरण और व्यवहार से हम बहुत तुष्ट हुए हैं, किन्तु हम सामान्य मनुष्य हैं, तुमने हमे जो सब अमूल्य दुष्प्राप्य वस्तु दिया हम उसके योग्य नहीं हैं। इसी से उसे ग्रहण करने का साहस नहीं होता, बास्तबिक तुम्मारा दान अति अपरिमित है, ऐसा अपरिमित दान युक्ति सिद्ध नहीं है।" अबुल कासिम ने ईषद् हास्य करके कहा, "अब आपके मन की बात समझ अतिरिक्त दान विवेचना करके ग्रहण नहीं करना चाहते, किन्तु यह दान अधिक नहीं कहा जा सक्ता। हम नित्य ही और कभी कभी इससे भी अधिक दान करते हैं, उस्से हमारा धन कम नहीं होता। इस बात से आपको सहसा चमत्कार बोध होगा, किन्तु इसका निगूढ़ तत्व जानने से वह भ्रम दूर हो जायेगा। इससे इसका वृत्तान्त आपको सुनाते हैं।" यह कहकर अबुल कासिम राजा को एक दूसरे सुसज्जित सुगन्धमय घर में ले गया। वहाँ उनको एक स्वर्ण-सिंहासन पर उपवेशन कराके[3] आप उसके पार्श्व में बैठकर अपना वृत्तान्त कहना आरम्भ किया।

---

1. उठकर बिना रुके सीधे ही, 2. संशोधक ने इसे क्षुब्ध कर दिया है, 3. बैठाकर।

अबुल कासिम का पूर्व्व विवरण

अबुल कासिम कहने लगा कि हमारे पिता का नाम अब्दुल आजिज़ था। उसने केरो देश[4] में रत्न व्यवसाय करके अतुल अर्थ उपार्जन किया था। किन्तु कदाचित राजा वह धन किसी कौशल से अपहरण कर ले इस आशंका से तद्देश परित्यागपूर्व्वक बसरा देश में बास करने लगा। एक बणिकी कन्या से विवाह किया। उनके गर्भ से हमारा जन्म हुआ। पिता माता के परलोकगमनान्तर हमने अतुल ऐश्वर्य पाया। अवस्था के धर्म्म से हम विविध रसों में रसिक[5] हुए, सुतरां दो तीन बरस में सब धन नष्ट कर दिया। तब प्रत्यक्ष कष्ट होने लगा, पूर्व्व सुख स्मरण होने से अत्यन्त मनोवेदना होती थी। इससे निर्णय किया कि यहाँ रहने का अब कुछ फल नहीं है, परदेश में गमन करना उचित है वहाँ रहने से दु:ख का स्त्रास होगा। यह सोचकर गृहादि बेच बसरा देश परित्यागपूर्व्वक, नाना देश भ्रमनान्तर केरो नगर में उपस्थित हुए। उस देश में पिता का पूर्व्ववास था यह स्मरण कर और नगर की शोभा दर्शन करके दु:ख हृदय में पुनरुदय हुआ, दोनों नेत्रों से धारा निर्गत होने लगी, जी में कहा यदि जनक अपनी जीवदद्शा में होते, तो पुत्र की यह दुर्द्दशा देखकर कैसे दु:खित होते। यह चिन्ता करते करते राजपूरी के निकट से नदीतीर जाते थे। सहसा नेत्रो-तोचन[6] करके देखा कि अट्टालिका के गवाक्ष में एक परम सुन्दरी नारी दण्डायमान[7] है। उसके अपरूप[8] रूप से विमोहित होकर हम वहीं खड़े रह गये। युवती हमें देखते ही चली गई। हम विमोहित चित्त से गवाक्ष पर लक्ष किये हुए वहीं खड़े रहे, विचार करने लगे यदि पुनर्व्वार आवे तो उसको देखैं, किन्तु वह आशा मिथ्या हुई, नारी फिर नहीं आई। हमने नैराश होकर रात को वहीं पास ही एक स्थान में शयन किया। किन्तु उस रमणी का रमणीय रूप मन में अवतीर्ण होने से एक बेर भी आँख न लगी, तब जी में सोचा कि हाय, उसको क्यों देखा! देखने से कोई सुख नहीं हुआ, केवल मन की अग्नि द्विगुण हो गई। यदि उसको न देखते तो यह यन्त्रणा न होती, अथवा यदि वह रूपवती हमें न देखती तो जी भर उसका दर्शन करते। एवम्भूत चिन्ता में सबेरा हो गया, बड़े सबेरे गात्रोत्थान करके पुनर्व्वार उस गवाक्ष तल में जाकर खड़े हुए, किन्तु उस दिन युवती एक बेर भी वहाँ नहीं आई, सुतरां हम नैराश होकर अपने स्थान में (लौटे)। दूसरे दिन पुनर्व्वार उसी प्रकार से जाकर खड़े रहे, कुछ देर में युवती ने आकर हमें भय प्रकाशन पूर्व्वक बोली "तुम्हारी मरणदशा उपनीत हुई है नहीं जानते कि राजा ने निषेध किया है कि यहाँ कोई खड़ा होने नहीं पावे, शीघ्र प्रस्थान कर नहीं तो प्रहरीगण आकर मारैंगे।" मैंने युवती को नमस्कार करके कहा "हे भुवनमोहिनी! हम राजाज्ञा से अवगत न थे यथार्थ, किन्तु तुम्मारे प्रेम-पिञ्जर में बद्ध होने से भागने में अक्षम हैं।"

---

4. काहरा (मिस्त्र), 5. भोग-विलास में लिप्त, 6. आँख उठाकर देखा, 7. खड़ी है, 8. सौन्दर्य से (जैसा पहले कभी न देखा हो)।

युवती बोली "निषेध नहीं सुनते तो प्रहरियों को बुला देती हैं।" यह कहकर वहाँ से प्रस्थान किया। हमने जाना कि यथार्थ में प्रहरी को बुलाने गई है किन्तु कोई भी नहीं आया। दिवसा वान होते ही अपने स्थान में गये। रात में बड़े वेग से ज्वार चढ़ा और प्रलाप स्वप्नादि भी बहुत सा देखा, परन्तु फिर दूसरे दिन उस स्थान पर जाकर खड़े हुए। थोड़ी देर में युवती आकर हमें बड़ी भत्र्सना करने लगी और बोली "हे दुराचार! तेरा कैसा साहस है तुझे प्राण का डर नही है? नपुंसकगण आकर अभी प्राण नष्ट करैंगे यदि प्राण को प्रिय जानता हो तो अभी भाग।" हमने कहा "हे चन्द्रानने! तुम्हारा ऐसा निर्दूर्दय भाव देखकर भी जो व्यक्ति तुम्हारी कामना करता है उसे मृत्यु का डर नहीं है। तुम ऐसा मत समझना कि तुम्हारे वाक्य से भीत होंगे, तुम्हारे सम्मुख प्राण त्याग हो वह भी परम सुख है, तुम्मारे बिना जीवन निष्फल है।" यह बात कहकर कमिनी ईषत् हास्यपूर्व्वक बोली" यदि तुम्हारी एकान्त[9] ऐसी ही प्रतिज्ञा है तो अभी प्रस्थान करो, रात्र को पुनर्व्वार यहाँ आना।"

यह कहकर कामिनी ने प्रस्थान किया। हम अह्लाद परिपूर्ण और कृतार्थ होकर उस समय वहाँ से घर पर आकर दिन भर अंग सौष्ठव[10] में लगे रहे। रात को गवाक्ष के समीप जाकर देखा कि सोपानाकार[11] एक रस्सी लटक रही है। उसी रस्सी के अवलम्बण से ऊपर चढ़े, दो गृह त्याग के तृतीय गृह में उपस्थित हुए। गृहशोभा नहीं कह सकते। किन्तु आकांक्षित वस्तु त्याग यह सब कौन देखता था, उस मनोहारिणी कामिनी को नयन भर देखने लगे। आहा! परमेश्वर ने उस रमणी को कैसा रमणीय रूप दिया है। कदाचित मानव़ मण्डली के गौरव के लिए उस रमणी में सब गुण प्रकाश किया था। जो होय उसको देखकर चित्त एकबारगी मोहित हो गया। कामिनी ने हमारा हाथ पकड़कर स्वर्ण-सिंहासन पर उपवेशन कराया और आप तत् पार्श्व में उपविष्टा[12] हुई। हमारा परिचय जिज्ञासा किया। हमने उसको अपना समस्त विवरण कह सुनाया। सुनकर कामिनी विमर्षयुक्ता हुई। हमने यह देखकर कहा "हे रूपसी! हम यदि चदीन हैं किन्तु तुम्मारे कृपा-दृष्टि से हमारा दुदि्र्दन दूर हुआ।" ऐसे कथोपकथन से धीरे धीरे दोनों के चित्त में प्रेम का संचार हुआ। नारी बोली "तुम हमको देखकर जैसे मोहित हुए हम भी तुमको देखकर वैसी ही हुई। तुम्मारा परिचय हमने जाना, अब हमारा परिचय श्रवण करो", यह कहकर अपना बिबरण कहने लगी।

दादू्र्देनी का विवरण

हमारा नाम दादू्र्देनी है। दामास[13] नगर का राजमंत्री हमारा पिता था। पिता का अखल[14] और अमल[15] स्वभाव था। सतत देश का हित चिन्ता किया करते थे, इससे राजा

---

9. एकमात्र, 10. शरीर सँवारना, 11. सीढ़ी के रूप की, 12. बैठ गई, 13. दमिश्क,14. दुष्टता रहित, 15. शुद्ध।

प्रजा सबको प्रिय था। किन्तु सत का अनिष्ठ और हिंस्र का जय प्राय: होता है। इस कारण परश्रीकातर[16] पितृं शत्रुगण उनके अनिष्ट वासना में राजा का नामामत दोषारोप से कर्ण (कान) भरने लगे। राजा ने उसका विशेषानुसन्धान न करके पिता को पदच्युत किया। जनक ने अनन्य गति[17] होकर दामास नगर परित्यागपूर्व्वक सपरिवार परदेश में गमन किया। उस समय हम नितान्त बालिका थी। पिता हमारे विद्या शिक्षा के लिए यत्न करने लगे, किन्तु उस यत्न का फल भोगने पहिले ही उनको परलोक प्राप्त हुआ। जननी कुटिला थी, जनक के मरणान्तर हमें महाजन के हाथ विक्रय करके उपपति के साथ स्थानान्तर में चली गई।

हमें जो महाजन क्रय किया उसने हमें और बहुत से कृत नारीगण को इसी देश में राजा के निकट विक्रयार्थ ले आया। राजा हमारे रूप का प्रशंसा किया और हमें विक्रय करके[18] सौदागर को अनेक धन देकर बिदा किया। राजा हमें एक अलग अन्त:पुर में राखा और सेवा के लिए बहुत से दास दासी नियुक्त किया।

एक दिन राजा हमें विनीत वाक्य से बोला, "सुन्दरी हम तुमारि नितान्त प्रेमाधीन, हमारे प्रति प्रसन्न होव।" मैंने राजा को हतादर[19] किया। राजा हतादर होकर दिन दिन हमें अधिक सम्मान करने लगा। किन्तु सावधान असंका नही, हम सर्व्वदा सावधान रहे हैं इससे कोई कुच न कर सक्ता, इसलिए उन लोग ईर्ष्या से जर्ज्जरिभूत हुए हैं। इसी प्रकार से तीन बरस जाता है। राजा सुपुरुष और राजनीतिज्ञ, सुतरां प्रेम का सुपात्र है सत्य और हमारे उपासना करते हैं, तो भी क्षण भर के लिए उनके प्रति हमारे प्रीति भाव जनमा नहीं। किन्तु तुमके दर्शनावधि एक बारगी तुम्हारे दासी हुए हैं। यदि बोल तब तुमको केंउ[20] कटु वाक्य कहे थे, वह केवल तुमारे अन्त:करण परिक्षा के लिए किया है। उसी कारण हमरे अपराध माफ करना। अद्यावधि तुम हमारे जीवन सर्व्वस्व और हम तुमारे इच्छानुवर्त्तिनी हुई।

अबुल कासिम के काहिनी का अनुवृत्त

यह सब वाक्य सुनकर हम आह्लाद सागर में मग्न हुआ कहा कि हे प्रिय! हम तुमारे गुण का क्या प्रशंसा करे; तुम हमारे प्रति एतादृश कृपा वर्षण किया उसी से जावज्जीवन हम तुम्महारे गुण के किंक्कर हुए (मृत्यु पर्यन्त)। तुम्हारे चरण सेवा में नियुक्त रहेंगे; इस प्रकार कथोपकथन और सदालाप होने लगा। तदनन्तर जब द्वार रुद्ध करके शयन करने को उद्यत, 'केयोयाड़ खोल केयोयाड़ खोल'[21] बोलकर दरजा[22] में बेर बेर कराघात होने लगा। वह सुनकर दार्द्दनी मस्तक में कराघात पूर्व्वक बोली "हाय क्या सर्व्वनाश हुआ? राजा आये हि कराघात कर रहे हैं, आभि

16. दूसरे के ऐश्वर्य से दु:खी, 17. बेसहारा, 18. विशेष रूप से खरीद कर, 19. निरादर, 20. क्यों, 21. किवाड़ खोल किवाड़ खोल, 22. दरवाजा।

हमें यमालय में प्रेशण करेंगे। युवती के यह वाक्य से हम सशोणित शुष्क हुआ। इधर राजा द्वार खोल द्वार खोल करके चिचा[23] रहा है। क्या करे भागने का कोई रास्ता न देखकर सिंहासन के निम्न भाग में छिपा गये। दादुर्देनी उठकर द्वार खोल दिया। राजा खड्गहस्त दो चच्छु लाल करके, समीर वेग में गृह में प्रवेश किया, मसालधारी प्रहरीगण अग्र पश्चात आकर खाड़ा हुआ। दादुर्देनी वह सब देखकर थर थर से काँपने लगी। राजा बोला "रे व्यभिचारिणी! बोल गवाक्ष देकर किसको घर में ले आई है। राजा के यह कथा से दादुर्देनी अज्ञान उत्तर करने को असमर्थ होकर काष्ठपुत्तली के भाँति खाड़ी रही। राजा नपुंसकगण को हुकुम दिया, "देख दुष्ट घर में काँहा छिपा है, राजा आज्ञा में खोजागण अन्वेषण करने लगा, और सिंहासन के नीचे से हम्मे खिंचकर बाहर किया। राजा बोला "रे दुरात्मन्! तेरा दुराशापूर्ण करने के लिए क्या अन्य कोई नहीं था, उसी कारण राजपुरी में लम्पट के स्थान करके हमरे मर्य्यादा सम्धर्म सब विनास किया, उसी का फल आभि देंगें। यह बोलकर शाणित[24] असि उत्तोलन किया। हमने चिन्ता किया आब प्राण गया। उसी समय में एक वृद्धा दासी आकर के राजा को बोली, "महाराज क्या करते हो, यह पापिष्ठ को काटकर केंउ उसको कलंकित करेंगे। यह दोनों बराबर पापी, इन लोगों को समुद्र में बहा दीजिए, वह होने से जन्तुयें उन दोनों को भोजन करेंगे, पापिष्ठ का शोणित में धरती अपवित्र न करना। वृद्धा के परामर्श सुनकर राजा नपुंसक गण को आज्ञा किया "इन दोनों को समुद्र में निक्षेप करो।"

यह आज्ञा से खोजागण ततक्षणात् हम लोगों को अट्टालिका के ऊपर से समुद्र में निक्षेप किया। जब हम पानी में गिरा तब प्राण है बोध नही हुआ और समुद्र में गिरते ही प्राण निकल जाती, भाग्यक्रमे सन्तरण-पराग[25] थे उससे तीर में उठकर प्राण पाया। जो होय करणाशंका में दादुर्देनी को विस्मृत हुआ था, तीर में उठकर उसको न देखकर प्रिया दादुर्देनी कहाँ गई बोलकर पुनर्व्वार पानी में कूद पड़ा और यक्षिण[26] तामसी रजनी, कुछ भि देखा नहीं जाता पर डुब डुब के सन्तरण करते करते बहुत अन्वेषण किया, किन्तु कहीं नहीं पाए उससे उसकी मृत्यु निर्द्धारण करके मनोदुःख में व्याकुलित हुआ और दो चक्षु के घर में सर्व्वांग बहने लगा। विशेष हमही उनके मृत्यु के मूल यह सोचकर और ही रोदन करने लगा। बोला कि हाय परमेश्वर! तुमारे क्या यह अभिप्राय था जो हम वह अबला सरला नारी के मृत्यु का दोषमात्री होंगे। हाय! यदि पहले विचार करते तब ऐसा घटना कभी न होता। हे दादुर्देनी तू कहाँ है जनम भर के लिए हमरा अपवाद रहा।

इस प्रकार चिन्ता में व्याकुल होकर केरो देश परित्याग पूर्व्वक बेगदाद में यात्रा किया। पंथ चलते चलते आखिरत[27] दादुर्देनी को होय और नेत्र में वारिधारा बहने

23. जोर-जोर से चिल्लाना (चिकारसी बोली), 24. तेज धार बनाई हुई, 25. सन्तरण-पारंगत, 26. यक्षिणी, 27. विरह से निरन्तर दुखी।

लागा। इसी प्रकार से एक प्रकाण्ड प्रान्तर में उपस्थित हुआ। वह प्रान्तर के पीछे एक पर्व्वत उसके पश्चात लोकालय[28] अतएव रजनी मुखे पर्वतारोहण न करके प्रान्तर मध्य एक सरोवर तट में शयन कर रहे। रात्र में नाना चिन्ता में निद्रा नही आया। रजनी अवसान समय में एक क्रन्दन के ध्वनि कान में आये जागा उसमें देखे देखे कौन रोता है यह बोलकर क्रन्दन ध्वनिलक्ष करके अनति दूर[29] जाकर दूर से देखा एक युवा/पुरुष एक गर्त खनन करता है। वह देखकर हम एक वृक्ष के अन्तराल में प्रच्छन्न होकर देखने लगा। गर्त्तखनन होने के पीछे ऐ व्यक्ति लम्बाकृति एक द्रव्य उसी में रखा, उसके पश्चात गर्त्त में मृत्तिका आच्छादन करके प्रस्थान किया। कुछ देर में सूर्योदय हुआ तब हम गर्त्त के निकट जाकर मृत्तिका उठाकर देखा शोणितमय वस्त्र में आच्छादित एक नवीन वयस्का नारी तन्मध्य प्रोषित[30] है। वह नारी का वस्त्राभरण से बोध हुआ कोई भाग्यवान का कन्या होंगे। उसी से खेद करते करते बोला कि हाय! कौन निष्ठुर ने ऐसा निर्द्दय काम किया, दुष्ट का शासनकर्त्ता परमेश्वर इसका फल अवश्य देंगे। हम बोध किया था वह ऐ महिला मानव लीला संवरण[31] किया किन्तु वह कथा बोलते बोलते चेतित[32] होकर बोली "हे धार्मिक वर तुम हमारे सौभाग्यवशत यह विपद समय आए हो, उसका सन्देह नहीं, तृष्णा में हमरे छाती फटा जाता है, शीघ्र वारिदान से प्राण रक्षा करें। यह सुनकर हम ततक्षणात सरोवर से पागाड़ि भिंयां[33] के जल लेयाके उसके मुँह में दिया। युवती उसमें चेतन पाए नेत्रोन्मीलन पूर्व्वक बोली "हे! युवा तुम, अतिशय दया के काम किया, किन्तु हमारे शरीर क्षत विक्षत हुआ है, और अभी तक शोणित बह रहा है, वह बद्ध करके हमें प्राण दान कर। इसका पुरस्कार तुम अवश्य पावोगे।" यह कथा सुनते ही हम आपने पागाड़ि चिरकर उसका सब आहत स्थान में बन्धन किया। तब युवती बोली, यदि हमें बाचाव तो नगरमध्य ले चलो। मैंने बोला "मैं परदेशी हिंया[34] किसी के साथ जान पहचान नही, अतएव तुमको यह अवस्था में काहां पाए यदि यह कथा कोई जिज्ञासा करे तब क्या उत्तर देंगे। युवती बोली " इसके लिए चिन्ता नहीं, जिज्ञासा करने से बोलना हम तुम्मारे सहदरा। यह कथा में हम उसको काँद[35] में लेकर नगर मध्य जाकर पथिक पान्थ[36] में अवस्थिति करके उनको सेवा सुश्रुषा करने लगा। एक जनशास्त्र वैद्य लेयाकर उनके सब क्षत आरोग्य कराया।

इसमें प्राय: एक माहिना लागा। उसके पश्चात युवती एक दिन एक पत्र लिखकर हमारे हात में देकर बोला जो महारार नामक एक साधु है, उनको जाकर यह लिखन देना। हम साधु के आलय अन्वेषण करके उनको पत्र प्रदान किया। साधु पत्र चुम्बनपूर्व्वक मस्तक में राख के हाथ में दो थैलि स्वर्ण मुद्रा दिया। वह मुद्रा ले आकर नारी के वाक्य से एक मकान भारा लिया। यहाँ कुछ्रु रोज रह के

28. सार्वजनिक स्थान, 29. अधिक दूर नहीं, 30. गाड़ी हुई, 31. मर चुकी है, 32. होश में आकर, 33. पगड़ी भिंगाकर, 34. यहाँ, 35. कन्धे पर, 36. सराय, यात्री निवास।

युवती एक और लिखन दिया, हमें फिर वह साधु के निकट भेजा। साधु पत्र पाठ करके हम में चार थैली स्वर्ण मुद्रा दिया। उसी मुद्रा से प्रयोजनीय वस्त्रादि, दास, दासी और और द्रव्य क्रय करके दोन जन भाइ बेहिन के बराबर निर्व्विघ्न में रहे।

यह युवती रुपवती थी सत्य, किन्तु दाद्र्देनी भिन्न अन्य कोई कामिनी हमरे कमनीय नही थी। इसलिए उनके प्रेम में वशीभूत न होकर अन्यत्र गमन का मानस किया था, किन्तु जब जाने के (वाक्य) बोलते उसी समय युवती हमें कहती तुमसे हमरे जो उपकार के आशा है वह अभी तक सम्पूर्ण रूप से पूर्ण नहीं हुआ अतएव तुम और किंचित काल अपेक्षा कर उसके पश्चात तुम्हें बिदा करेंगे और तुमारे श्रम के उचित पुरस्कार देंगे। युवती के ऐसा आकिंचन में जाने न सके। कभी (कभी हम) उनको जिज्ञासा करते थे तुम कौन हो और कौन तुमको अस्त्राघात किया था, किन्तु युवती यह कथा के कोई उत्तर न करके अन्यालाप करती थी।

एक दिन युवती हमें एक थैलि स्वर्ण मुद्रा देकर बोली, नामारण नामक एक साधु है उसके दुकान में जाकर जो द्रव्य अच्छा मालुम हो वह क्रय करके ले आव और साधु वहाँ द्रव्य का जो मूल्य मांगे वह ततक्षणात देना। हम साधु के पण्यशाला[37] में उपनीत होते ही विबिध द्रव्य बाहार करके देखाने लगा। हम तीन थान वस्त्र लेकर साधु जो मूल्य मांगा दिया। पीछे वह वस्त्र ले आकर युवती को दिया। उस समय युवती हमें कोई कथा नहीं बोली। दो तीन दिन पीछे पुनर्व्वार एक थैलि स्वर्ण मुद्रा देकर हमें उस साधु के सदन में भेज दिया, बोल दिया जो द्रव्य क्रय करेंगे उसका मूल्य का चुक्ति न करना साधु जो मूल्य चाहे सेहि देना। हम साधु के दुकान में उपस्थित होने से साधु पूर्व्वमत नाना प्रकार वस्त्रादि देखाने लगा। उसी में से कई एक थान वस्त्र लेकर हम उनको मुद्रा के थैलि देकर बोला "वस्त्र का जो मूल्य होय तुम आप गिन लेव।" यह उदार स्वभाव देखकर साधु अत्यन्त हृष्ट चित्त होकर हमें बोला "महाशय के स्थान में हमरे एक निवेदन है, यदि कृपा करके एक दिन हमरे हिंया आहारादि करें तब कृतार्थ होवें।" हम बोले—"इसमें वाक्य क्या कल्य आकर भोजन करेंगे।"

घर पर आकर युवती को समस्त विवरण बोला। युवती बोली, "जब साधु निमन्त्रण दिया तब अवश्य जाना होगा, किन्तु भोजनान्त में तुम भी निमंत्रण कर आना, तीसरे दिन हियाँ आकर वह भी भोजन करे। उसके यह कथा सुनकर दिल में सोचने लागा उनके कोई अपनी (और भी कोई) है, जो हो हम दूसरे दिन साधु के गृह में जाकर भोजन किया। बिदा काल में उनको भी निमंत्रण पूर्व्वक बोला "काल तुम हमरे मकान में जाकर भोजन करना। नामारण दूसरे दिन हम लोगों के आलय मे आहारार्थ आए। हम उनको लेकर एक साथ भोजन किया और युवती उनके साथ एक बेर भी साक्षात नहीं किया। दिनावसान में घर में जाने चाहा किन्तु रमणी का

37. दूकान।

किसी प्रकार मिलने की इच्छा न होने पर भी साधु उसके दर्शन और हास्य कौतुक में मत[38] थे। इसी प्रकार से वह युवती के साथ वार्तालाप में निमग्न हुआ और उन्हें सुता के हम आपने शयनागार में जाकर सुता।

हमरे निंद लागते लागते हि युवती हमें जागा के बोली, आकर देख नामारण के क्या दशा किया है, उसके शोणित में पालंकआस्क हुआ है। रमणी के इस कथा से हमें रोमांच हुआ, जाकर देखा सचमुच साधु को नष्ट किया है, अस्त्राघात में उसका सर्वांग क्षत-विक्षत हुआ है। हमने बोला "आय! निष्ठुरे तु क्या किया हे, साधु को वध करके हमें क्यों कलंकित किया। नारी बोली, "यह विश्वासघात हमें प्रान्तर में गाड़ आया था, उसका वध किया है उसमें पाप क्या है। उसने हमें जिस प्रकार से नष्ट किया था उसके विवरण कहते हैं।

इस देश में जो राजा राज्य करते हैं उन हैं हमरा पिता, हम एक दिन बागीचे में नाच रंग के लिए राजपुरी से निकली थी। उसी समय में नामारण अपने पण्य वीथिका[39] में बैठे थे। उसको देखकर हमरे चित्त चंचल हुआ। किन्तु वह व्यक्ति सामान्य हम राजकन्या होकर उसको किस प्रकार से आलाप करें, इसी विचार में आपने मन को प्रबोध देने की चेष्टा किया, किन्तु मन की चांचल्य किसी प्रकार से नहीं गया, मदनानल प्रज्ज्वलित होकर शरीर में नाना रोग उपस्थित हुआ। उसी रोग में प्राण जाने का लक्षण हुआ। मेरी धात्री फिकर से हमरे रोग के कारण जानकर रात को नामारण को नारी वेश में हमरे पास लेया दिया। नामारण को पाकर हमरे सब रोग शान्ति हुआ और उसको कार्य एक दिन पर्य्यन्त अन्त:पुर में राखकर बड़े आनन्द में रहे। कार्य एक पूरा होने पर धात्री नामारण को उसी प्रकार नारी वेश में उसके घर में राख आई। कभी कभी उसको इसी प्रकार बोलाते रहे। एक दिन सोचा कि साधु सर्व्वदा हमरे गृह में आते हैं, हम एक दिन उसके घर जाय उससे अवश्य अधिक सन्तुष्ट होंगे। यह विचार करके रात्र के समय छिपकर उसके भवन में गमन किया। द्वारपाल ने जिज्ञासा किया तू कौन है कााँहा से आयी है। हमने बोली हम नागरीय नारी[40] तुमारे प्रभु के आज्ञानुसार साक्षात करने को आई है। द्वारी बोला 'आज रात को हमरे प्रभु दूसरी नारी लेकर आमोद कर रहा है, तुम आज जाव कल आना।" द्वारी के मुख से यह कथा सुनकर अकस्मात हमरे मर्म्मान्तिक क्रोध उपस्थित हुआ। अतएव द्वारी के माना[41] न सुनकर भीतर में जाकर के देखा सचमुच सओदागर अन्य एक नायिका के साथ मद्यपान करते हैं, देखते ही और ही क्रोधाकुलित होकर उस नारी को पदाघात किया। सओदागर लज्जित होकर हमसे अनेक स्तुति विनति किया और शपथ करके बोला और ऐसा बुरा काम कभी नहीं होगा। उसके विनय में हमरे क्रोध शान्त हुआ। तत्पश्चात् हास्यालाप करने लागी। सओदागर हमें मद्यपानीय व्यापार में मत्त किया। जब हम क्रमश: अज्ञानाभिभूता

38. इच्छुक, 39. दूकान, 40. नगरवधू, 41. निषेध।

हुई, तब विश्वासघातक हमें गले में छूरि मारी और हमरे सर्वांग क्षत-विक्षत करके उसी प्रान्तर में गाड़ आया था। जब वह पापात्मा गाढ़ा खोदता था तब हमें एक बेर चेतना हुआ था उसी से अनेक विनती करके उसको कहा था, हमरा अपराध हुआ है माफ करो किन्तु दुरात्मा वह कथा न सुनकर हमें जीता गाड़ दिया। नामारण का विवरण यह।

जो लोग के निकट आपको पत्र देकर प्रेशण किया था उन हैं हमरे पिता के धनस्तका उनको पत्र से आपने दुरवस्था जाना करके, उसने दो थैलि स्वर्ण मुद्रा तुमको दिया। हमने पहिले व्यक्त नहीं किया, उसके कारण यह जो हमरे विश्वासघातक नामारण को यदि पकड़कर हमरे हाथ में लेया न देव तब हमरा मनस्कामना निष्फल होगा, इसलिए इसके पहिले नही बोला आब बोला। यह सब विवरण कहा, विवेचना करती हूँ आब तुम कभी हमरा अप्रशंसा नहीं करेंगे। रात बीतने दीजिए उसके पीछे तुम को लेकर पिता के निकट जाकर समस्त विवरण कहेंगी। पिता उसमें कभी असन्तुष्ट नहीं होंगे, ऐसा कि बहुत धन देकर तुम्में तुष्ट करेंगे।

हमने बोला हमें धन का प्रयोजन नहीं। तुमारे प्राण रक्षा हुआ है यह मंगल से मंगल। किन्तु तुम हमें केंउ यह विश्वासघातकता काम में प्रवृत्त किया, यदि मूल कथा पहिले कहते तब हम वह पापिष्ठ को आच्छि तरह से साजा देने को उपाय करते और तुमारे लिए प्राण पर्यन्त देता, वह न कर तुम हमरे अकलंक ख्याति में कलंक अर्पण किया। हे परमेश्वर! तुम साक्षी हम अपराधी। यह कहकर हम उसी समय वह काल भुजंगिनी को छोड़कर बोगदाद में यात्रा किया। जब बोगदाद नगर में उपनीत हुआ तब हमरे पास एक स्वर्ण मुद्रा मात्र था। क्या करे दिनपात[42] करने होगा, यह सोचकर उसी मुद्रा को तोड़ाकर फल और सुगन्धि द्रव्यादि खरिद कर घर घर में बेचने लगा। उसमें जो पाते थे किसी प्रकार से उसी से उदर पोषण करते थे। एक स्थान में कई एक भद्र आदमी बैठकर आहारालाप[43] करते थे। हम नित्य नित्य उसी स्थान में जाकर उपस्थित सबों को कुछ कुछ चीज बेचते थे। एक प्राचीन मनुष्य एक किनारा में बैठे थे उनको देखा नही इसी से कोई चीज नहीं देखाया। उस प्राचीन महाशय तब हमसे प्रश्न किया हमें कुच नही देखाया, समझे हो हमें क्रय का सामर्थ्य नहीं है। हमने कहा महाशय हमने नहीं देखा, अपराध क्षमा करना, कहकर खाचिया[44] समेत सब द्रव्य उनके सामने राख कर बोला महाशय को जो जरूर हो ले लीजिए, हम मूल्य नहीं चाहे। प्राचीन खाचिया से एक सरिफा उठा लिया। उसके पीछे हमें पास बैठाकर नामधाम जिज्ञासा किया। हमने बोला महाशय हम्मारे परिचय जिज्ञासा न करना, हमने किसी प्रकार से सब दुःख भुला है, वह कहने से हमरा भुला दुःख पुनः प्रज्वलित होगा। यह कथा से और कोई उपरोध न कर दश ठो स्वर्ण मुद्रा देकर हमें बिदा किया। हमने वह मुद्रा पाकर अत्यन्त पुलकित हुआ। उसका कारण बड़े

42. दिन व्यतीत करना, 43. भोजन करते हुए बातचीत करना, 44. टोकरी।

बड़े धनी के स्थान में द्रव्य बेचकर कभी एक मुद्रा से अधिक नहीं पाया इसी व्यक्ति के पास एक बारगी दश स्वर्ण मुद्रा पाये। इसी से बड़े तुष्ट होकर दूसरें दिन उसी वृद्ध के निकट सबके पहिले खाचिया खोल दिया। वृद्ध खचिया से कुच सुगन्धीय द्रव्य उठा लिया और हमें पहिले के माफिक निकट बैठाकर पुनर्व्वार हमारे परिचय का जिज्ञासा किया। हम उस दिन किसी प्रकार से उनका कहना छोड़ा न सका।[45] सब कथा बोला। वह श्रवण करके वृद्ध ने बोला "हम बसरा नगर में वाणिज्य करते हैं, उसी से तुमारे पिता के नाम आच्छी तरह से जानते हैं। तुमरे दुखस्था के कथा सुनकर बड़े दुःखित हुआ। तुम उस कारण कोई चिन्ता न करना। हमरे लड़का यह लड़कियाँ कुछ नहीं अतएव तुमके पुत्र के भाँति पालेंगे, तुमरे पिता के अपेक्षा हम अधिक धनवान, हमें मरने के पीछे तुम हमरे सब सम्पत्ति के एकाधिकारी होयेगा। इसी कथा से हम कृतकृतार्थ होकर उनका नमस्कार किया। अनन्तर वृद्ध हमें साथ लेकर आपाने घर में ले चला। वहाँ जाकर नये कापड़ा सब पहिरेला दिया और हमरी सेवा में बहुत से दास दासी नियुक्त किया। तत्पश्चात वृद्ध हमें अत्यन्त स्नेह करने लगा, उसी से हम पितृहीन हुआ है बोलकर हामरे अन्तर में आक्षेप नहीं रहा। कुछ दिन में वाणिज्य कार्य्य में विक्रय होने से उन्होंने हमें लेकर बसरा में आए। हमरे वहाँ का प्राचीन बन्धु लोग हमरे सौभाग्य देखकर नितान्त चमत्कृत हुआ। कोई कोई बोला अबुल कासिम का प्रबल अदृष्ट[46] इस देश का जो सओदागर धनमान में सर्व्वाग्रगण्य गराय उन्होंने इनको पाल्य पुत्र किया है। हम वृद्ध को सर्व्वत भाव से तुष्ट करने लगा। हमरे स्वभाव व्यवहार देखकर उन्होंने सर्व्वदा कहते थे, अबुल कासिम! हमरे अदृष्ट अति प्रसन्न जो तुमको पोष्यपुत्र किया है, वृद्ध अवस्था में मनुष्य का नाना प्रकार दुःख, तुम्हें पाकर हमें कोई दुःख नहीं।

साधु हमेसा इसी प्रकार कहा करता था। हम सब बन्धु बान्धव को छेड़कर रात व दिन उनका सेवा में नियुक्त रहे थे। काल पाकर साधु का काल रोग[47] उपस्थित हुआ चिकित्सकगण रोग बड़े विचार करके जब चिकित्सातान्त किया तब उसने हमें पास लेयाकर बोला', "बत्स! हमरे अन्तिम काल उपस्थित, अतएव तुमको एक गुप्त कथा बोलते हैं। हम आपने श्रम में जो धन उपार्ज्जन किया है वह प्रचुर है सत्य परन्तु हमरे पूर्व्व पुरुखों का जो गड़ा हुआ धन है उसके तुलना में यह संगोपित धन किंचित बोला नहीं जाता।[48] यह संगोपित धन काहां से पाया यह कौन लोग ने उपार्ज्जन किए हैं, अभी तक उसका निरूपण नहीं हुआ। सुना है परदादा महाशय मृत्यु के समय में वह धन पिता को दे गये थे। वह अतुल धन अब तुमको समर्पण करता हूँ, किन्तु तुमको एक परामर्श बोलते हैं, उसी प्रकार से चलियो। तुम स्वभावतः दयालु अतुल ऐश्वर्य पाकर दान सत्कर्म और नित्य भोज में अनेक व्यय करोगे यह जानते हैं। यह सब प्रशंसा के काम है सत्य, परन्तु उसमें विपद के

45. बात टाल न सका, 46. भाग्य, 47. मरणकारी रोग/चिकित्सा समाप्त कर दी, 48. नगण्य है।

आशंका है कें उकि[49] अनेक धन देखकर राजा और मंत्रिगण लालसा में छलबल अथवा धोखा से लेने का चेष्टा करेंगे। यह सबको निवारण के लिए वाणिज्य कार्य्य जिस प्रकार से चलता है उसी प्रकार से चलाना। वह होने से वह भय नहीं रहेंगे और कोई गुप्त धन का कथा जान न सकेंगे। हम लोग सब कोई इसी प्रकार से कर आते हैं, किसी प्रकार का उत्सव नहीं करते और धन भोग भी करते हैं। तुम भी उसी प्रकार करना तो नि:शंक में धन भोग कर सकोगे। नहीं तो इतना यत्न का धन दूसरे का पेट भरेगा। हम उनके निकट अंगीकार किया आपके परामर्श से चलेंगे। वह सुनकर सवदागर[50] धनागार जाँहा था वह हमें कहके अनित्य काय[51] छोड़ दिया।

साधु के परलोक होने से हम उसके तमाम कथनातीत, देखा इतना धन है जो वह गणना करने में मनुष्य का आयुशेष होय[52] और दोनों हात से हमेसा दान किया जाय तो भी वह कभी ह्रास नहीं होगा। इसी से विचार किया ऐसा अतुल ऐश्वर्य्य रहने से यदि दान करे और दीन दरिद्र लोग ना पाय तब धन किस कारण। अतएव अंगीकार। पालन न कर अवारितद्वार[53] में मुक्त करके दान आरम्भ किया। इसी से धनी दु:खी कोई धन भोग करते हैं और बसरा नगर में ऐसा कोई प्राणी नहीं जो बोल सके हमरे धन ग्रहणै[54] नहीं किया है।

इसी प्रकार धन-दान देखकर नगरस्थ तमाम लोग चमत्कृत होकर कितना क्या बोलने लगा। कोई बोला हमरे ऐसा उदार स्वभाव जो राज भांडार पाने में भी हमरे तृप्त नहीं हो सक्ता। कोई बोला पिता के सर्व्वस्व उड़ा दिया फिर उसी प्रकार से खराबी होगा। प्रत्युत यह जनरव उठा हम गुप्त धन पाया है, उसी से लोभी कृपण और बुरे लोगों ने जो जाहाँ थे और कोई कहीं नहीं रहा। सब लोग कोई अर्थलोभ में हमरे स्थान में आने लगा।

एक दिन नगरपाल[55] आकर हमे बोला तुम जो धन पा करके इतना बढ़ाये हो वह वह हमें देखा देव, हम राजदूत वह लेने आए हैं। नगरपाल के वाक्य से हम किंचित भीत हुआ। नगरपाल वह समझकर मन में क्या चिन्ता किया, उसके पीछे नम्र भाव से कहा "अबुल कासिम! हम लोग लोभी जाति उसी से तुमारे निकट आए हैं, हमें कुछ देने से तुष्ट हो जाते। इसी कथा से उनके अभिप्राय जनाकर जिज्ञासा किया क्या पाने से तुष्ट होगे। नगरपाल ने बोला हर रोज दश स्वर्ण मुद्रा पाने से हम कृतार्थ होवे। हम बोला दश मुद्रा तो अति अल्प, हम तुमको हर रोज एक शयो[56] स्वर्ण मुद्रा देंगे। यह कथा से नगरपाल अत्यन्त पुलकित होकर बोला अबुल कासिम! तुमरा धन और वृद्धि होय। हम तुमारा कोई विघ्न नहीं देंगे। तुम जो हर रोज का वृत्ति कर दिया उसमें बड़े तुष्ट हुआ। इसी प्रकार से प्रशंसा करके अग्रिम एक मास का तीन हजार स्वर्ण मुद्रा लेकर बिदा हुआ।

---

49. क्योंकि, 50. सौदागर, 51. मरणाशील शरीर, 52. समाप्त हो जाय, 53. खुले दरवाजे से अर्थात बेरोकटोक, 54. ग्रहण, 55. कोतवाल, 56. सौ।

कुछ दिन के पीछे राजमंत्री हमें आपने घर में बोलाकर बोला अबुल कासिम तुम इतना धन कैसे अर्ज्जित किए हो, यदि किये हो तो बड़ा खुसी की बात है, किन्तु शास्त्र अनुसार वह धन पंचमांश राजा के प्राप्य, वह क्या नहीं जानते। वह पंचमांश देकर बाकी धन तुम भोग करो। राजमंत्री का मन का अभिप्राय जानकर हम उनको बोला गोपन ऐश्वर्य पाया है मिथ्या नहीं, किन्तु हमें टुकड़ा टुकड़ा करके काटने में भी नहीं बोलेंगे, तब यदि हमरे कोई अनिष्ट चेष्टा ना करे तब आपको हर रोज एक एक हजार स्वर्ण मुद्रा देंगे। मंत्री बड़े तुष्ट होकर उसी समय हमारे साथ एक आदमी कर दिया। उनको एक बारगी 30,000 हाजार स्वर्ण मुद्रा गिन दिया।

उसके पीछे मंत्री का चित्त में यह भय हुआ यदि राजा उनके प्रतारना के कथा सुने तब सर्व्वनाश होगा। अतएव पहिलेइ राजा को जानाय।[57] हम अतुल ऐश्वर्य्य का भाण्डार पाया है। राजा उसी उसी सम्वाद से बड़े आनन्दित होकर हमें बोलाकर बोले," अबुल कासिम कह तो हम तुमारे धनागार देखाने से क्या डर रहै, तुम हमें ऐसा कुजन[58] जानते हो कि तुमरे धन देखने से हम वह हरण करेंगे। "हम बोले, "महाराज! आप चिरायुः होइए, किन्तु हमरे प्रतिज्ञा है कि किसी को धनागार नहीं दिखावेंगे, अतएव भाण्डार देखने का आशा छोड़ दीजिए। यदि आज्ञा हो आप को नित्य नित्य दो हाजार स्वर्ण मुद्रा देंगे। यदि इसमें तुष्ट न होवे जो करने को इच्छा करिए, हम उपस्थित। यह कथा सुनके बसराधिपति मंत्री के ऊपर दृष्टि किआ। मंत्री इंगित से कहा वह स्वीकार कीजिए। यह इंगित समझकर राजा उसी समय उठकर हमें अभिवादन किया। हम घर में आकर राजा को एकाठा[59] षष्ठि सहस[60] स्वर्ण मुद्रा भेज दिया।

इसी प्रकार बरस बरस एकादश लक्ष षोडश सहस्त्र स्वर्ण मुद्रा वह तीन जन का है। दान करते हैं वह छोड़कर और बहुत से नियमित अनियमित दान भी हैं। इसीलिए हम आपको जो द्रव्य दिया है वह बहुत नहीं आप ग्रहण करने में लज्जित न होना।

बोगदादाधिपति अबुलकासिम के यह विवरण सुनकर उनका धनागार दर्शन में और ही व्याकुलित हुआ। अनन्तर उन्होंने उनको बोला हे धनीश्रेष्ठ! तुमारे विवरण सुनकर हमें अत्यन्त चमत्कार बोध हुआ, किन्तु सर्व्वदा धनदान करने से धन क्षय नहीं होता। यह कथा हमें किसी प्रकार से विश्वास नहीं होता है, यदि कृपा करके हमें भाण्डागार दिखलाव तब मन का संशय दूर होगा।" अबुल कासिम ने बोले, "वह देखलाने में हरज नहीं, किन्तु हमें एक कठिन प्रतिज्ञा है वह आप पालन कर सकेंगे नहीं यह आशंका करते हैं, राजा ने बोला वह पालन केंउ नहीं कर सकेंगे? तुम जो कहोगे सो करेंगे। अबुल कासिम ने बोला हम आपने हात में तुम्हारे चक्षु बन्ध करेंगे, मस्तक में कापड़े, यह हस्त में अस्त्रादि लेने नहीं देंगे, इसके सिवयाय

57. बता देना चाहिए, 58. बुरा आदमी, 59. इकट्ठा, एक साथ, 60. साठ हजार।

हम चोरवा खड्ग हात में लेकर साथ साथ चलेंगे, जो जो बोलेंगे वह करना होगा, उसका अन्यथा होने से उसी समय शिरच्छेदन करेंगे। राजा ने बोला हम यह सब स्वीकार करते हैं, तुम हमें धनागार में ले चल। अबुल कासिम ने बोला आप आज रात को हियां रहिए, नोकर सब जाने के पीछे भाण्डार देखलाएंगे।

इसी प्रकार कथोपकथनान्तर अबुल कासिम राजा को भोजन कराया और और कथा से दिन अतीत[61] हुआ। सन्ध्या के समय अबुल कासिम नोकरों को रोसनी ले आने को बोला। नोकर सबों ने के सामादान[62] में सुगन्ध बात्तिबार[63] ले आया। ततपश्चात् अबुल कासिम राजा को एक आच्छा शयनागार में ले चला। वहाँ नोकर सब राजा के कापड़ा छोड़ा के उनके सुताया। अबुल कासिम अपने शयनागार में जाकर सुता। राजा सुता सही, किन्तु एक बेर भी चक्षु मुद्रित नही किया, कितने देर में भाण्डार देखेंगे इसी चिन्ता में उत्सुक होने लगा। निशीथ समय में अबुल कासिम राजा को बोला, "नोकर मनुसी सबों ने सुता है, यदि प्रतिज्ञानु मनहरी[64] काम कर सके तो तब उठिए। राजा ने बोला हम तैयार हैं जिन्होंने स्वर्गमत्त[65] सृष्टि किया है उनके नाम लेकर शपथ करते हैं आपके कहना उल्लंघन नहीं करेंगे। यह कथा सुनकर अबुल कासिम आपने से उद्योगी[66] होकर राजा के कापड़े इत्यादि पैनाया, तत्पश्चात उनके दो चक्षु बन्धन करके बोला आप विश्वास के सुपात्र उसमें कोई सन्देह नहीं, किन्तु क्या करें प्रतिज्ञा लंघन नही कर सक्ते। इसीलिए आपका चक्षु बन्धन करना पड़ा। राजा ने बोला चिन्ता क्या पहिले सावधान होना उचित।

बाद उसके अबुल कासिम निष्कोष[67] असि हात में लेकर राजा के हात पकड़कर एक गुप्त सोपान[68] में से उतरकर एक बागीचा में उपस्थित हुआ। वहाँ राजा को कई एक फेर घुमाया, उसके कारण, कौन रास्ते में से जाते हैं इयाद न रहे। तत्पश्चात भाण्डार। के दरजा[69] में उपनीत हुआ। दरजा इस प्रस्तर से सुचारू प्रकार बन्द्ध था जो उसके पीछे का भी दरजा बोध नहीं होता। अबुल कासिम वह प्रस्तर उठाके एक सुराख देकर उसमें से राजा को ले चला। उसके पीछे एक गृह में उपस्थित हुआ। उसी गृह में स्थान स्थान मणि माणिक्य के आभा से अपूर्व्व रोसनी हुआ था। अबुल कासिम उसी स्थान में राजा चक्षु मुक्त कर दिया। राजा नेत्र उन्मिलन[70] करके एक बारगी विस्मय सागर में मग्न हुआ। देखा उसी घर में एक पाथर का तालाब है, वह एक एक तरफ पचास पचास हात चौड़ाई और विशति[71] हात गाड़ा।[72] उसी चौबाच्चा[73] में स्वर्ण मुद्रा से भरा हुआ है। उसी चौबाच्चा के चारों तरफ कांचन में बना हुआ द्वादश स्तम्भ, हर एक स्तम्भ के उपर एक एक लाल

61. बीत गया, 62. प्रकाश पात्र, 63. सुगन्धित बत्ती जलाकर, 64. प्रतिज्ञा के अनुरूप, 65. स्वर्ग से युक्त, 66. प्रयत्नशील, 67. म्यान से निकली हुई, 68. सीढ़ी, 69. दरवाजा, 70. खोलकर, 71. बीस, 72. गहरा, जैकुंडा गड्ढा जिसमें धन गड़ा हो, 73. लटकन।

के मुत्ति[74] अद्‌भुत शिल्प काम से शोभित। अबुल कासिम राजा कर धारण पूर्व्वक चौबाच्चा के निकट आकर बोला यह जो चौबाच्चा देखते हो उसमें कितना स्वर्ण है उसका निरुपण नहीं, अभी तक हमेसा दान करके अहुझिद्धय क्षय नहीं हुआ, यह कितना दिन में व्यय होगा कह नहीं सक्ते। राजा ने बोला सत्य, तो भी अक्षय नहीं बोला जाता। अबुल कासिम ने बोला जब यह धन क्षय होगा तब और एक पात्र में हात लगावेंगे। यह कहकर राजा को और एक अपूर्व्व घर में ले चला। वह देखकर और ही खुस हुआ, केंउ कि यह घर पहिला घर अपेक्षा अधिक रोसनी। घर के स्थान स्थान में विचित्रासन से सुशोभित, गृह रक्तवर्ण किंखाय[75] वस्त्र में मण्डित हीरा मणि से संचित और कालर में मुक्ता सुशोभित, उसके बीच में एक पाथर का चौबाच्चा, वह यदि पूर्व्वोक्त स्वर्णाभार में कुछ क्षुद्र, किन्तु हीरा मोती इत्यादि बहु अमूल्य रत्न से भरा हुआ है। राजा यह सब देखने में विस्मित होकर एक एक बेर विचार करने लगा कि अभी तक निद्रावस्था में है क्या; फिर मन में चिन्ता किया कि यह सब कुहक[76] होगा।

इसके पीछे अबुल कासिम उनको एक अपूर्व्व रत्न सिंहासन के निकट ले चला। उसी सिंहासन में एक नारी और एक पुरुष सुता था। इन लोग यदि प्राण हीन तो भी सहसा देखकर बोध नहीं जो उन लोग जिते[77] हुआ नहीं, उन दोनों का सिर में हीरे का मुकुट और अंग में उसी के लायक कापड़ा। अबुल कासिम उन दोनों के दर्शन करके राजा को बोला "इन लोग राजा और राणी सुना है इनि लोग राजा और रानी था।

उसी मुरदा दोनो का पीछे के तरफ केन्दु काष्ठ[78] के तक्ता[79] में स्वर्णाक्षर में पश्चाल्लिखित कविता एक लिखा था।

निज समर्थ के समय में, बहुत काल में हाय!
किया उपार्ज्जन बहुत धन, जो मत्ति बरन्यो जाय॥
भूमंडल सब बिजय करि, लियो सुदेश अनेक।
पै अब काल बिबश भये, रह्यो शेष नहि एक॥
निद्रावश जीवन गयो, अब देखहु शब हाय।
देखि हमै जानहु वृथा, काल पाश नहिं जाय॥
सकल धन करहु तुम, दान धर्म बिनु सोच।
का मन साहकन को, देइ दुःख को मोच॥
न अबला करि सकैं, कहा न सिन्धु समाय।
न पावक मैं जरै, काल काहि नहिं खाय॥

---

74. मोती के प्रकार का छेद के आकार का छेद किया हुआ दाना, लटकन, 75. जरी से बुनकर बेल बूटे बना हुआ मोटा कीमती कपड़ा, 76. जादू, 77. जीवित, 78. लकड़ी, 79. आलमिरा/बक्शा।

कल कीनहु शुभ्र यश, जब लौ जीवन प्रान।
सम्पति साथ न जाइ है, बिना धर्म नहिं आन॥
काल आई मै है जबहिं, लेइ जाइगो प्रान।
कछुहू नहिं देखिहै, धन कुटुंब अरु मान॥
सों निघर कहेहु तुम, दान छोड़ि अभिमान।
भाग्य के वश में होइ कै, जिन भुलाइयौ ज्ञान॥

(अप्रकाशित। गिरीशचन्द्र चौधरी के सौजन्य से प्राप्त।)

‘निरभिमानदानी’ की भूमिका
(अप्रकाशित)

गिरीशचन्द्र चौधरी • बटेकृष्ण

भारतेन्दु बाबू हरिश्चन्द्र की मल्लिका जिसे उन्होंने ‘धर्मपूर्वक ग्रहण’ किया था, अपने में एक विलक्षण प्रतिभा की महिला थीं। सम्भवत: तभी वे उस महान विभूति की प्रेरणास्रोत बनीं। तत्कालीन रुढ़िग्रस्त समाज के थपेड़ों को सहते बंगाल की वह ब्राह्मण कुलीन बाल विधवा काशी में हरिश्चन्द्र की हवेली के पीछे (दक्षिण) वाली गली में निवास करती थी। विधवाओं की दुर्दशा एवं घोर उपेक्षा करने वाले उस समाज की इस प्रतिभा को पहचाना भारतेन्दु ने और उसकी मेधा का हिन्दी संसार को अनुपम प्रसाद भी दिलाया। जाहिर है भारतेन्दु की छवि के अमृतपान से ही उसकी प्रतिभा को आकार, विकास मिला। नि:सन्देह अपने मण्डल के इस नक्षत्र को उन्होंने खूब चमकाया होगा। और मल्लिका ने भी अपनी चमक को गुरु के समक्ष समेटे ही रखकर अपने जीवन-काल में तो अज्ञात ही रक्खा था और अन्त में अकाल में ही ‘चन्द्रास्त’ हो जाने पर स्वामी के ही आराध्य की क्रीड़ा-भूमि ब्रजधाम में जा बसकर पुन: गोलोक में हरिश्चन्द्र की छाया में विलीन हो जाने वाली वह महिला ही सत्यरूप से ‘निरभिमानदानी’ की कल्पना कर सकती थी। उनके इस नवीन प्राप्त उपन्यास में लेखिका ने सत्कर्मों का डंका न पीटने के दर्शन को अपने आचरण में अपनाकर नायक में सफलतापूर्वक उतारा है।

भारतेन्दु को सदा ‘हरिश्चन्द्र प्राणपति’ मानने वाली मल्लिका ने उस चन्द्र की छटा को अक्षुण्य निष्कलंकित रखते हुए कभी किसी रचना को प्रकाश न कर प्राणेश्वर की छवि को निर्बाध रखा। यद्यपि उसकी कृतियाँ भारतेन्दु से टकरा सकती थीं। परन्तु अपने को उस इन्दु पर न्योछावर रखने की आन को जीवनभर निभाते हुए स्वयं का प्रकाश समेटे रक्खा। परन्तु क्या कभी प्रकाश सिमटा रह सकता है? अभी 3 वर्षों पूर्व ही उनकी अज्ञात रचनाओं से एक ‘कुमुदिनी’ उपन्यास का हस्तलेख प्राप्त हुआ जो प्रकाशित हुआ है। इसी प्रकार उनकी एक रचना की नवीन उपलब्धि ‘निरभिमानदानी’ है। यद्यपि ‘कुमुदिनी’ का हस्तलेख उनका

है और इस रचना की लिखावट उनकी स्वयं की नहीं प्रतीत होती अपितु किसी अन्य सुन्दर लिपिकार द्वारा प्रस्तुत की गई है जिससे इसका संशोधन रचना लेख पर ही किया जा सके।

यह रचना बड़े-बड़े अक्षरों में लिखी है तथा पंक्तियों के बीच इतना अन्तर रक्खा गया है कि इसी हस्तलेख में संशोधन भली-भाँति किया जा सके तथापि वर्तनी की शुद्धता यथासाध्य संस्कृतानुसार बनाई रक्खी गई है जिसमें भाषा संशोधन का अवकाश तो हो पर संशोधक को वर्तनी संशोधन में विशेष समय न लगाना पड़े। यह हस्त लेख कुछ तो भारतेन्दु द्वारा स्वयं एवं अधिकतर बाबू राधाकृष्ण दास द्वारा संशोधित है। इससे स्पष्ट है कि रचना पुरानी है और मल्लिका जी की है, क्योंकि इसकी भाषा 'कुमुदिनी' की ही भाँति बंगीय अभिव्यंजना शैली से ओतप्रोत है, दूसरे जैसे प्राचीन बंगला साहित्य में जिस प्रकार से छोटी-छोटी पारसी कथाएँ बहुप्रचलित थीं वैसी ही लघु कथा इस उपन्यास की भी है और इस पर अंकित भी है 'पारस्य उपन्यास'।

यह हस्तलेख कुछ विलक्षण-सा है। प्रथमत: पारस्य उपन्यास शीर्षक के अन्तर्गत कश्मीर के किसी राजा तवंगरंनबी (दबंगरंनबी) के पुत्री की प्रेम कथा का आरम्भिक अंश है। अनिन्द्य सुन्दरी राजकुमारी स्वप्न में मृगमृगी के ऐसे युग्म को देखती है जिसमें मृगी तो जालपाश में बद्ध मृग को मुक्त कराने के प्रयत्न में स्वयं पाशबद्ध हो जाती है किन्तु मृग मुक्त हो जाने पर मृगी को मुक्त कराने का विशेष प्रयास न कर भाग खड़ा होता है। राजकुमारी सोचती है पुरुष ऐसे ही कृतघ्न होते हैं। अत: उनसे विवाह करना धोखा है। आरम्भ के दो पन्नों पर इस कथा के उपरान्त किसी राजा मीण सिंह के राजपुत्र का प्रसंग है जो किसी के विरह में लीन तो रहता है परन्तु अपना अभिप्राय कभी किसी पर प्रगट नहीं करता। और बिना कुछ कहे-सुने सहसा देश-भ्रमण पर निकल पड़ता है। यह कथा नाटक के रूप में अधूरी लिखी है। तदनन्तर 'निरभिमानदानी' की कथा लिखी है।

इस कथा का सानुमान इस प्रकार है।

बगदाद के खलीफा हारू-अल-रशीद किसी समय जिज्ञासा कर रहे थे कि विश्व में सबसे बड़ा दानी कौन है। इस पर चाटुकारों ने उनका नाम लिया और भूरि-भूरि प्रशंसा भी की किन्तु एक मंत्री मौन रहा। खलीफा ने एकान्त में बुलाकर उसका कारण पूछा। उसने कहा दानी अभिमानी नहीं होता। आपके ही बगदाद का एक अबुल कासिम है जिसके समान कोई दानी नहीं दिखाई देता। उसके द्वार से राजा-रंक कोई भी खाली हाथ नहीं लौटा है। अभिमान तो उसे छूता नहीं। खलीफा ने मंत्री की इस बात की परीक्षा लेनी चाही। खलीफा ने जो परीक्षा ली तथा कैसे सन्तुष्ट होकर ग्लानि में पड़कर सच्चाई को पा गया यह इस उपन्यास की कथा है।

हारूल रशीद का नाम मुस्लिम साहित्य में दानवीरता के पर्याय के रूप में

लिया जाता है। सन् 136 हि. में अब्बासी राजवंश की स्थापना बगदाद में हुई थी। हारू-अल-रशीद इसी वंश में जन्में थे। सन् 192 हि. में उनकी मृत्यु हुई थी। उनकी पत्नी का नाम जुबैदा तथा पुत्र का नाम मामून था। वे दानशीलता में अपने पिता से बढ़कर थे। इस्लामी साहित्य में इनका नाम बड़े आदर से लिया जाता है। उनकी दानशीलता एवं न्यायप्रियता अनेक लोककथाओं में प्रचलित हैं। परन्तु अबुल कासिम की कथा कल्पित जान पड़ती है और हारू-अल-रशीद का चरित्र मोड़कर इसके माध्यम से निरभिमान दानशीलता का चित्रण इस कथा का विषय बनाया गया है।

संशोधकों (राधाकृष्ण दास जी तथा भारतेन्दु ने) इस रचना को सँवारा है। उन्होंने इसकी भाषा को हिन्दी रुप देने का इस प्रकार प्रयास किया है कि रचनाकार की शैली भी बनी रहे और थोड़े शब्दों में काम चल जावे। कहीं-कहीं तो ऐसा प्रतीत होता है कि उन्होंने संशोधन से हाथ खींच लिया हो और फिर चित्त नहीं मानता तो दो-चार पृष्ठों बाद पुन: संशोधन आरम्भ किया और अन्त में अबुल कासिम के घर में किसी राजदम्पती की शवपेटिका पर अंकित लेख का पद्यानुवाद स्वत: प्रस्तुत करके रचना पूरी कर दी।

॥ सौन्दर्यमयी ॥ बियोगान्त

प्रथम-स्तवक

विवाह

विलासपुर ग्राम में रामदास नामक एक ब्राह्मण रहता है। वह सामान्य धनी है। उसका दस-बारह हजार रुपया सरकार में जमा है, उसी के ब्याज से एक प्रकार दिन काटता है। कंपनी का कागज छोड़ ग्राम में सामान्य गृहस्थों की जो सम्पत्ति होती है सो उसकी भी थी। रामदास की अवस्था पचास वर्ष की है। उसकी स्त्री का नाम लज्जावती। लज्जावती की अवस्था चौंतीस से कम नहीं थी। इतनी अधिक अवस्था होने पर भी उसको संतानादि नहीं हुआ, बहुत देव देवी का आराधना और संतान के उद्देश्य से देवानुष्ठान करने से, देवानुग्रह से, या अन्यरीति से हम नहीं जानते किन्तु उसने एक कन्यारत्न लाभ किया। कन्या का नाम सौन्दर्यमयी रक्खा। सौन्दर्यमयी बहुत दिन संतानप्रार्थी पिता माता की कितनी आदर की सामग्री हुई इसका उल्लेख बाहुल्य मात्र है। वे लोग क्षणकाल भी उसका वियोग सह्य नहीं कर सकते थे। उसको पाकर आमोद प्रमोद से दिन काटने लगे। उन लोगों के जीवन का सुख, आशा, भरोसा, सब उसीपर निहित रहा। रामदास और लज्जावती एक मात्र अंधे की यष्टीस्वरूपिणी सौन्दर्यमयी को उपलक्ष करके कितने प्रकार की आशा कितने प्रकार का सुख अनुभव करने लगे सो लिखना दुःसाध्य है। उस आशा और कामना का कभी क्षय नहीं था दिन दिन बढ़ता ही जाता है। इस समय सौन्दर्यमयी की अवस्था सात वर्ष मात्र है। सौन्दर्य पिता माता का अनंत आनन्द बढ़ाती हुई दिन-दिन शशिकला की भाँति बढ़ती जाती है। लज्जावती को उसको ब्याह देने की इच्छा प्रबल हुई। वह उसके ब्याह के कारण रामदास को नित्य आप विनय करने लगी और पड़ोसियों से भी कहलाया। पीछे रामदास ने लज्जावती और पड़ोसियों के परामर्श से या हठ के वशीभूत होकर सौंदर्य का विवाह करना स्वीकार किया।

थोड़े ही दिनों में एक धनाढ्य व्यक्ति के एक मात्र पुत्र के साथ शुभक्षण शुभलग्न में, अति धूमधाम से उसका ब्याह किया। जामाता की अवस्था आठ वर्ष मात्र है। देखने में अति सुंदर है। सुवर्ण सुवर्ण से मिला। क्या यह कम आनन्द का विषय है? सौन्दर्य के माता पिता को आनन्द की सीमा न रही किन्तु वह भी अभी सप्तमवर्षीय बालिका है। उसको यह सब आनन्द अच्छा नहीं लगा, उसने मन में सोचा, 'यह

सब क्या है? इस्से हम अपनी सखी से खेलने पाते तो अच्छा होता।' दूसरे दिन सौन्दर्यमयी स्वसुर गृह चली। लज्जावती रामदास रोने लगे। वह भी चिल्लाकर रोने लगी कि मैं अपने पिता माता को छोड़ न जाउंगी। पड़ोसी इत्यादि उसको समझाने लगीं वह बालिका क्या समझे? बोली, 'अजी हमी बाजा न सुनेंगे हमारा ब्याह फेर लो।' एक पड़ोसिन बोली, 'चल् पगली ब्याह क्या फिरता है?'

सौन्दर्य बोली, 'क्यों नहीं फिरता? हमने कई बेर अपनी सखी से गुड़िया का ब्याह फेर लिया है।'

वहाँ अष्टमवर्षीय वर खड़ा था उसको एक स्त्री बोली, 'हाथ पकड़कर ले जाओ।' वह भी बालक ही था। इन लोगों की हँसी मसखरी क्या समझे? बोला, 'चल ना' सब औरतें हंसने लगीं। सौन्दर्य फिर रोने लगी। कई स्त्रियों ने रोती हुई बालिका को बलपूर्वक पालकी में बैठा दिया सौन्दर्य पालकी में से चिल्लाकर रोने लगी। रामदास के जाति की एक वृद्धा स्त्री उसको पकड़कर पालकी में बैठी रही। वह रोते हुए स्वसुर गृह गई। इधर लज्जावती रोने लगी। रामदास भी विषण हुआ।

इतने आनन्द से आनन्द बढ़ाने के कारण सौन्दर्य को ब्याह दिया। किन्तु यह क्या? अब रोना क्यों? क्या आनन्दाश्रु हैं? नहीं, तब? सौन्दर्यमयी इतने दिन में अब पराई हुई इसी कारण इन लोगों के नेत्र से आँसू गिर रहा है।

मनुष्य एक सोच कर एक कार्य करता है, किन्तु दूसरा हो जाता है यही संसार की लीला है।

द्वितीय स्तवक

सौन्दर्यमयी बिधवा

सौन्दर्य का ब्याह शेष हुआ। जो सौन्दर्य वाल्यकाल से माता पिता के यत्न बिना दूसरे का यत्न नहीं जानती थी आज दैवानुग्रह से या प्रजापति की प्रसन्नता से उसने स्वसुर सास का भी यत्न देखा। अब सौन्दर्यमयी विवाहिता हुई, स्वामी पाया है, किन्तु स्वामी क्या वस्तु है सो अभी नहीं जानती। ईश्वर यद्यपि दिन देगा तो सौंदर्य स्वामी के सुख से सुखी होगी, उसके माता पिता के मन में यह आशा रही किन्तु उसका अभी इस चिन्ता के करने का समय नहीं था। उसको ब्याह का आनन्द कुछ नहीं मिला। उसने इतना ही समझा था पहिले बाल बांधकर सेंदुर नहीं लगाती थी, अब उसका तिलक कर सेंदुर लगाने के समय वह बड़ी खुश होती है! देखते देखते—एक दिन दो दिन-महीना, महीना पर महीना—इसी भाँति दो बरस बीत गया। इस समय जामाता की अवस्था दस बरस। लज्जावती सर्वदा जामाता को बुलाती है

कन्या और जामाता को फूलों के गहने से सजाकर अपने गोद में बैठाकर सुख देखा करती है। उसको सौन्दर्य के बाल्य विवाह का सुख इसी में मिलता था। सौन्दर्य पितृ गृह में ही रहती है। इस समय उसकी अवस्था नौ बरस है। वह ग्राम्य पाठशाला में पढ़ने जाती है। दूसरी बालिका जो सात दिन में पढ़ती हैं, सो वह एक ही दिन में पढ़ती है। उसको जो देखता वही प्यार करता है। एक तो वह बालिका दूसरे लज्जा, नम्रता, सौजन्य, दया मया प्रभृति उसके मुख पर विराजता था।

एक दिवस वह पाठशाला से घर आती थी। इसी समय उसके घर से रोने का शब्द सुनाई पड़ा। वह चौंक उठी, दौड़कर घर आई। देखा उसकी माँ मिट्टी में लेटकर चिल्लाकर रो रही है तीन चार स्त्री भी वहीं बैठकर रोती हैं। उसको देख सब और भी चिल्लाकर रोने लगीं। वह भी रोई। क्यौं! उसने भी नहीं समझा। माता को रोते देख बालिका भी रोने लगी।

वह रोती हुई माता के पास खड़ी होकर एक दृष्टि से उसके मुख को देखने लगी, पीछे माता के निकट बैठ उसके छाती पर अपना सिर रखकर रोने लगी। थोड़ी देर पीछे उसका रोना थमा। उसको रोना अच्छा नहीं लगता था, वह रोने का कारण भी विशेष नहीं समझती थी, उसकी माता 'अरे हमारी दूध की बेटी बिधवा भई रे' कह कर रोती है। इस्से वह समझी थी कि बिधवा भई है, किन्तु इसमें उसकी क्या हानि है। यह उसके बोध में नहीं आया, इस्से कुछ विरक्त हो वहाँ से उठ चली।

बाहर बैठक में रामदास रोता था, सौन्दर्य उसके पास आई। रामदास कन्या को निकट बैठाकर रोते रोते बोला, 'हाय बेटा तेरे भाग्य में बिधाता ने इतना दुख लिखा था।'

सौन्दर्य नहीं समझी रोते स्वर से बोली,

'बाबा काहे रोते हौ?'

इस बात पर रामदास और भी रोने लगा, बोला, 'बेटा हम क्यों रोते हैं सो तू नहीं जानती, यह दुःख हमको और भी है। आज इस रोने का कारण तू समझती तो तू ही अधिक रोती हम न रोते।

सौन्दर्य स्तब्धभाव से बैठी रही।

तृतीय स्तवक

बाल्य विवाह का फल

आज सौन्दर्यमयी बिधवा! लज्जावती की प्यारी कन्या बाल बिधवा हुई। हा मानव! ईश्वर तुम्हारे अदृष्ट में चिर सुख नहीं लिखते। देखो सुख बढ़ाने के लिए, सौंदर्य के पिता माता ने उसको बाल्यावस्था में ब्याह दिया। मानव मन में आपही कितने प्रकार

का सुखाभिलाष सृजन करते हैं किन्तु मनुष्य बनाता है बिधाता उसको बिगाड़ता है। लज्जावती और रामदास की बहुयत्न प्रतिपालित आशा कानन प्रबल काल रूपि आंधी से छिन्न भिन्न हो गया। किन्तु सौन्दर्य अभी बालिका यह सब कुछ नहीं समझती, पहिले के भांति खेलकूद में मस्त रहती थी।

आज सौन्दर्य की प्यारी सखी लावण्यमयी का ब्याह है। सौन्दर्य के आनन्द की सीमा न रही। लावण्य के ब्याह में जाने के कारण माता ने उसका बाल बांधकर गहना कपड़ा पहिना दिया। वह दर्पण में अपना मुख देखते देखते बोली।

'माँ! एक टिकली लगा दो'

उसकी माता ने लगा दिया फिर बोली,

'मां ! हमको सेंदुर नहीं लगाया? पहिले तो तू कहती थी हमको सेंदुर लगाने से सुंदर लगती है'

उसकी माता कुछ उत्तर न देकर एक दीर्घश्वास लेकर उसको छाती से लगाकर रोने लगी। वह रोने का मर्म्म तो समझी नहीं, आश्चर्य युक्त होकर माता के मुख को देखने लगी।

थोड़ी देर पीछे सौन्दर्य लावण्य के ब्याह में गई, उसको महा आनंद। पान लगाती किसी के लड़के को खिलाती, क्षण इधर दौड़कर जाती, क्षण उधर दौड़कर जाती, इतने में वर आया। सब औरतें वरण की सामग्री उठाने लगीं, वह भी दौड़कर उठाने गई। लावण्य की माँ बोली, 'सौन्दर्य बरण की सामग्री सगुन की है, तुम मत छूना' सौन्दर्य कुछ सरमा कर बोली, 'चाची हम क्यों न छूवैं?' ग्राम के नाते सौन्दर्य लावण्य की माता को चाची कहती थी। लावण्य की माँ बोली, 'यह सधवा छूती हैं, तुम बिधवा हौ, तूमे नहीं छूना है।'

सौन्दर्य कुछ दुखी हो एक किनारे खड़ी रही उसकी आँखों में जल भर आया। स्वामी के कारण नहीं, क्योंकि स्वामी क्या वस्तु है सो वह अभी तक नहीं जानती। बरण सामग्री छूने नहीं पाई, उसको यही दुःख हुआ।

सौन्दर्य उदास होकर फिर आई। लज्जावती बोली, 'सौंदर्य! अभी क्यों फिर आई?' सौन्दर्य रोते स्वर से बोली, 'माँ! चाची ने हमें बरण सामग्री नहीं छूने दिया। लज्जावती नेत्र में आंसू भरकर बोली, 'रात हुई है, अब वहाँ मत जाना, सो रहो।'

सौ.। मां! न जांए?

ल.। नहीं बेटा

सौन्दर्य दीर्घस्वास लेकर माता के निकट सो रही। लज्जावती रात भर रोई। सौन्दर्य ने एक बेर पूछा, 'मां! काहे रोती है? लज्जावती बोली, 'नहीं बच्चा, नहीं रोते, तुम सोओ।'

सौन्दर्य को नींद आ गई, सौन्दर्य सो गई।

और एक दिवस लावण्य की माता ने लावण्य का बाल बांध कर सेंदुर चढ़ा

दिया। सौन्दर्य वहाँ बैठी थी देखकर बोली, 'देखो चाची! हम सेंदुर लगाने चाहते हैं तो मा रोती है। तुमने तो हमारी सखी को सेंदुर लगा दिया।' इस बात पर लावण्य की माता ने बड़ा क्रोध किया था। सौन्दर्य ने क्रोध का मर्म्म नहीं समझा, किन्तु उसको चित्त में दु:ख हुआ। उसने घर आकर उस बात को भी अपनी माता से कह दिया। लज्जावती का हृदय दूखा। चित्त में बोली,

'हे भगवान तुम्हारे चित्त में यही था? दैव हमको अति कष्ट है अब तो अपने चरणतलों में स्थान दो संसार के असह्य दु:खों से तो छुट्टी पाते। भगवन्! बहुत मिन्नती कर कर के एक संतान मांगते थे, सो कृपा दृष्टि से हमारे मुख को देखे तो सुखी क्यों नहीं किया? तुम तो अंतर्यामी हौ। जो जानते थे सुखी न होंगे तो प्रभु! कन्या रत्न क्यौं दिया? अब तो उस सुख स्वप्न को भग्न किए हो तो मृत्यू क्यौं नहीं देते?

लज्जावती यह चिन्ता कर के बहुत रोई।

चतुर्थ स्तवक

सखी-सहित

इस समय सौन्दर्यमयी की अवस्था चतुर्दश वर्ष है। सौन्दर्य दिन रात उदास रहती है, उस हँसी हँसी मुख की हँसी जैसे किसी ने छीन ली है, वह लंबे लंबे दो नेत्र किसी ने जल में बोड़ दिये हैं, उस सुवर्ण लावण्य छटा में किसी ने स्याही मिला दी है। किन्तु क्या जाने, ईश्वर की कैसी सृष्टि है? कि इस विषाद कानन में भी यौवन फूल खिला। उसके इस यातना को यौवन ने नहीं समझा। उसी ऊषर के क्षेत्र में अपना राज्यत्व विस्तार करने लगा। अंग के जो जो स्थान क्षीण और अपुष्ट थे, वह अंग सरस और पुष्ट हुए। सौन्दर्य के अंग में मदन के अपरूप राज्याधिकार की विजय पताका उड़ने लगी। वह किसी प्रकार का यत्न नहीं करती, तथापि उसके यौवन कानन में नित्य नवीन फूल खिलने लगे।

सौन्दर्यमयी एक दिवस संध्या के समय अपनी प्रिय सखी लावण्यमयी के साथ घर के निकट एक सुंदर कानन मध्य सरोवर में अंग मार्ज्जन को गई। दोनों ने कुछ देर जलक्रीड़ा किया, पीछे अंग को जल में बोड़, मुख को जल के ऊपर निकाल बातैं करने लगीं। लावण्य बोली, 'सखी! यह सुन्दर सुवर्ण पुत्तंल विधाता ने क्यों बनाया?'

सौ। जलने।

ला। देख सौन्दर्य! तुझको देखते मेरी छाती फटती है।

हाय! तब तेरा ब्याह न हुआ होता तो आज तैं विधवा न होती। तेरा जीवन

वृथा गया। तुझको किसी बात का सुख न मिला। स्वप्न की भांति सब हुआ। जैसे गुड़िया का खेल।

सौन्दर्य उदास होकर बोली, 'सखी! हमने सुना था ईश्वर दयामय है, किन्तु वह दयामय होकर भी क्यों हमारे पर निष्ठुर हुए सो वहीं जानैं पुस्तक में पढ़ते हैं 'पतिप्रेम' सो पतिप्रेम जानना तो दूर की बात है, पति का सुख देखा है यह भी स्मरण नहीं आता।'

ला। हाय! तब तेरा ब्याह न होकर अब हीरालाल भैया के साथ होता तो तू सुखी होती।

सौन्दर्य के गाल और ओंठ पर रक्त का संचार हुआ पाठक हीरालाल के विषय में कुछ पीछे लिखेंगे। मेरी प्यारी सखी! मेरे पास क्यौं छिपाती है? भला मुझसे क्यों सरमाती है? क्या तू हीरालाल को नहीं चाहती? हीरालाल को देखने को तू ब्याकुल होती है। उसको देखने से सुखी रहती है। मैं सब जानती हूँ। लड़कई से हमारे यहाँ रहता है। इससे उस पर एक प्रकार का स्नेह है।

ला.। अच्छा हीरालाल के साथ तेरा ब्याह हो तो तू सुखी हो या नहीं?

सौ.। कैसे कहैं?

ला.। आजकल बंगालियों में बिधवा ब्याह की तो धूम मची है, इसी समय तेरा बाप हीरालाल के साथ ब्याह दे तो अच्छा हो।

सौन्दर्य उस बात में कान न देकर अपने अंगों को मलने लगी लावण्य बोली, 'बोलती क्यौं नहीं?'

सौन्दर्य, "बोली उठो उठो अधिक क्षण जल में नहीं रहना बीमार होगी।"

लावण्य ने देखा सौन्दर्य की आँखों में जल भर आया। लावण्य ने उस बात को रहने दिया। दोनों धीरे धीरे जल से निकलीं। समय वसंत काल, दक्षिण ओर से मलयानिल मृदुमंद बह रहा था। एक बेर अति जोर से वायु चला, सौन्दर्य का अंग थहरा उठा, उस जनहीन स्थान में दोनों असंकचित्त होकर अंग पोंछनें लगीं, मृदु पवन उन सुकोमल अंगों में सुख से क्रीड़ा करने लगा। उस समय संध्या काल, सूर्य देव अस्त हुए। शशिधर भी धीरे धीरे हंसते हंसते अपने रूप के उजियाले को प्रकाश करते हुए निकले।

पंचम स्तवक

सुखस्वप्न

सौन्दर्य और लावण्य गात्र मार्ज्जन करके वस्त्र बदल कर उसी कुसुम कानन में भ्रमण करने लगीं। देखने में उभय सुन्दरी और एकही अवस्था है। इस युगल रूप

को देखने से दर्शक को यह सोचना पड़ता है कि किस को छोड़ किसको देखैं, सौन्दर्य का शरतचन्द्र जोत्स्नामय रूप देखैं या लावण्य के निरुपम श्याम वर्ण की छटा को देखें। नेत्र उभय के सुंदर हैं। एक में दामिनी मेघ को छोड़ चन्द्रमा से मिली है, और एक में मनोरम नवघन में स्थिरा सौदामिनी है, सौन्दर्य ने पुष्प के अलंकार से लावण्य को सजाया। फूल के भूषण से लावण्य का रूप उज्ज्वल हुआ। सौन्दर्य एक गुलाब तोड़कर लावण्य के हाथ देकर बोली, 'सखी! इसी फूल से अपने स्वामी का पांव पूजना।'

लावण्य ने दांत से अधर को दबा सौंदर्य को वही फूल फेंक कर मारा।

सौन्दर्य हंसकर बोली, 'तू क्यों मारती है।'

लावण्य बोली, तू क्यों यह बोली।'

सौन्दर्य बोली, 'हमने क्या अनुचित कहा है?'

लावण्य लज्जित भाव से बोली, 'क्या सभी पूजती हैं? सौन्दर्य ने इस बात का उत्तर न देकर उस गुलाब को नख से छिन्न कर डाला।

ला.। भला फूल को क्यों छिन्न करती है?

सौ.। फूल जल गया है।

ला.। कैसे?

सौ.। हमारे अंग की अग्नि से।

लावण्य ने देखा सौन्दर्य का हृदय फिर चंचल हुआ। तब उसने इधर उधर की बात उठाकर उसको अन्यमनस्क करने की चेष्टा की। थोड़ी पीछे उसका हृदय स्थिर हुआ किन्तु वह विषाद नहीं गया। लावण्य बोली,

'चल् घर चलें?'

सौ.। अभी! हम चांदनी रात को यहाँ बहुत देर तक रहते हैं, आज अभी न जाएँगे।

ला.। हम जाएँ?

सौ.। क्यों? क्या वह गैर हाजरी से क्रोध करेंगे।

लावण्य हंसते हंसते बोली, 'जिसका खाना होता है, उसकी दो बात भी सहनी पड़ती है, मन भी रखना होता है' लावण्य धीरे धीरे वहाँ से चली गई। सौन्दर्य अकेली उद्यान में घूमने लगी, एक गुलाब वृक्ष के निकट खड़ी हुई। उसमें एक अति बड़ा गुलाब खिला हुआ था। सौन्दर्य उस फूल को वृक्ष से छिन्न करके सूंघने लगी। थोड़ी ही देर पीछे गुलाब को भूमि पर फेंककर बोली, 'फूल! तुझको लेकर क्या करेंगे? अरे जिसके हाथ देकर सुख पावेंगे उसको तो दे न सकेंगे' थोड़ी देर चुप रहकर बोली, 'हाय विधाता! तेरा कैसा चरित्र है। बिधवा किया, किन्तु उसके साथ ही आकांक्षा को क्यों निवृत्त नहीं किया। जो यही जानता था निवृत्ति न करैंगे तो श्रुति दिया तो श्रवणशक्ति क्यौं नहीं दिया। पिपासा है तो पानीय क्यों नहीं है। नहीं नहीं-विधि! तुम्हारा कुछ दोष नहीं हमारे अदृष्ट का है। ओह!! प्यारे! क्यों तुम्हें

चित्त इतना चाहता है? तुम्हें देख क्यों इतना सुखी होते हैं? सौन्दर्य थोड़ी देर कुछ निस्तब्ध भाव से चिन्ता करने लगी आँखों से आँसू टपक पड़ा।'

सौन्दर्य नेत्र पोंछकर बोली, 'जगदीश्वर! हम विधवा हैं, हमारे चित्त में ऐसी कुप्रवृत्ति क्यों आई? इस आशा का संचार कैसे हुआ? हे अनाथनाथ दीनबंधु! बालिका के हृदय में यह असह्य दुःख क्यों दिया?'

ऐसे समय वहाँ हीरालाल आया। हीरालाल सौन्दर्य के अति दूर नाते का जातिपुत्र था। हीरालाल के पिता माता के मृत्यु के पीछे रामदास ने उसको अपने घर पुत्र के भाँति प्रतिपालन किया था। जिस समय वह रामदास के घर आया था उस समय उसकी अवस्था नौ बरस मात्र था। हीरालाल सोलह बरस से रामदास के घर है, इस समय उसका यौवनकाल है। उसके देह का वर्ण उज्ज्वल, श्याम, मध्याकृति है, नाक उन्नत, देह का गठन न मोटा न दुबला।

हीरालाल को देख सौन्दर्य लज्जित हुई। उसके पांव के पास जो गुलाब पड़ा था, हीरालाल उसको उठाकर सौन्दर्य के हाथ देकर बोला,

'सौन्दर्य! गुलाब किसको देने की इच्छा होती है?'

सौन्दर्य सिर नीचा करके बोली, 'न हीं-हह।'

स्वर बंद हुआ। हीरालाल सौन्दर्य का हाथ पकड़कर बोला, 'सौन्दर्य कुछ बोलो'

सौन्दर्य रोने लगी, हीरालाल भी रोते स्वर से बोला, 'सौन्दर्य हम सपना देखते हैं या प्रत्यक्ष?'

हीरालाल ने एक बार सौन्दर्य के मुख के ओर देखा नेत्र में जल भर आया। आंसुओं को छिपाने की चेष्टा किया आंसू नहीं थमा। सौंदर्य का हाथ छोड़कर वहाँ से चला गया। सौन्दर्य चित्रपुतली की भाँति वहीं खड़ी रह गई।

षष्ठ स्तवक

आशा का शेष

सौन्दर्य थोड़ी देर वहाँ उदास बैठ पीछे धीरे धीरे घर आई। घर आकर देखा कि लज्जावती नाना प्रकार के खाद्य दृव्य बना रही है। लज्जावती बोली, 'कहाँ गई थी?'

सौ. पोखरे के किनारे!

लज्जावती ने देखा सौंदर्य की आँखैं फूली और लाल हुई हैं, लज्जावती ने समझा यह रोई है। उसे अन्यमनस्क करने को बोली, 'हमसे अकेले इतना काम नहीं होता एक बेर तू भी इधर आ।' सौन्दर्य माता के काम में साहाह्य देने लगी थोड़ी देर पीछे बोली, 'मां कौन आया है? किसके लिए इतनी खाने की वस्तु बनती हैं?

ल.! तेरे पिता के एक बंधु इसी रास्ते कहीं जाते थे सो तेरे बाप से मिलने आये हैं।

सौन्दर्य बोली, 'मा! यह कहाँ रहते हैं?'

ल. इनका घर कलकत्ता है, ये बड़े धनी हैं।

सौ. हम देख आवैं?

ल. जाओ।

सौन्दर्य पाकशाला त्याग कर चली। जिस घर में उसके पिता बैठते हैं। उसके उत्तर के ओर एक दरवाजा था। वह द्वार बंद ही रहता है। सौंदर्य उस दरवाजे के छिद्रों में से देखने लगी। आगन्तुक बाबू उसके पिता के दक्षिण ओर बैठे हैं, उनकी अवस्था चौंतीस पैतीस होगी उनकी प्रकृति शांत अथवा गंभीर है। सिर का बाल अभी एक भी नहीं पका था। जिस समय वह दरवाजे के छिद्रों से देखने लगी, उस समय आए हुए बाबू और उसके पिता यह बातैं करते थे।

बा. तुम्हारी कन्या बालविधवा हुई सुन कर बड़ा दुःख हुआ।

रा. ईश्वर के कार्य में किसी का अधिकार नहीं।

बा. किन्तु बंधु! बंगालियों में प्रातः स्मरणीय विद्यासागर जी महाशय ने जो बिधवा ब्याह की प्रथा चलाई है सो अति उत्तम कार्य किया है।

रा. चले तब न?

बा. चलाने से ही चलेगा।

रा. अब तक तो नहीं चला।

बा. क्यों नहीं? दो एक ब्याह नित्य होता है। रामदास मृदु हंस कर बोला, 'कहां?'

बा. क्या तुम कुछ भी खबर नहीं रखते?

रा. न रखते होंगे।

बा. भाई क्रोध मत करो, हमारे राय में तुम्हारी कन्या को ब्याह देना उचित है।
रा. ऐसा करें तो समाज से जाते रहें।

बा. सामाज क्या हैं? जो पांच मिलकर करें वहीं समाज है, एक एक करके कितने करेंगे। फिर वही समाज होगा।

रा. सो तो ठीक पहिले कौन करे?

बा. जिसको आवश्यक होगा वही करेगा। तुम्हारा आवश्यक है तुम करो।

रामदास मृदु हंस कर बोला, 'हमें आवश्यक नहीं है।'

बा. क्यों?

रा. ब्राह्मण की कन्या को ऐसी रूचि क्यों होगी?

बा. हाँ इतनी देर पीछे यही तै हुआ? किन्तु भ्रूणहत्या क्यों होती है?

रामदास हंसकर बोला, 'हम लोगों के घर नहीं नीच जातियों में।'

बा. ईश्वर न करैं तुम्हारे यहाँ ऐसा हो, किन्तु भाई तुम विद्वान बुद्धिमान

होकर ऐसी बात कहते हो। सो भाई तुम जानों और,—उनकी बातों को रोक कर रामदास विरक्त होकर बोला, 'इन बातों को भाड़ में डालिये चलिये आपको गाँव दिखला लावें।'

बाबू ने एक दीर्घस्वास लेकर कहा, 'चलिए।' इधर सौन्दर्यमयी ने उसी दरवाजे के आड़ से एक दीर्घस्वास लिया। नेत्र से आंसू गिरने लगा। घबड़ाकर आंसू पोछ डाला, इसी समय उसके पीछे से किसी ने कहा, 'सौन्दर्य सुना न?'

सौन्दर्य चौंकी और पीछे फिर कर देखा तो हीरालाल, हीरालाल कुछ नहीं बोला, सौन्दर्य के मुख के ओर एक विलापसूचक दृष्टि देखकर वहाँ से चला गया।

सप्तम स्तवक

लावण्यमयी और हरिदास

समय बसंत काल, दक्षिण ओर से मलयानिल प्रवाहित हो रहा है रात्रि दस बजा होगा। आकाश निर्मल, पूर्णचन्द्र का विकास, ग्राम निस्तब्ध। ऐसे समय लावण्य अपने मकान की एक कक्षा में बैठी है। हरिदास भी पास बैठा है। हरिदास कालेज का छात्र फस्ट आर्ट्स पढ़ता है।

हरिदास लावण्य को बहुत चाहता है। पाठ्य अवस्था है इससे उसको स्त्री का विच्छेद सह्य करके भी दूर सहर में रहना पड़ता है। आज तीन दिवस हुआ हरिदास स्वसुर गृह आया है। लावण्य के आनन्द की सीमा नहीं है इस सुंदर निशि में दंपत्ति कितने प्रकार की बातचीत कर रहे हैं।

दक्षिण की खिड़की खुली है। जोत्स्ना रात्रि बसंतकाल धीरे धीरे बसंत वायु चल रहा है। लावण्य ने हरिदास के गले को अपने दो बांह में बेढ़ लिया। हरिदास ने हंसकर लावण्य के सुकुमार अधरों से अपना अधर मिलाकर एक चुंबन लिया। लावण्य अपनी आंख बंद करके सोचने लगी, इस चुंबन से जी तो नहीं भरता। चित्त चाहता है एक एक चुम्मा बरसों लेते रहें। हरिदास ने पूछा, 'प्यारी! आज तुम्हारी सखी नहीं आई?' लावण्य के हृदय में सौन्दर्य की अपूर्व छवि उदित हुई। चित्त में ईश्वर से कहने लगी, 'हे भगवान्! देखना दासी को इस सुख से वंचित न करना।' धीरे धीरे अपने सुख के साथ सौंदर्य के दु:ख की बातें उसके हृदय में उठने लगीं। उसके नेत्र से आंसू टपक पड़ा।

ह. तुम रोती हौ?

ला. हां।

ह. क्यौं?

ला. सखी की बातें याद पड़ी और चित्त कैसा घबड़ा उठा है क्या कहैं? सखी जिस समय अपने दुःख की बातें कहती है उस समय हमको बड़ा दुःख होता है। उस दिन सखी के मकान पर कोई कलकत्ते के रहने वाले आए थे, वह सखी के बाप से बिधवा ब्याह के मत से सखी का ब्याह करना चाहते थे, इस पर सखी के पिता उनपर अति क्रोधित हुए थे। आहा! सखी के पिता हीरालाल के साथ सखी को ब्याह देते तो सखी बड़ी सुखी होती, भला वह क्यौं देंगे उन पर तो बीतती नहीं। अच्छा हम पूछते हैं, पुरुष इतने स्वार्थी क्यौं होते हैं? पुरुष स्त्री का मरना कौन कहे, जीते ही कितना ब्याह करते हैं, इस में दोष नहीं हैं?

हरिदास हंसकर बोला, "किन्तु हम स्वार्थी नहीं हैं, पहिले से कह देते हैं हम मर जायें तो तुम ब्याह जरूर करना॥"

ला! हाथ जोड़ते हैं, ऐसी बात मुख से मत निकालो हमें दुःख होता है॥

हरिदास खुशी से "दुःख होता है?" कहकर लावण्य के मुख को चूम कर बोला, "लावण्य बिधवा ब्याह क्या अच्छी बात है?"

ला.। सम्पूर्ण—विशेषतः सखी के भांति बिधवाओं का ब्याह होना उचित है।

ह.। ईश्वर क्या ऐसा दिन करेगा कि भारत में बिधवा ब्याह चलेगा? अभी विलम्ब है॥

"हा! ईश्वर! हमारी सखी को तुमने बड़ा दुःख दिया" कह कर लावण्य ने एक दीर्घ श्वास लिया॥

हरिदास भी निस्तब्ध भाव से कुछ सोचने लगा। इस निस्तब्ध रजनी में ये दोनों सौन्दर्य के लिए रजनी को निस्तब्धता भंग कर रहे थे, वह भी निस्तब्ध हुए। घोर निस्तब्धता ने पृथ्वी को ग्रास किया॥

अष्टम स्तवक

अबला का प्राण

हम लोगों की चिरदुःखिनी सौन्दर्यमयी दिन दिन हीरालाल को चाहने लगी। पहले पिता माता का भय लोकलज्जा इत्यादि मन में बहुत कुछ उदय होता था, अब उसका भी मंद भाव हुआ! हीरालाल की चाह उसके जीवन की एक मात्र उद्देश्य थी। वही चिन्ता वही ज्ञान, वही ध्यान, वही कल्पना, सौंदर्य ने मन मन में हीरालाल को प्राण सौंपा किन्तु आत्मसमर्पण नहीं किया। क्यों नहीं किया? कारण अभी तक उसको मानसिक तेज था, दर्प था, आत्म पर क्षमता विस्तार का उपाय था।

संध्याकाल-सौन्दर्य पहिले के अभ्यास से आज भी उस सरोवर के तीर पर

उपस्थित हुई। एक बेर चतुर्दिक देखकर लतावृत पूर्ण स्थान पर बैठकर अपने वस्त्रांचल से एक कविता की हस्तलिपि निकाल कर पढ़ने लगी।

आजु अहै श्री पंचमी, काम जन्म दिन बाम।
भयो बसंत आरम्भ अब, सब उछाह को धाम॥ 1॥
ऋतु बदली विकसित कुसुम, आयो निकट बसंत।
सीत भीत सों जग छुट्यो, भा हिमंत को अन्त॥ 2॥
बौरे जित तित आम लखि, बौरे प्रेमी लोग।
मधुरित मधुकर मधु रव, नास्यौ जग को मोग॥ 3॥
ऐसे दिन में हमहुं निज, हृदय बगीचा बीच।
जो बेली रोपन करी, अश्रु नीर सों सींच॥ 4॥
तासु मंजरी जुगल कर, लै सप्रेम उपहार।
करत समर्पण तुहि प्रिये, कीजौ अंगीकार॥ 5॥
काह करौं कैसी करौं, यतन बतावहु मोहि।
जामे निश दिन लाड़ती! दृग भर देखहुं तोहि॥ 6॥
प्यारी तेरे मिलन को, जिय अति ही अकुलाय।
फस्यौ लोक के जाल में, मिलो न कोउ बिध जाय॥ 7॥
नैना चाहत दरस को, बचन सुनन को कान।
मिलवे को हियरो तपे, प्यारी चतुर सुजान॥ 8॥

सौंदर्य को यह कवितामय कागज हीरालाल के टेबुल पर मिला था। सौंदर्य पढ़कर चित्त में बोली, हीरा प्राण! मेरा प्यार! अरे क्या करैं और क्या कहैं? जो विधाता के विडम्बना से आपही चिरदुःखिनी है, वह दूसरे को क्या सुख देगी। जिसको विपक्ष समाज,—अपने लोग,—ज्यादे क्या ईश्वर भी विमुख हैं, वह दूसरे को कहां से सुख देगी। हम सोचते थे कि पिता विधवा मत से हमको ब्याह देंगे हम जिसको चाहते हैं उसको पावैंगे, किन्तु आशा विफल हुई। हा! भगवन्! हा करुणामय! तुम दयामय होकर भी अपनी असंख्य कन्याओं को यह दुर्दशा देखते हो। नाथ! एक बेर भारत के ओर दृष्टि करके देखो। हमारे भांति कितनी पतिहीना युवती रोते रोते रूंधकंठा हो रही है। कितनी आत्महत्या करती हैं, कितनी दूसरे उपाय से रहित होकर कलंक की डाली सिरपर लेती हैं, असंख्य भ्रूणहत्या नित्य होती है। हे दयामय, तुम्हारी दुहितायों का आँसू तुम न पोछोगे तो कौन पोछेगा? हीरा! हम क्यौं तुम्हें चाहें? इस हृदय मणिमन्दिर में तुम्हारी प्रतिष्ठा क्यौं की? नित्य आराध्य देवता के भाँति तुम्हारी पूजा क्यौं करते हैं? अदृष्ट के दोष से हम तो जलते ही हैं, तुम को क्यौं जलाते हैं? हम तुमको हृदय से प्राण से चाहते हैं किन्तु इसमें हमारी आकांक्षा निहित नहीं होती, जीवन रहते तो तुमको हृदय से न लगा सकैंगे, पिता

माता के आज्ञा के बिना हम तुमको ब्याह नहीं कर सकते। उन लोगों के सरल हृदय में दुःख देकर तुम्हारी किसी भांति नहीं हो सकती।' सौंदर्य निस्तब्ध होकर कुछ देर सोचने लगी, फिर बोली, 'हीरा मेरा हीरा! जो इतना ही ज्ञान है जानते हैं, हृदय में ऐसी दृढ़ प्रतिज्ञा है, तब तुमको चाहते क्यों हैं? तुम्हें बिना देखे रहा क्यौं नहीं जाता? हा ईश्वर उह!! इस अबला को अब कितना दुःख दोगे। हे दयामय! करुणासिंधु! तुम्हारी वासना तुमहीं जानो' सौन्दर्य के वह सुंदर लाल लाल गोल गोल कपोल पर (बह) कर अश्रु धारा गिरने लगी।

कुछ समय पीछे पदध्वनि सौंदर्य के कान में पड़ी उसने चौंककर पीछे फिर कर देखा हीरा लाल!

नवम स्तवक

शपथ

हीरालाल एकटक सौन्दर्य के मुख को देखने लगा, सौंदर्य भी एक बेर हीरालाल के मुख के ओर दृष्टि ले जाकर फिर भूमि को देखने लगी। उसी समय प्रबल वेग से अश्रु धारा गाल पर से बहकर भूमि को चूमने लगी। सौन्दर्य ने छिपाने की चेष्टा किया, किन्तु नहीं छिपा, कुछ देर उभय निस्तब्ध रहकर हीरालाल बोला।

'सौंदर्य काहे रोती है?'

सौन्दर्य कुछ उत्तर न देकर चुपचाप और भी रोने लगी। हीरालाल बोला, 'बोलो सौन्दर्य?'

सौ.। हमारे रोने का कारण सुनकर क्या तुम सुखी होगे?

ही.। सुखी न हों किन्तु उसके प्रतिकार की चेष्टा सोचेंगे।

सौ.। नहीं नहीं, तुम सुनकर क्या करोगे? तुम इसका प्रतिकार नहीं कर सकते।

ही.। नहीं कर सकते?

सौन्दर्य चुप हो रही हीरालाल बोला,

'सौन्दर्य! बोलो आंख में आंसू क्यौं हैं?'

सौन्दर्य चुप रही,

ही.। सौन्दर्य न बोलोगी? अच्छा यह तो बताओ किस की बनाई कविता पढ़ती थी?

सौ.। तुम्हारी।

ही.। इस में ऐसी कौन सी बात है कि जिसमें तुम्हारी आंखों से आंसू आवै?

सौ.। इसमें जो है, सो इस जगत में कहीं भी नहीं है हमारे ज्ञान में भी नहीं है।

ही.। सौन्दर्य! तब तुमने क्यौं कहा कि हम प्रतिकार नहीं कर सकते? सौन्दर्य

देखो, हमारे हृदय के प्रतिस्थान देखो, रत्ती रत्ती खीच कर देखो वहाँ तुम्हारी छवि के बिना दूसरा कुछ नहीं है। रात दिन तुम्हारे कारण जो दुःख सह रहे हैं, सो अंतर्यामी भगवान जानते हैं, केवल तुम्हारी आशा से अभी तक जीवित हैं।

सौ.। तुम भ्रम में पड़े हो।

ही.। क्यों?

सौ.। हम कैसे तुम्हारी होंवे?

ही.। हम भगवान को साक्षी करके तुम से ब्याह करेंगे, समाज की भृगुटी चरण से दलित करके तुमको हृदय में रखकर हृदय शीतल करेंगे। हम जितनी विद्या सीखे हैं इस्से एक प्रकार सुख स्वच्छंद से दिन काटेंगे।

सौ.। हीरा, इन बातों में हमें सुख न मिला। मैं सुख स्वच्छंद की उत्सुक नहीं हूँ। मैं तुम्हारी उत्सुक, तुम्हारे चाह की आशावती हूँ। किन्तु मैंने अन्याय किया कि अमृत के बदले हृदय में गरल धारण किया।

ही.। गरल कैसा?

सौ.। आशा की निष्फलता।

ही.। अभी! अभी आशा निष्फल हुई?

सौ.। अभी नहीं कई एक दिनों से।

ही.। क्यौं?

सौ.। पिता ब्याह न करेंगे।

हीरालाल ने दीर्घ स्वास लिया। सौन्दर्य फिर बोली, 'देखो हीरा, हम पिता की आज्ञा के बिना ब्याह नहीं कर सकते। इससे हम लोगों की मन की इच्छा मनमें ही रह गई। खैर, हम तुमसे विनय करते हैं, तुम हमारी आशा में अपने सुख को मत त्याग करो। तुम ब्याह करके सुखी हो, तुम्हारे सुख से हम भी सुखी होंगे। ईश्वर करेगा तुम्हारे संतानादि होगा। तो हम उन लोगों को लेकर सब दुःख भूल जायेंगे। दूसरा हमारा कोई उपाय नहीं है। हीरा प्राण! हमको क्षमा करो। हमारे अपराधों को क्षमा करो।'

हीरालाल रोने लगा। उसकी आंखों के आगे पृथ्वी घूमने लगी। हृदय में भयानक भाव उठने लगे। हीरालाल बहुत कष्ट से कुछ स्थिर होकर बोला, 'सौंदर्य! प्राणाधिके सौन्दर्य! तुम्हारी आशा त्याग करैं? जीवन रहते हाय! ऐसा तो कभी नहीं हो सकता। प्यारी सौन्दर्य! जब तुम हमको ब्याह न करके ही सुख से रहोगी तो हम भी रह सकेंगे।

सौ.। हीरा, अस्थिर मत हो। विचार कर देखो कि संसार में हमसे रूप गुण में शत गुण श्रेष्ठा रमणी हैं। तुम उसी भांति की एक स्त्री से ब्याह करो। उससे कुछ दिनों में तुम हमको संपूर्ण भूल जाओगे, और तुम्हारे सुख से मैं भी सुखी होऊंगी।

हीरालाल अपने दोनों हाथों से सौन्दर्य के दोनों हाथ पकड़कर अस्तगामी सूर्यदेव को साक्षी करके बोला, 'सौन्दर्य! हम सूर्यदेव के सम्मुख शपथ करते हैं

यद्यपि कभी ब्याह करें तो तुम से, नहीं दूसरी स्त्री के साथ ब्याह कभी न करेंगे।'

लावण्य ठीक इसी समय वहाँ आ पहुंची। वह एक सुंदर माला रच करके सौन्दर्य को दिखलाने आई थी, किन्तु वहाँ सौन्दर्य और हीरालाल की यह अवस्था देखकर और हीरालाल की शपथ सुनकर, वही माला उन दोनों के हाथों में बांधकर हंसते हंसते बोली, 'हम भी एक साक्षी हैं।' हीरालाल कुछ सरमाकर वहां से चला गया। लावण्यमयी कुछ न कहकर सौन्दर्यमयी के मुख को देखने लगी। वह सरोज तुल्य आँखें लाल हुई हैं मुख सूख गया है। उसकी यह अवस्था देखकर लावण्य दुखी हुई।

दशम स्तवक

दुःख

रात दिन एक स्थान के रहने से स्नेह दिन दिन बढ़ता ही जाता है। वही अवस्था सौन्दर्य और हीरालाल की थी। उन लोगों का स्नेह दिन दिन बढ़ने लगा। यद्यपि सौन्दर्य अपना सतीत्व निधि हीरालाल को न देगी, यह स्थिर प्रतिज्ञा थी, तथापि चाह का एक स्वतंत्र स्वभाव ही होता है एक एक को बिना देखे नहीं रह सकते। सौन्दर्य कितने छल कौशल से दिन में दो एकबार हीरालाल को देखने लगी। हीरालाल भी देखता था। इसी भांति साहस बढ़ने लगा, पहिले सौन्दर्य दिन में दो तीन बार हीरालाल को देखने से लज्जा बोध करती थी किन्तु अब उसके निकट ही रहने लगी। मनुष्य की रीति नीति देखकर ही उसके प्रकृति को मनुष्य ठीक करते हैं। सौन्दर्य अच्छी भाँति जानती थी कि हम सती हैं हमारे शरीर को रत्ती भर भी कलंक स्पर्श नहीं हुआ। किन्तु लोगों ने यह विश्वास नहीं किया, उसके चरित्र पर संदेह करने लगे बिना मेघ वज्राघात आरम्भ हुआ एक दिवस सौन्दर्य की माता उसको बोली, 'बेटा! अब तू छोटी नहीं है, और हीरालाल भी बालक नहीं है, इस समय दिन रात एक स्थान रहने से या घूमने से लोग निंदा करैंगे।' सौन्दर्य ने समझा, दो चार दिन साथ रहना बंद कर दिया, किन्तु सामान्य स्रोत रुक सकता है, प्रवाह वेग नहीं रुकता। फिर वही पूर्व के भांति सौन्दर्य हीरालाल के निकट ही रहने लगी।

सौन्दर्य की माता ने समझा, लक्षण बुरा है किन्तु क्या करे चुप रही। लज्जावती छिपा सकती है, लावण्यमयी छिपा सकती है, किन्तु ग्राम की भवानी लोग क्यौं छिपावैंगी? वह सब मार्ग, घाट, कुआं पर कमेटी करने लगीं किन्तु जब सब बातों का अंत होता तो सब यही कहती, 'अजी दूसरे की बात में हमको क्या?' इसी भाँति दिन दिन बात फैलने लगी। सौन्दर्य के पिता के कान में भनक गई। उसने

हीरालाल को दूसरी बात पर उस बात का अभास देकर अन्योक्ति से समझाया, किन्तु प्रणय अग्नि सहज से नहीं बुझती, प्रणयी और पागल एक हैं, हीरालाल को वह बात दो एक दिन स्मरण रही। प्रणय के प्रबल तेज से फिर भूल गया। मानसिक उत्तेजना से विद्या, ज्ञान धर्म, उपकार, तिरस्कार सब हार मानता है।

इसी भांति रामदास ने सौन्दर्य को भी समझाया, तिरस्कार करना आरम्भ किया। भय भी दिखलाने लगा। सौन्दर्य का अश्रुश्रोत और भी प्रबल हुआ। उसने हीरालाल के निकट रहना कम कर दिया किन्तु मन नहीं माना। हृदय का पूर्व दुःख दिन दिन और भी बढ़ने लगा। हमलोगों की प्यारी सौन्दर्य का सौन्दर्य दिन दिन हीन होने लगा।

मनुष्य के समस्त ब्याधि से मानसिक ब्याधि प्रबल और कठिन है। आज सौन्दर्य को उस मानसिक ब्याधि ने ग्रास किया। सौन्दर्य दिन दिन शीर्ण विवर्ण और विषण होने लगी, आहार निद्रा सब छुट गया एक मात्र काम दिन रात रोना रहा।

एकादश स्तवक

दुःख पर दुःख बिदा

दुर्भाग्य कभी अकेला नहीं आता। इस्से सौन्दर्य की इतने ही दुःख से निवृत्ति नहीं हुई। चिन्ता करते करते इसको एक प्रकार की उत्कट ब्याधि उपस्थित हुई। दिन दिन उसका पेट बढ़ने लगा। गर्भ का बहुत सा लक्षण दिखाई पड़ा, लज्जावती का मुख सूखने लगा। रामदास का सिर नीचा हुआ, रामदास ने हीरालाल को बहुत सा तिरस्कार करके घर से निकाल दिया। ग्राम के भी सब उसका तिरस्कार करने में चूके नहीं, हीरालाल किसी बात का उत्तर न देकर रोते रोते घर से निकल गया। विदा काल में सौन्दर्य का मुख नहीं देखने पाया उसको यही दुःख अधिक था।

सौन्दर्य के दुःख का शेष न रहा। एक तो प्राणधिक हीरालाल का अदर्श दुःख, तिसपर हृदय विदारक लोकापवाद, कहाँ आसक्ति, कहाँ मिलना, इसका तो ठिकाना नहीं, किन्तु लोग कहते हैं सौन्दर्य का गर्भ हुआ है। वह ब्याधिग्रस्त है यह कोई विश्वास नहीं करता। अधिक क्या लज्जावती भी विश्वास नहीं करती। एक दिन लज्जावती और सौन्दर्य एक स्थान में बैठी हैं।

लज्जावती कुछ देर स्थिर नयन में सौन्दर्य को देखकर बोली, 'बेटा! यह तुमने क्या किया?'

सौन्दर्य घबड़ा कर बोली, मां हमने क्या किया है?

तब वह लज्जावती का चरण छूकर बोली, 'मां! आपका चरण छूकर कहती हूँ मैंने कोई दुष्कर्म नहीं किया। हम गर्भवती नहीं हैं। यह कोई ब्याधि है। मा! दोचार महीना पीछे लोग विश्वास करैंगे। इस समय आप विश्वास कीजिए, मा! आप न विश्वास करैंगी तो फिर कौन करेगा? यह लोकापवाद! कैसे ढकेगा? हमारा जन्म क्यौं हुआ था? सुख क्या वस्तु है स्वप्न में भी नहीं जानते, किन्तु मां! इस हताभागिनी की कितनी दुर्दशा हो रही है सो देखिए।'

लज्जावती उसके बात को कोई उत्तर न देकर रोती हुई वहाँ से चली गई। सौन्दर्य भी वहाँ बैठ कर रोने लगी। थोड़ी देर पीछे वहाँ ढुनमुन धाई आई। सौन्दर्य उसको दादी कहती थी, वह आकर बोली।

"कहो नातिन का सुनत हई?"

सौ.। जो सुनती हो सो ठीक।

ढु.। डरत काहऊ? केहू न जानी।

सौ.। का न जानी?

ढु.। जो भयल हौ।

सौन्दर्य को बड़ा दु:ख हुआ, उस बात का उत्तर न देकर रोने लगी।

ढु.। भला रोवत का हऊ? हमके कौन लाज? केकरे घरे ई नाहीं होत? हमरे आछत भला ई खुल सकल? तू तो हऊ पागल! हमके आजुंयां काहे नाहीं कहलू कल सांझ के आइब, सब ठीक हो जाई रो मत्त चुप कर।

सौन्दर्य रोते रोते बोली, 'दादी मेरे कटे घाव पर नमक मत छिड़क्। एक तो विधाता के कोप से बाल विधवा हूँ सो तू लोग अपनी होकर दु:खी करेगी न और भी हँसी करती है, दादी! हाथ जोड़ती कहूं? ऐसी बात न बोल, भगवान न करे हमारा गर्भ हो। और गर्भ ही होगा तो तुझको क्यौं बुलावैंगे? तेरा सहाय क्यों लेंगे? भ्रूणहत्या?

गोविंद! गोविंद! गोविंद! प्राण चौंक उठता है पहिले तुझको भली जानते थे किन्तु तू घोर नारी रूपिणी राक्षसी है। छि!छि! भला धाई दादी! यह जो सामान्य अर्थलोभ से लाखों भ्रूणहत्या करती है, एक दिवस मरना होगा, क्या यह एक दिन भी नहीं चिन्ता करती? अरे वह सर्वान्तर्यामी सर्वव्यापी परमेश्वर को क्या उत्तर देगी? हाय! हाय! हाय! तैं अभी मेरे आंखों के सामने से चली जा। तेरा मुख देखने से हमको क्रोध चढ़ता है। तेरा मुख देखने से प्रायश्चित करना उचित है।'

धाई क्रोधाग्नि से जलकर बोली, 'जो तोहरे मुंह से निकलल सो सो कहलू। लिख पढ़ के का सेर भइल हऊ। ई बेरा लिखल पढ़ब न काम आई, एहो ढुनमुन के गोड़े गिरले काम चली। हम केकर का बिगड़ ले हई? सब कर भलै कइले होब तोहार मतारी कहले रहलीं तब हम मन में सोचली, चल एक घर बिगड़त हौ सौ भला कय देई, ल हम जात हई।'

सौन्दर्य उदास होकर बोली, 'मां ने कहा है?' धाई सौन्दर्य के मुख के पास हाथ हिलाकर बोली, 'कहूं नाहीं कहलेम् तो हम अपने आईल हई? देखी ला कय दिन ढांके लू ढांका'

यह कह कर धाई वहाँ से चली गई। और कहना बाहुल्य है कि मार्ग में उस्से जिस्से भेंट हुई उसी से सौन्दर्य की नाना प्रकार की निंदा और गर्भ का सत्य प्रमाण देने लगी। 'जहाँ चोर का भय, वहाँ ही रात' 'जो चाहते वही पाते' जो भवानी लोगों ने सुना मुस्किराय कर सौन्दर्य की निंदा और घृणा करने लगी।

द्वादश स्तवक

अनुशोचना

अब सौन्दर्य का दिन नहीं बीतता। सौन्दर्य के कारण लज्जावती किसी को मुख नहीं दिखलाती। रामदास का सिर नीचा हुआ। ग्राम के लोग परामर्श करते हैं रामदास जो सौंदर्य को घर रक्खेंगे तो जात से निकाले जाएँगे। आज रामदास बड़े घबड़ाये हैं घर के एक कोने में बैठकर चिन्ता करते हैं।

'हाय! तब बंधु के बात से हमने सौन्दर्य को ब्याह क्यौं नहीं दिया? पिता के उपयुक्त कार्य भी होता और इस अपवाद से बचते। ब्याह न देकर भी समाज से निकाले जाते हैं, इससे सौन्दर्य को ब्याहकर उसके आंसुओं को पोंछकर समाज त्याग करते।

समाज ही क्यों त्यागते? हम ब्याह देते तो और और भी ब्याह देते इसी भांति कुछ दिनों में नूतन समाज बनता। हम उस नूतन समाज को लेकर फिर सुखी होते, किन्तु हम घोर मूर्ख, घोर नारकी, घोर स्वार्थी हैं, जगदीश्वर उसका दण्ड हमको दे रहे हैं। हमारी प्यारी बेटी सौन्दर्य की इच्छा रहते तो हमने ब्याह न कर उसके हृदय में जैसी चोट दी है, उसको दिनरात रुलाया है, वह सर्वशक्तिमान परदुःखकातर भगवान् यह क्यौं सहेगा? आज वह उसके बदले हमको दंड दे रहा है। अब कौन उपाय करैं? समाज त्याग करैं? या प्यारी बेटी को त्याग करैं? क्या करैं? हाय! कुछ अकिल नहीं काम करती। नीच जाति भी अपने संतान को यत्न से पालते हैं हाय! हम मनुष्य होकर पशुओं से भी हीन कार्य करैंगे? सौन्दर्य से ही तो हमारा संसार बसा है। तब उसकी क्यौं त्याग करैं? हा प्यारी बेटी! हम कैसे तुझको त्याग करैंगे? तुझे बिना देखे एक दम भी हमारा जीव नहीं रहेगा। समाज त्याग करैंगे पर तुझे नहीं? वृद्ध की आंखों से आंसू गिरने लगा। रामदास आंखैं पोंछकर कुछ देर चिन्ता करके बोले, यद्यपि कन्या के कारण समाज त्याग करें तो लोग मेरी निंदा

करैंगे, घृणा करेंगे और हंसैंगे। 'सौन्दर्य! तू हमारी बेटी होकर हमारे इस दुःख को नहीं समझती? वृद्ध पिता को क्या इतना दुःख देना होता है? निर्दयी। हम तो तुझको अपने प्राण से भी अधिक चाहते थे यहीं क्या उस चाह का बदला तैने लिया? हा!! हमने अपने बंधु को सेखी से कहा था, सौन्दर्य ब्राह्मण कन्या है, वह विधवा ब्याह में प्रवृत्त क्यौं होगी, सौन्दर्य! उस बात का क्या यही बदला है? हम अब कैसे उनको मुख दिखावैंगे?' जगदीश्वर दयामय! हमारे कृपा करो। देव! हमको मृत्यु दो इस यंत्रणा से छुट्टी पावैं? ऐसे समय वहां लज्जावती आई।

त्रयोदश स्तवक

रामदास और लज्जावती

लज्जावती रामदास के निकट खड़ी हुई किन्तु रामदास दुःख में ऐसा ब्याकुल था कि लज्जावती का आना उसको मालूम न हुआ। कुछ देर पीछे लज्जावती बोली, 'अब रोने से क्या होगा?'

रामदास चौंक उठा। बोला, 'कहां? हम तो नहीं रोते।'

ल.। रो या न रो अब उपाय तो नहीं है। आपको सौ बेर कहा था उसको ब्याह दो पर आपने नहीं ब्याहा, उसका क्या दोष है? स्वामी क्या वस्तु है, आज तक नहीं जानती, इस समय उसकी यौवन अवस्था है। क्या करै? इस अवस्था में कौन अच्छा रहता है? आप से कई बार न हमने कहा कि हीरालाल के साथ ब्याह कर दें, तब तो कहते थे, 'लोग निंदा करैंगे' अब क्या करते हैं? निंदा नहीं करते? जाइए लोगों का मुख बंद कराइए। अपना होता तो जानते। वह लज्जा से कुछ नहीं कहती इससे उसको दोष है। खूब किया। अच्छा किया उसने हीरालाल को चाहा इससे क्या बेटी छोड़ दें।

रा. अब क्या करें?

ल.। क्या कीजिएगा आप ही जानिए। तब हमारी बात सुनते तो आज हम बताते क्या कीजिएगा? पांच नहीं सात नहीं, एक का बेटी बाप होकर उसको इतना दुःख दिया? धिक् है आपके जीवन को।

रा.। अब क्या होगा?

ल.। समाज छोड़ दीजिए।

रा.। ऐसा तो नहीं हो सकता।

ल.। वाह! कैसे न होगा? समझेंगे न।

रा.। गर्भ की बात क्या सत्य है।

ल.। आग लगे गर्भ में, गर्भ नहीं है।

रा.। तब किसका भय?

ल.। गर्भ झूठ है, कौन विश्वास करेगा?

रा.। लोगों को कहेंगे, तुम लोग और एकाध महीना देखो जो सत्य गर्भ होगा तो सौन्दर्य का त्याग करेंगे।

ल.। कोई न मानेगा।

रा.। क्यों? यह विपद उन लोगों पर होती तो क्या हम नहीं मानते?

ल.। जो जिस समय विपद में पड़ता है इसी भांति कहता है, तब कि मोहिनी के विषय में आप जैसे कहे हैं, सब जानते हैं।

रामदास इस बात का कुछ उत्तर न देकर चुप बैठे रहे। लज्जावती क्रोध से चली गई।

चतुर्दश स्तवक

सिद्धांत

सुदिन या दुर्दिन किसी का एक भांति नहीं जाता। इससे सौंदर्य का भी वह भयानक दिन एक दिन दो दिन इसी भांति बीतने लगा। किन्तु ग्राम के सब लोग बिगड़े हैं। रामदास का दिन रात तिरस्कार करते हैं, गाली देते हैं, रामदास और लज्जावती ने समझा कि सौन्दर्य को गर्भ नहीं है, किन्तु ग्राम के व्यक्तियों ने विश्वास नहीं किया। ईश्वर की कृपा से सौन्दर्य की ब्याधि घटने लगी। गर्भ का लक्षण जो था जाता रहा। रामदास सब को बोला,

'देखो सौन्दर्य की ब्याधि अच्छी हुई न? तुमलोग वृथा की बातें उठाते थे' लोग उपहास करके बोले, 'हां जी ढुनमुन वैद्य रहते रोग क्यौं न अच्छा हो' रामदास का सिर नीचा हुआ, सब चिल्लाकर हंसने लगे बोली बोलने लगे, कोई बोला, 'इसी समय पुलिस में खबर भेजे' इत्यादि इत्यादि।

रामदास को कोई निमंत्रण नहीं करता। रामदास प्रतिवत्सर काली जी की पूजा करता था। इस बरस भी पूजा का सब बंदोबस्त ठीक हुआ किन्तु पुरोहित ने पूजा नहीं किया। धीरे धीरे धोबी नाऊ सब बंद हुए रामदास ने सब उपाय से रहित होकर कन्या को त्याग करना ही स्थिर किया। लज्जावती को अपने मन की बात बोला लज्जावती कन्या के कारण चिल्लाकर रोने लगी। पीछे रामदास रोते रोते सौन्दर्य को बोला, 'सौन्दर्य! तुम्हारे कारण हम किसी को मुख नहीं दिखा सकते, समाज हमको छोड़ रहा है। अब नहीं सहा जाता हमारा बड़ा अपमान हुआ बेटा!

तुम यहाँ से जाओ-दूसरे किसी स्थान रहो हम महीने महीने तुम्हारे भरण पोषण का खर्च देंगे।"

सौन्दर्य का सौन्दर्यमय मुख सूख गया। सौन्दर्य रामदास के चरण पर गिरकर बोली, 'पिता! हमको मत छोड़िये इस संसार में हमारा कहीं खड़े होने का भी स्थान नहीं है। इस निरपराधी को घोरतर भयानक दंड मत दीजिए कोई विपद होने से आप के चरण का आश्रय पावेंगे, सो न होकर आपही पिता निरपराधी कन्या को त्यागते हैं? पिता! हम से कौन सा अपराध हुआ है कि आप हमको निर्वासन की आज्ञा दे रहे हैं?

सौन्दर्य रोने लगी।

रा.। बेटा! हम क्या करें? लोगों की हँसी अब नहीं सही जाती।

सौ.। पिता! आप का यही विचार है तो आप कहिए हम कहां जाएँ? हमको तो इस संसार में कहीं भी स्थान नहीं है। क्या आप नहीं जानते?

रा.। तुम चिन्ता मत करो हम उपाय कर देंगे। सौ.। पिता! आप लोगों को बिना देखे कैसे रहेंगे? रा.। बेटा! थोड़े दिन का कष्ट है।

अनाथा सौन्दर्य चित्त में बोली, 'हे अनाथनाथ' जगदीश्वर! तुम तो दयामय न हो?। एक अबला असहाया बालिका पर इतना अत्याचार कर रहे हो, हीरालाल को मन में पवित्र रूप से चाहते थे उसी का क्या यह दंड है? सौंदर्य को कंठावरोध हुआ। सब शरीर कांपने लगा। अज्ञान हो गिर पड़ी। लज्जावती अति चिल्लाकर रोने लगी। उसका चीत्कार सुनकर ग्राम की दो चार स्त्री और लावण्यमयी आई। लावण्यमयी सौन्दर्य की अवस्था देखकर रोने लगी। और उसके सेवा में नियुक्त हुई।

पंचदश स्तवक

अबला जीवन

बहुत सेवा के पीछे सौन्दर्य को ज्ञान हुआ। उसने आंख खोलकर देखा लावण्य के जंघे पर उसका सिर है। एकटक् लावण्य के मुख को देखने लगी लावण्य की आंख से आंसू गिरने लगा। सौन्दर्य भी रोई। लावण्य सौन्दर्य का आंसू पोंछकर बोली, 'प्यारी! क्यों रोती है?' सौन्दर्य उत्तर न देकर रोने लगी। लावण्य बोली, 'सखी। क्यों रोती है? चल तू हमारे घर रह।' सौन्दर्य एक दृष्टि से लावण्य के मुख को देखने लगी। लावण्य के इस बात पर रामदास और लज्जावती सम्मत हुए। वह लोग यह समझे कि अभी सौन्दर्य लावण्य के घर रहे, सब गोलमाल थमने पीछे उसको घर ले आवेंगे। यही परामर्श ठीक हुआ। सौन्दर्य लावण्य के

घर रहने लगी। किन्तु इतने पर भी दुष्ट समाज ने नहीं माना सौन्दर्य का इतना सुख भी उन लोगों से नहीं सहा गया। लावण्य की माता से बोले, 'सौन्दर्य को घर से निकाल दो, नहीं तो तुम लोग भी जात से निकाले जाओगे' लावण्य की माता विपद में पड़ी उसने मन में सोचा, 'जिसको पिता माता ने घर से निकाल दिया, उसको फिर हम क्यौं रक्खैं' लावण्य को बोली, 'सौन्दर्य को कहो अपना रास्ता ले, उसको घर में रखकर वृथा हम लोग क्यौं दोषी हों?' लावण्य रोते रोते बोली, 'सखी को हम नहीं निकाल सकेंगे यदि सखी को घर से निकाल देगी तो जो दशा सखी की वही हमारी। हम भी न रहेंगे।' सौन्दर्य बोली, 'सखी! हमारे कारण क्यौं लोगों का तिरस्कार सहोगी। जिस पर भगवान विमुख है उसका मनुष्य क्या कर सकता है। लावण्य ने नहीं माना। सौन्दर्य को लपट कर रोने लगी। सौन्दर्य भी रोई। धन्य लावण्य! धन्य! धन्य! तुम्हारे हृदय में ही पवित्र प्रणय है। तुम रमणी रत्न हो धन्य तुम्हारा प्रेम! धन्य तुम्हारी वंधुता।

षोडश स्तवक

नैराश्य का आश्रय

लावण्य ने सौन्दर्य को अपने घर रखने की बड़ी चेष्टा किया, किन्तु कृतकार्य नहीं हुई। ग्राम के दुर्जन दुष्ट लोगों ने उनपर अत्याचार आरम्भ किया। इससे माता के तिरस्कार से उसके मन की आशा पूर्ण नहीं हुई। निराश होकर उसी ग्राम में अपने किसी नातेदार के घर सौन्दर्य को रख दिया। दुःखिनी सौन्दर्य वहीं रहने लगी। लावण्य ने अपनी एक विश्वासी दासी को उसके पास रख दिया, वह दासी उसकी सेवा में नियुक्त रही। लावण्य भी सर्वदा उसको देखने आती थी। सौन्दर्य के निराश हृदय में फिर कुछ आशा हुई। ग्राम छोड़ जाना यह उसकी इच्छा नहीं थी। ग्राम की बहुत सी स्त्री लोग सौन्दर्य को समझाने आती थीं। सौन्दर्य उन्हीं लोगों को देख सुखी होती थी। किन्तु जिस समय ग्राम का अत्याचार स्मरण होता तो उसका हृदय कांपने लगता था। सौन्दर्य जब अकेली रहती उसी समय रोती थी। हीरालाल के कारण उसका हृदय रोता था। हाय! जिस हीरालाल को देख देख कर जी नहीं भरता था, उसी ने हीरालाल को आज कई दिन नहीं देखा। फिर कभी देखेगी ऐसी आशा भी नहीं है। सौन्दर्य इतनी दुर्दशा में पड़ कर भी जिस समय हीरालाल के मुख का स्मरण करती थी, उस समय समाज का समस्त अत्याचार भूल जाती थी।

सौन्दर्य हीरालाल को प्राण से भी अधिक चाहती थी किन्तु इतना चाहकर भी

उसने हीरालाल को आत्मसमर्पण नहीं किया। मन मन में चाहती थी प्राण प्राण से पूजा करती थी, एक घड़ी बिना देखे नहीं रह सकती थी, प्राण व्याकुल हो उठता था, हृदय फटने लगता था, कलेजा उमड़ने लगता था, किन्तु इतने पर भी उसने हीरालाल को अपना सतीत्व रत्न नहीं दिया। धर्म भय के प्रबल स्रोत से चाह बह गई। भारत तुम्हारी इतनी दुरवस्था हुई है। तुम्हारे जीवन के समस्त सुख को तुम भूल गये हो, इस दुखी दिनों में तुम्हारे अहंकार की कोई वस्तु नहीं है, किन्तु अभी तक ईश्वर एकमात्र रत्न रक्खे हुए है।

भारतीय रमणीयों का सतीत्व! भारत! हतभाग्य भारत! तुम्हारे कापुरुष संतान लोग तुम्हारे शुभ्र वर्ण में स्याही अर्पण करते हैं, किन्तु तुम्हारी कन्यागणों ने तुम्हारे उज्ज्वल मुख में स्याही अर्पण नहीं किया। अभी तक उनका सतीत्व रत्न भारत की शोभा बढ़ा रहा है। सती रमणी गण! तुम लोग धन्य हो। धन्य! तुम्हारे धर्म्म भय। तुम लोग हिंदुओं के तापदग्ध संसार की लक्ष्मी स्वरूपिणी देवी हौ।

सप्तदश स्तवक

प्रवास

जिस समय मनुष्य का दुर्दिन आता है, मित्र भी शत्रु हो जाते हैं। जिनको परम अपना समझते हैं वह भी पराए हो जाते हैं। सुख की वस्तु उस समय सुख नहीं देती, मुख छिपाती है। समस्त दुःखमय जगत शून्यमय लगता है। जिधर देखो उधर ही दुःख की छवि दिखलाई पड़ती है। सुख! उस समय तुम भी साथ छोड़ देते हो। कहाँ छिप बैठते हो? दुःख! तुम तो बे बुलाए चले आते हौ, मन सदा दुःख के घनघटा से छिपा रहता है। सुख से तो मिलता ही नहीं।

हम लोगों की दुःखिनी सौन्दर्यमयी के द्वितीय निर्वासन से भी दुख का शेष नहीं हुआ। उसका दुःख और भी बढ़ा। जो लोग सहर में रहते वे लोग ग्राम के दलीलों की बातें अच्छी भांति नहीं जानते हैं। सौन्दर्य विचारी! लावण्य के एक जाति के घर में दुःख से दिन काटती थी। ग्राम के लोगों ने वहाँ भी उसका पीछा किया। ग्राम की स्त्रियां जो कि सौन्दर्य को समझाने और दिन काटने आती थीं सो समाज के दुष्ट भंड़ पंडितों से नहीं सहा गया। यह भयानक मंदकार्य है, जिसमें इसका निवारण हो, ऐसी चेष्टा होने लगी। अपनी अपनी स्त्रियों को मना करने का साहस नहीं हुआ। पीछे सभों ने परामर्श किया सौन्दर्य इस ग्राम में भी न रहने पावै। उसके रहने से सब स्त्री उसके पास जाएँगी। असती के साथ बात करने से इन लोगों का भी चरित्र नष्ट होगा। इससे सभी ने मिलकर सौन्दर्य पर अत्याचार आरंम्भ किया। सौन्दर्य

ने देखा अब निरुपाय सब ही उसकी शत्रु हुई। अबला असहाय बालिका का और कौन सहाय होगा? सौन्दर्य के पिता ने देखा महाविपद, तब समाज बंधु रामदास ने स्थिर किया, सौन्दर्य कुछ दिन के लिए ग्राम छोड़कर दूसरे स्थान रहे। पीछे जैसा होगा देखा जाएगा। धन्य रामदास। धन्य तुम्हारा पितृस्नेह। अभागिनी सौन्दर्य क्या करै? विदेस वास करने चली। विलासपुर से पांच छ कोश दूर देवनंदपुर नामक एक ग्राम था वहां सौन्दर्य के दूर नाते की एक मातामही रहती थी। उसका दूसरा कोई नहीं था। सौन्दर्य वहां रहने गई।

पिता, माता, ग्राम, बाल सखी, लावण्य को छोड़ जाने में उसको क्या दुःख हुआ, सो सहृदय पाठक! पाठिका को कहना न होगा। उस समय सौन्दर्यमयी का क्रंदन और विषादमय दुःख देखने से पाषाण भी विदीर्ण होता, किन्तु रामदास को जरा भी स्नेह नहीं हुआ। लज्जावती के स्नेह की वस्तु कहाँ चली उसके सजल मुख को अब कौन पोछेगा। उसके दुःख में कौन प्रकाश करेगा? भारत! तुम्हारे ऊपर हृदय में कमल का विकास क्यों होता है? अधम, नीतिशून्य समाज, तुम्हे कौन विज्ञ कहता है, और हे संसारी। जो अबला के दुःख को नहीं समझता उसको संसार में रहना उचित नहीं है।

अष्टादश स्तवक

मन की बात

सौन्दर्य मातामही के घर रहने लगी। वृद्धा उसको अपनी दौहित्री के भांति चाहने लगी। किन्तु सौंदर्य के हृदय में भीषणाग्नि रात दिन जलती थी। मातामही का सामान्य स्नेह उस अग्नि को नहीं बुझा सका सुस्क तृण की भाँति जल गया।

सौन्दर्य का आहार निद्रा सब छूटने लगा। इस जगत की कोई वस्तु पर मन नही। सदा विषण उदास विकल बैठी रहती है। उसका वह अपूर्व रूप लावण्य नहीं है। सुवर्णप्रभा हो गई। चन्द्र को राहु ने ग्रास किया। दिन रात निर्ज्जन में रोती और दीर्घ श्वास लेती है।

हीरालाल का विच्छेद पिता माता का अदर्शन दुःख उसको असह्य हुआ। नवनीत हृदय गलने लगा। दिन दिन देह सूखने लगा। हृदय टूटने लगा। सौन्दर्य जीर्ण-शीर्ण भयानक रोग से पीड़ित हुई।

दिन दिन उसका रोग बढ़ने लगा। उसकी यह दशा देख उसकी मातामही ने उसके पिता माता को समाचार दिया। रामदास और लज्जावती यथा समय यहां

पहुंचे। रामदास का हृदय कैसा भी कठिन क्यौं न हो, किन्तु आज सौन्दर्य की इस अवस्था को देख उसका भी हृदय फटने लगा।

इस समय सौन्दर्य शय्याशायी। शैया से उठने की शक्ति नहीं है। मुख से बात नहीं निकलती, अति कष्ट से बोलती है ज्वर एक बार भी नहीं छूटता, अति दुर्बल हो गई है। डॉक्टरों को पूछने से वे भी कुछ साहस नहीं देते। रामदास विमर्शित और स्तम्भित हुआ। लज्जावती की आंखों से आंसू एक बार भी नहीं ठहरता।

संध्याकाल घर में एक दीपक जल रहा है। सौन्दर्य पलंग पर लेटी है। शिरहाने लज्जावती बैठी है। सौन्दर्य रोग की यातना से अधीरा हो रही है। एक दीर्घस्वास लेकर बोली 'मां'।

ल.। बेटा।

सौन्दर्य चुप हो रही। लज्जावती ने देखा, उसके दोनों गालों से बहकर दो धार गिरने लगी। बोली-सौन्दर्य काहे रोती है?

सौन्दर्य! एक दीर्घ स्वास लेकर बोली, 'मां!'

ल.। बोल बेटा! क्या बोलती है?

सौ.। अब तो समय आ गया।

ल.। बेटा! ऐसी बात मुख से मत निकाल। तेरे दुश्मन का आवै?

सौ.। मां! अवस्था देख नहीं पहिचानती? अच्छा इस समय एक बात सुनेगी?

लज्जावती ने आंखों में आंसू भर कर पूछा, 'बोल?'

सौन्दर्य माता का हाथ अपने हाथ पर रख कर नेत्र में आंसू भर कर बोली, 'मां! एक बार' गला बंद हो गया मुख से बात नहीं निकली आंख से आंसू गिरने लगा। लज्जावती उसकी आंसू पोंछ कर बोली।

'हीरालाल को देखेगी?'

सौन्दर्य चुप रही।

ल। हम अभी खबर देते हैं।

सौ। कहां?

अब लज्जावती संकट में पड़ी बोली, 'ठिकाना तेरे पिता को मालूम होगा।' 'सौन्दर्य एक दीर्घस्वास लेकर बोली, 'और'

ल। क्या?

सौ। लावण्य हरिदास को भी बुलाओ।

सौन्दर्य की वृद्धा मातामही को उसके पास बैठाकर लज्जावती वहाँ से चली गई।

उनबिंश स्तवक

शेष उपाय

रामदास बैठक में बैठा था। लज्जावती वहीं आई। रामदास ने पूछा, 'सौन्दर्य कैसी है?'

लज्जावती दीर्घश्वास लेकर बोली, 'उसी भांति, डाक्टर ने क्या कहा?'

रा.। आशा नहीं है।

लज्जावती रोते रोते बोली, 'हे परमेश्वर! जगत में एक सौन्दर्य के बिना दूसरा हमारा कोई नहीं है। दयामय अंधे की छड़ी! हमारी प्राणसर्वस्व का क्या होगा? हम तो केवल उसी के मुख को देख जीते हैं। हा! देशाचार! हा समाज! तू ने हमारा सर्वनाश किया एक निरपराधी अबला का सब सुख नष्ट किया। हा! ईश्वर हमारा मर्मभेदी शेष क्या तुम्हारे चरण को स्पर्श नहीं करेगा? दया मया शून्य अंधसमाज का क्या चेतन न होगा?

रामदास बोला, 'रोओ मत अब तो कोई उपाय नहीं है।' ल.। क्यों नहीं है? ईश्वर करे हमारी सौन्दर्य जीवे उपाय बहुत है। रा.। अवश्य।

ल.। एक काम कीजिए। सौन्दर्य हीरालाल को देखने के लिए व्याकुल है। जैसे बने बुलाइए।

रा.। उपाय?

ल.। हम स्त्री हैं, हम क्या बतावें, जिसमें अच्छा हो कीजिए।

रा.। वह कहां है हम नहीं जानते।

लज्जावती का मुख सूख गया बोली, 'तब क्या करैं?'

रामदास दीर्घस्वास लेकर बोला, 'क्या करैं?

ल.। सौन्दर्य जीएगी ऐसी आशा नहीं है। उसको अंत में तो सुखी कीजिए।

रामदास चुप रहा। लज्जावती बोली, 'चिन्ता करके कोई उपाय देखिए' मैं उसके पास जाती हूँ।

रा.। जाओ।

ल.। हां लावण्य को भी समाचार भेजिए।

रा.। अच्छा।

लज्जावती वहाँ से चली गई। रामदास उदास चित्त से कुछ देर चिन्ता करने लगा। एक दीर्घस्वास लेकर चित्त में बोला, 'हाय! हम क्या मूर्ख हैं। हमने समाज के भय से इस जन्म के समस्त सुख को नष्ट किया। सौन्दर्य का जीवन न रहा तो फिर संसार से क्या काम? तब हम समाज ही लेकर क्या करैंगे? हाय! सौन्दर्य ईश्वर कृपा से तुम अच्छी हो जाओ तो अब की हम तुम्हारे पिता का कार्य करेंगे। तुम्हारे मन की वासना को पूर्ण करेंगे नहीं तो हमारा भी शेष है, जिस दिन तुम्हारे जीवन का शेष होगा उसी दिन हमारे जीवन का शेष है। हाय! अब दुःख नहीं

सहा जाता। वृज नयन जल पोछ कर कुछ चिन्ता कर बोला, हीरालाल। 'साधारणी पत्रिका' चाह से पढ़ता था अब भी पढ़ता होगा। साधारणी में एक विज्ञापन देकर देखें। ईश्वर हमारे अंतिम समय हमारे जीवन दीप निर्वाण होने के पूर्व, हमारी यह सामान्य आशा पूर्ण करें।'

रामदास ने साधारणी पत्रिका में यह विज्ञापन भेजा।

'ही-ल-हमारे अनुरोध को रक्खो-सौ-र्य का अंतिम समय निकट तुम को देखने को विकल है। देवनंदपुर मातामही के यहाँ आना।' श्री-रा-दा

बिंशत स्तवक

लावण्य॥

इस समय लावण्य अपने स्वसुर गृह में है। समय दिन नौ घड़ी-पूर्ण यौवना स्वामीप्रेममुग्धा लावण्य! दो खण्ड के मकान के खिड़की में बैठ, भागीरथी के तरंग की क्रीड़ा को देख रही है। इतने में दासी साधारणी पत्रिका देकर चली गई।

लावण्य साधारणी पत्रिका पढ़ने लगी। थोड़ी दूर पढ़े ही रामदास के विज्ञापन को देखा, उस का सिर घूमने लगा। शरीर अवसन्न हुआ। लावण्य ने उस विज्ञापन को कई बेर पढ़ा, रोते रोते बोली, 'हा ईश्वर दयामय! सखी के समस्त दुःख का शेष क्या इसी उपाय से करोगे? हा सौंदर्य! प्राणाधिका प्रियसखी सौन्दर्य! तुम्हारा सुंदर मुखशशि अब न देखेंगे? वह सुंदर सुंदर वाक्यलहरी अब कर्ण को परितृप्त न करेंगी? लावण्य रोने लगी। वहाँ हरिदास आया। प्रणयिनी के नेत्र में आंसू देख उसका चित्त विकल हुआ। बोला, 'प्यारी क्या हुआ?'

लावण्य ने दीर्घस्वास लेकर विज्ञापन दिखाया। हरिदास स्थिर नेत्र से पढ़कर बोला, 'अब उपाय?'

ला.। ईश्वर।

ह.। देवनंदपुर यहाँ से दूर नहीं है, हम जाते हैं सौंदर्य को देख आवैं।

ला.। हम भी जाएँगे।

ह.। उत्तम।

ला.। देखो जब से विज्ञापन पढ़ा है हमारा चित्त बड़ा घबड़ा रहा है, ईश्वर करे हमारी प्यारी सखी आरोग्य हो जाय।

इतने में दासी ने आकर लावण्य के हाथ एक पत्र दिया। लावण्य शीघ्रता से उसको खोलकर पढ़ने लगी। पत्र में यह लिखा था।

प्यारी बेटी लावण्य!

सौन्दर्य का अंतिम समय उपस्थित। हमारी स्नेहमयी सौन्दर्य समस्त यातना छोड़ अनंतनाथ का अनन्ताश्रय लेगी। उसके आरोग्य होने की यथासाध्य चेष्टा की जाती है किन्तु इस यात्रा की रक्षा होनी कठिन है। सौन्दर्य की एकान्त इच्छा इस अंतिम समय में तुम से और हीरालाल से एक घड़ी के लिए है कि साक्षात् करें। तुमको अधिक लिखना बाहुल्य मात्र है इस समय हम लोग देवनंदपुर में हैं।

शुभचिन्तक
श्री रामदास

लावण्य बोली—'प्यारे अब क्यों विलंब करते हो? 'अभी चलने का उद्योग करते हैं।' कहकर हरिदास वहाँ से चला गया।

एकविन्श स्तवक

आशा सफल

प्रणय की एक अपूर्व अनिर्वचनीय क्षमता होती है। जो सरल मन से प्रणय करते हैं वहीं जानते हैं। मानव का मन, शोक, दुःख, ताप, सब सह सकता है। किन्तु जिस समय प्रणयी के दर्शन की लालसा से उदिग्न होता है उस समय ब्याकुल हो जाता है। किसी भांति स्थिर नहीं होता। प्रियजन के मिलने बिना उसको संतोष नहीं होता।'

सरल प्राणा लावण्य इस समय सौन्दर्य के बिना संसार में अंधेरा देखने लगी। लावण्य और हरिदास तीन बजे दिन को देवनंदपुर पहुंचे। जब सौन्दर्य के मातामही के घर उपस्थित हुए उस समय सौन्दर्य निर्जीव-वत शैया में पड़ी थी, लावण्य और हरिदास को देखकर उसका प्रभाहीन मुख कुछ प्रभामय हुआ। सौन्दर्य ने खुशी से लावण्य के हाथ को अपने हाथ में रक्खा। लावण्य स्थिरदृष्टि से सौन्दर्य को देखने लगी। उसकी यह भयंकर अवस्था देख लावण्य का हृदय कांपने लगा।

सौन्दर्य की शैया के पास लज्जावती बैठी थी, हरिदास को देखकर वहां से चली गई। हरिदास बोला, 'सौन्दर्य शरीर कैसा है?' सौन्दर्य ने एक दीर्घश्वास लिया। कुछ बोली नहीं रोने लगी। हरिदास ने देखा अवस्था अतिशय मंद है। चिकित्सा सम्बन्ध में कुछ बातें करने रामदास के पास गया।

ला.। प्यारी कैसी है?

सौ.। अब कैसे? अब मरना ही मंगल है।

ला.। राम! ऐसी बात मत बोल।

घनमेघराशी में क्षणिक चपला विकाश के भांति सौन्दर्य हंसकर बोली, 'सखी! हमारे लिए राम?'

ला.। तू क्या है? सौन्दर्य जड़ित स्वर से बोली, ला.। तू संसार की अमूल्यरत्न है। तेरा मूल्य कौन समझेगा।

सौ.। सखी हमारी अब जीने की इच्छा नहीं है, तुमको देखकर प्राण शीतल हुआ और एक इच्छा है किन्तु वह ईश्वर पूर्ण नहीं करेगा।

ला.। ईश्वर को असाध्य कोई कार्य नहीं। तू घबड़ा मत हीरालाल अवश्य आवेगा। सौन्दर्य रोने लगी बोली, 'उनको क्या यह संवाद मिला होगा?'

ला.। अवश्य मिला होगा। साधारणी में विज्ञापन दिया गया है। सौन्दर्य का हृदय एक बारगी दब गया, बोली, 'मनुष्य नहीं गया?'

ला.। हीरालाल कहां है, उसका ठिकाना कोई नहीं जानता।

सौ.। ईश्वर भला हमें सुख से मरने देगा? यह भी क्या उसके शास्त्र में है? सखी हम हीरा को देखने पावैंगे यह तुम्हें विश्वास है?

बात करते करते सौन्दर्य के मुख का भाव बदल गया। लावण्य डर कर बोली, सखी! बात मत कर पीड़ा बढ़ेगी।

सौ.। नहीं सखी हीरालाल के विषय में बातें करने से हमको बड़ा आनन्द मिलता है।

लज्जावती आई। सौन्दर्य का बोल बंद हुआ। लज्जावती एक दृष्टि से उसके मुख को देखने लगी।

द्वाबिन्श स्तवक

हाय! समस्त शेष

सौन्दर्य का रोग बढ़ने लगा। अब उसके जीवन की आशा नहीं है। रात्री एकादश घटिका के समय से मृत्यु का समस्त लक्षण उपस्थित हुआ। प्यास भी अधिक, नेत्र श्रीहीन, ओष्ठ शुष्क और विकृत। लज्जावती ब्याकुल हृदय सौन्दर्य के सिरहाने बैठकर पंखा झलती है। नेत्रों से धारा बह रही है, घन घन दीर्घ स्वास ले रही है। सौन्दर्य पलंग पर छटफट कर रही है। एक दीर्घश्वास लेकर बोली, 'मां'

ल.। बेटा!

सौ.। आ!

ल.। सौन्दर्य?

सौ.। मां! क्या हुआ?

लज्जावती ने समझा, यह हीरालाल की बात पूछती है, उसका स्पष्ट .... उत्तर न देकर बोली, 'भय क्या बेटा?'

सौन्दर्य फिर दीर्घश्वास लेकर चुप रही। निद्रा आ गई, लज्जावती विजन करते

करते उसके मुख को देखने लगी। इतने में रामदास और लावण्यमयी हीरालाल के साथ वहाँ आए। रामदास का विज्ञापन छपवाना सफल हुआ। लज्जावती अति प्रसन्न हुई। हीरालाल को प्यार से वहाँ बैठाया। हीरालाल एक दृष्टि से सौन्दर्य को देखने लगा। थोड़ी देर पीछे सौन्दर्य को ज्ञान हुआ। वह द्युतिहीन वदन ईषत् प्रभामय हुआ। वह ज्योतिहीन नेत्र पुनर्वार अल्प ज्योति विशिष्ट हुआ। निर्वाणमुख दीप कुछ बलने लगा। सौन्दर्य ने नेत्र खोलकर देखा।

सौन्दर्य ने हीरालाल को देखा, किन्तु वही हीरालाल है, ऐसा विश्वास नहीं हुआ। विष्फारित लोचन से फिर देखने लगी। फिर आंखे बंद करके निर्जीववत् हो रही।

कुछ क्षण के कारण रोग शोक यातना भूल कर एक सांस लिया। लज्जावती घबड़ा कर बोली, 'क्यौं बच्चा दीर्घश्वास लेती है?'

सौन्दर्य ने फिर एक दीर्घश्वास लिया नेत्रों से जल बरसने लगा। हीरालाल धीरे से सौन्दर्य का हाथ अपने हाथपर रखकर बोला,

'चुप रहो रो मत'।

सौन्दर्य ने हीरालाल का हाथ धारण करके एक दीर्घश्वास लिया।

इस समय रामदास लज्जावती वहाँ से चले गए। लावण्य सौन्दर्य के चरण के पास बैठी रही सौन्दर्य बोली, हे जीवन सर्वस्व धन! प्राणेश्वर हमारे मृत्यु को अब विलंब नहीं है, किन्तु आज हमारा आनन्द का दिन है? आज तुम्हारा वही मुख, जो कि हमारे निद्रा क्या स्वप्न, जाग्रत क्या ध्यान, दिन रात हमारे नेत्र में हमारे प्राण में, हमारे हृदय में विराजमान है, वही प्यारा मुख देखते देखते मरेंगे।'

सौन्दर्य का कंठरोध हुआ। हीरालाल घबड़ा कर बोला, 'सौन्दर्य?' सौन्दर्य कुछ सिर ऊँचा करके आंख खोलकर बोली, 'आं।'

उसका सिर तकिए पर गिर पड़ा बोली, 'जल' हीरालाल ने उसके मुख में जल दिया। थोड़ी देर पीछे सौन्दर्य बोली, 'इस जीवन में दुःख का शेष नहीं था। ईश्वर अब दुःख का शेष करेगा। हीरालाल! हम तो जाते हैं, किन्तु ईश्वर सत्य होगा और सती के सतीत्व की महिमा होगी तो पुनर्जन्म में तुम हमारे हौ।'

ही.। तुम क्या बकती हौ?

सौन्दर्य! मृदु हंस कर बोली, 'क्या बकते हैं? अरे इतना दुःख भोग कर भी जीने की इच्छा होगी?' हीरालाल रोने लगा, सौन्दर्य बोली, 'प्यारे रोते क्यों हौ?

उह! जल।' हीरालाल ने जल दिया जल पीकर फिर बोली, 'अंतिम काल हृदय खोल ईश्वर से प्रार्थना करती हूँ। तुम सुख से रहो। और भी कहते हैं, हे दयामय! भगवान! हमारी भांति किसी रमणी को दुःख मत देना। निठुर अंधसमाज का ज्ञान नेत्र खुले अबला निधन का पाप देखै आ-ज-ल'—

हीरालाल ने जल दिया! जल उस के गले के नीचे भी नहीं उतरा, नेत्र स्थिर हुआ। हीरालाल घबड़ाकर बोला, "सौन्दर्य"?

सौन्दर्य ने नेत्र ऊर्द्ध गए और स्थिर हुए। हीरालाल ने सौन्दर्य के हृदय में हाथ रख कर देखा, हृदय स्पंदहीन नाक में अंगुली लगा कर देखा स्वास नहीं है। देखते देखते सुवर्णअंग स्याही हो गया। हीरालाल चिल्ला उठा। लज्जावती दौड़ आई, 'सौन्दर्य कहाँ गई रे, अरे इस दु:खिनी को छोड़ कहां गई रे' कह कर अज्ञान हो भूमि में गिर पड़ी। प्रेममयी लावण्य चिल्ला कर रोने लगी। अश्रु धारा से हृदय भींज गया। रामदास स्तम्भित की भाँति वहीं खड़ा रहा। हीरालाल सोत्सुक नेत्र, विकल हृदय से सौन्दर्य के मुख को देखने लगा। मन में सोचा, सौन्दर्य अचेत हुई है अभी ज्ञान होगा किन्तु हीरालाल की आशा सफल नहीं हुई, सौन्दर्य इस जन्म के कारण कष्ट से छुट्टी पा चुकी, हीरालाल की आशा लता दलित हुई। रामदास और लज्जावती की स्नेहधार ने इस जन्म के कारण उनके स्नेह का उच्छेद किया। दुष्ट समाज के अत्याचार से छुट्टी पाकर अनंतनाथ का अनंताश्रय लिया।

हे दीनानाथ! तुम क्या अबलाओं पर कृपा दृष्टि करोगे? तुम्हारे बिना अबलाओं का नेत्र जल कौन पोंछेगा, भारत की दु:खिनी बिधवा अबलाओं का दु:ख तुम्हारे बिना कौन मिटावैगा?

'नागरी प्रचारिणी' पत्रिका के सम्पादक की टिप्पणी

यहाँ मल्लिका द्वारा बंगला से अनूदित उपन्यास सौन्दर्यमयी प्रस्तुत किया जा रहा है जो भारतेन्दु जी के मृत्यु के उपरान्त तीसरे वर्ष प्रकाशित हुआ था। इसका प्रकाशन श्री अम्बिकाचरण चट्टोपाध्याय द्वारा किया गया था और मुद्रण अमर यंत्रालय दशाश्वमेध से हुआ था। भारतेन्दु की मृत्यु के उपरान्त मल्लिका उपेक्षा की शिकार हो गई थी और श्री राधाकृष्ण दास की मृत्यु के उपरान्त उसका कोई रखवाला भी नहीं रह गया था। श्रीमती मल्लिका के सम्बन्ध में राधाकृष्ण दास के दौहित्र प्रो. बटेकृष्ण और भारतेन्दु जी के वर्तमान उत्तराधिकारी प्रो. गिरीशचन्द्र चौधरी ने जो प्रबन्ध प्रस्तुत किया है वह पहले दिया जा चुका है। दोनों ने बड़ी मर्यादापूर्वक सत्य के उद्घाटन का यत्न किया है। किन्तु काशी की परम्परा को पूर्णरूप से जाने हुए आप के मानस को उस युग के सत्य का बोध आज के परिवेश में हो जाना सम्भव नहीं है।

काशी केवल धर्म और संस्कृति की ही नगरी नहीं है, अनादिकाल से रूप और स्वर बाजार का केन्द्र रही है। कुट्टनीमतम् से लेकर 19वीं शताब्दी तक यह परम्परा एक सीमा तक 20वीं शताब्दी के आरम्भ तक थी जो एक्का-दुक्का चलती हुई समाप्त हो गई।

काशी में जो रईस होते थे उनके घर में धर्मपत्नी होती थी जो आचार-व्यवहार से रहती थी और प्रायः पर्दे में रहती थी, वह धर्म की धात्री, पूजा पाठ करने वाली गृहस्थी का संचालन करने वाली, वंश की धात्री होती थी और प्रायः प्रत्येक रईस अपने मनोरंजन के लिए प्रेमपोषिता रखता था और जिसके योगक्षेम और जीवनयापन की सम्पूर्ण व्यवस्था करता था। अधिकांश लोग रूप बाजार से अपनी पसन्द की प्रेमपोषिता का चयन करते थे और उससे अपना काम और कला की भूख मिटाते थे। रूप बाजार में दो प्रकार की बालाएँ थीं—एक गन्धर्व कोटि की थीं जो केवल एक व्यक्ति की पोषिता होती थीं जिनका काम-सम्बन्ध उसके पोषक से होता था, यदि वे सुर-साधक हैं तो सुर-साधना की उन्हें छूट रहती थी पर शरीर का व्यापार वे नहीं कर पाती थीं। अच्छे और सम्मानित रईस इस कोटि

के गन्धर्व प्रेमपोषिता को पालते थे और उनका सारा खर्च उठाते थे। कभी-कभी गौनिहारिनें भी इस श्रेणी में आ जाती थीं। दूसरे प्रकार की पोषिताओं को रामजनी की संज्ञा दी जाती थी। उनके यहाँ दाम और काम का सम्बन्ध था। वो काम का व्यापार करती थीं। किसी एक व्यक्ति से उनका स्थायी सम्बन्ध नहीं रहता था। एक साथ ही अनेकों से भी हो सकता और कुछ समय के बाद वह बदलता भी रहता था। काशी के रईस इनसे नाता रखना सम्मानजनक नहीं समझते थे और निश्चित रूप से इसे अपमानजनक समझते थे। इसके अतिरिक्त बहुत से रईस एकजाई रखैल रखते थे जो मन और चित्त के आकर्षण पर भी निर्भर करता था। भारतेन्दु जी काशी के रईसों के सिरमौर थे और उन्होंने अनन्य क्षेत्रों को एक विद्या सुन्दरी को प्रेमपोषिता बनाया जो बँगला में निष्णात थी और हिन्दी की लेखिका भी थी। भारतेन्दु जी के जीवनपर्यन्त मल्लिका का योगक्षेम सही था और भारतेन्दु के साहित्यिक उत्तराधिकारी बाबू राधाकृष्ण दास ने अपने जीवनपर्यन्त उनका पालन किया। भारतेन्दु जी चाहते थे कि उनके जीवनकाल में ही वे अपने पैरों पर खड़ी हो जाएँ, पर यह सम्भव नहीं हो सका, यद्यपि उन्होंने भारतेन्दु के उपरान्त लेखन और प्रकाशन द्वारा जीने का यत्न किया पर असफल रहीं। यहाँ जो सौन्दर्यमयी उपन्यास दिया जा रहा है वह बंगला से अनुवाद है, इसको उन्होंने किसी निकट के परिचित अम्बिकाचरण चट्टोपाध्याय के अमर यंत्रालय में छपवाया भी। पर राधाकृष्ण जी के तिरोधान के उपरान्त उनकी स्थिति आर्थिक दृष्टि से परम विषम और सम्मान की दृष्टि से लगता है कि परम अपमानजनक हो गई और काशी छोड़कर वे कहीं चली गईं। सत्य का पता नहीं है। पर यह अनुमान निराधार नहीं है कि—बंगाल की विधवाएँ वृन्दावन में जाकर वास करती थीं, सम्भवतः ये भी वहीं चली गई हों। मल्लिका को लोग ब्राह्मण जानते हैं। बाबू हरिश्चन्द्र का सम्बन्ध बंगालियों से निकट का था और ईश्वरचन्द्र विद्यासागर जैसे लोग उनके मित्र तथा सम्पादक मंडल में थे। वहीं वृन्दावन में राधिका रानी के उपासक भारतेन्दु की इस प्रेमपोषिता का तिरोधान हुआ होगा।

मल्लिका कौन थी, कहाँ से आई थी, कहाँ गई, यह एक अबूझ पहेली है, किन्तु आधुनिक हिन्दी के निर्माता बाबू हरिश्चन्द्र की वह प्रेमपोषिता थी और उसने उन्हें प्रेरणा दी थी, यह बात तब तक रहेगी जब तक कि साहित्य में भारतेन्दु जी रहेंगे। यहाँ भी भारतेन्दु अन्य रईसों से अपने को विशेषता प्रदान करते हैं क्योंकि उनकी यह प्रेमपोषिता सुन्दरी ही नहीं लेखिका भी थी और सर्वतोभावेन भारतेन्दु को समर्पित सद्बाला थी, आर्यभाषा पुस्तकालय में इसके द्वारा किए हुए अनुवाद और मौलिक लेखन के ग्रन्थ संरक्षित हैं जो हिन्दी जगत के हित की दृष्टि से नागरीप्रचारिणी पत्रिका में प्रकाशित किए जा रहे हैं जिनमें इस अंक में उनके द्वारा कृत अनुवाद सौन्दर्यमयी दिया जा रहा है और अगले अंक में उनकी शेष पुस्तकें

यथावत दी जाएँगी। कुछ सामग्री चौधरी गिरीशचन्द्र जी के पास है। उसे भी उनकी कृपा होगी तो प्रकाशित कर दिया जाएगा।

यह प्रकाशन इस आशा और विश्वास के साथ किया जा रहा है कि—हिन्दी शोध-जगत् मल्लिका और उसके कृतित्व पर अनुसन्धान कर भारतेन्दु की प्रेयसी को साहित्य में उचित मान देगा।

("नागरी प्रचारिणी" पत्रिका के वर्ष 2001, अंक-1 में प्रकाशित)

मल्लिका : भारतेन्दु की धर्मगृहीता
(सौन्दर्यमयी के साथ छपी भूमिका)

डॉ. बटेकृष्ण • गिरीशचन्द्र चौधरी

श्रीमती मल्लिका का जीवन चरित्र तिमिराच्छादित है। उनके सम्बन्ध में कुछ बातें आदरणीय रायकृष्ण दास जी ने संस्मरणात्मक ढंग से लिखी हैं। कुछ बातें बाबू ब्रजरत्न दास जी ने कही हैं और सबको मिलाकर कुछ बातें डॉ. धीरेन्द्रनाथ सिंह जी ने लिखी हैं। मल्लिका जी बंग महिला थीं। वे वाराणसी कब आईं, भारतेन्दु जी से उनका सम्पर्क कब हुआ और वे कहाँ रहती थीं—इन प्रश्नों के उत्तर कहीं लिखे नहीं हैं। इस सम्बन्ध में आदरणीय रायकृष्ण दास जी तथा बाबू ब्रजरत्न दास जी के कथनों में सत्यता अवश्य है। ये लोग भारतेन्दु जी के निकट सम्बन्धी थे, इस कारण इन्हें बहुत सारी बातें व्यक्तिगत रूप से ज्ञात थीं। बचपन में मैंने भी मल्लिका जी के सम्बन्ध में जो कुछ बातें अपने पितामह पूज्यपाद श्री गोकुलदास जी जयपुरी से जो भारतेन्दु जी के बालसखा एवं अंतरंग मित्र थे, और अपनी पूज्य मातामही श्रीमती जगवंती देवी से जो आदरणीय बाबू राधाकृष्ण दास जी की धर्मपत्नी थीं, सुन रखी हैं, उनका समर्थन उनके वक्तव्यों से होता है। आदरणीय दादा जी का कहना था कि भारतेन्दु जी और मल्लिका जी के वय में विशेष अन्तर नहीं था। मल्लिका जी सम्भ्रान्त कुल की पढ़ी-लिखी समझदार महिला थीं, बाल विधवा थीं और वैधव्य के कई वर्षों बाद बंगाल से तीर्थ-यात्रा के लिए काशी आई थीं और परिस्थितिवश यहाँ किसी विपत्ति में फँस गई थीं, जिससे भारतेन्दु जी ने उनका उद्धार किया था। उस समय भारतेन्दु जी से उन्होंने कहा था कि आप भगवान हैं, आपने हमारा हाथ पकड़ा है, अब इसे छोड़िएगा मत। भारतेन्दु जी ने उस पर अपना स्वीकृति वचन दिया था, जिसे उन्होंने आजीवन स्वयं तो निभाया ही, मरते समय अपने भाई और सम्बन्धियों से भी उनके प्रतिपालन के लिए कहा।

आदरणीय नानी जी ने बताया था कि मल्लिका जी पहले यहीं दक्षिण की ओर पड़ोस में रहती थीं। वे जैसे रूपवती थीं, वैसे गुणवती भी, बोलती तो बंगाल ढंग

से थीं, पर समझती सब थीं, बड़ी मृदुभाषिणी, बुद्धिमती थीं। 'भारतेन्दु-भवन' के सिंहपौर से दक्षिण दिशा को जो गली जाती है, वह पहले भिखारीदास की गली बोली जाती थी और उसके दोनों ओर भारतेन्दु-भवन की अट्टालिकाएँ हैं। उन्हें मिलाने के लिए गली के आरम्भ का अधिकांश ऊपर से सटा हुआ है। भारतेन्दु-भवन में दक्षिण की ओर बाबू गोपालचन्द्र जी के बनवाए हुए 'बाई बाग' और उसमें स्थित 'सरस्वती भंडार पुस्तकालय' का फाटक इसी गली में खुलता है, तथापि इसी फाटक के सामने सीढ़ी चढ़कर भारतेन्दु-भवन में ही बाबू राधाकृष्ण दास जी का परिवार रहता था। यहाँ स्थानाभाव के कारण पीछे बाबू राधाकृष्ण दास जी भारतेन्दु जी के रामकटोरा उपवन के निकट जगतगंज में अपनी कोठी बनवाकर रहने लगे थे। वहाँ से उनका लोहारखाना, जो तेलियाबाग पर बरफ कोठी के पास था, करीब पड़ता था और वहाँ से उनके बावन बिगहा उपवन की देखभाल भी सहज थी।

मल्लिका जी जब भारतेन्दु जी के सम्पर्क में आईं, तब अन्तःपुर से इसका जोरदार विरोध हुआ था। उन दिनों 'भारतेन्दु-भवन' में शासन भारतेन्दु जी की विमाता मोहन बीबी (मृत्यु सन् 1882ई.) का चलता था। उन्होंने भारतेन्दु जी की गतिविधियों पर नियंत्रण रखने का भरसक प्रयत्न किया था, किन्तु भारतेन्दु जी तब तक स्वच्छन्द हो चुके थे। लोक-मर्यादा एवं मल्लिका जी की प्रतिष्ठा आदि का विचार कर उन्हें अलग भवन में रखना ही उचित समझा था। स्त्रियाँ पुरुषों की गतिविधियों पर कैसे नियंत्रण करती हैं, इसका थोड़ा सा आभास उनके व्यंग्य लेख 'स्त्री सेवा पद्धति' से मिल जाएगा। यह तो पता है कि भारतेन्दु जी अपनी पत्नी श्रीमती मन्नोदेवी (मृत्यु 2 जुलाई, 1926 वि.) से तटस्थ रहते थे, किन्तु किसी ने कभी यह नहीं कहा कि वे उग्र स्वभाव की थीं। लोग यही कहते थे कि वे सेवाभाव से सदैव एक पैर पर खड़ी रहती थीं, और पति-सुख से वंचित रहने के कारण अन्तरात्मा से दुखी थीं। पूज्य माता जी कहती थीं कि अपनी बात कहने के लिए मानो उनके मुख में जीभ ही नहीं थी। रहीम ने ठीक ही कहा था—

रहिमन निज मन की व्यथा मन ही राखौ गोय।
सुनि अठिलैहैं लोग सब, बांटि न लैहे कोय॥

मुझे बचपन में उनके दर्शन का सौभाग्य मिला था। तब ठिगनी सी पक्के रंग की वे एक छोटी सी खाट (खटोला) पर 'अंगरेजी कोठी' में अशक्त सी पड़ी रहती थीं, कुछ बोलती नहीं थीं। मेवे उनके हाथ से मैंने खूब खाए हैं।

आदरणीय रायकृष्ण दास जी के अनुसार मल्लिका जी भारतेन्दु जी के संपर्क में सन् 1873 के लगभग आईं। क्योंकि इसी वर्ष हरिश्चन्द्र मैगजीन आठवीं संख्या से मल्लिका जी की छाप चन्द्रिका लेकर हरिश्चन्द्र चन्द्रिका नाम से प्रकाशित होने लगी थी। यह अवश्य है कि इस सन्-संवत् के आसपास भारतेन्दु जी की साहित्यिक

गतिविधियाँ बड़ी तीव्रता से उमड़ आई थीं। उनके अनेक ग्रन्थ भी इसके निकट छपे थे और उनकी तथा उनके अनुज बाबू गोकुलचन्द्र जी की सहायता से अन्यान्य साहित्यिक कृतियाँ भी प्रकाश में आने लगी थीं। जैसे रसरूप कृत 'हास्यार्णव' नाटक बाबू गोकुलचन्द्र जी की आज्ञा से सं. 1923 वि. में छपा था, जब भारतेन्दु जी की वय सोलह वर्ष मात्र थी। किन्तु मल्लिका जी से उनका संपर्क सन् 1873 के कुछ पूर्व का प्रतीत होता है। 'विद्यासुन्दर' नाटक की द्वितीयावृत्ति (सं. 1938 वि.) की भूमिका में उन्होंने लिखा है 'यह दूसरी आवृत्ति उसी को समर्पित है, जिससे इस ग्रन्थ का त्रिपथगा घनिष्ट सम्बन्ध है। प्रथम विद्या मानो उसकी अद्वितीय सम्पत्ति है, द्वितीय एक देशी कथा भाग और तृतीय हमारा सम्बन्ध है।

यह 'तृतीय हमारा सम्बन्ध' शब्दावली का संकेत मल्लिका जी की ओर ही जान पड़ता है। पुन: इसी भूमिका में यह भी लिखा है कि आज पन्द्रह बरस हुए यह हिन्दी भाषा में निर्मित हुआ है।' इस प्रकार विद्यासुन्दर नाटक का रचनाकाल सं. 1924 वि. तद्नुसार सन् 1867 ठहरता है। किन्तु भारतेन्दु जी ने कालचक्र में इसका रचनाकाल सन् 1871 बताया है। हो न हो यह प्रकाशन की तिथि हो, रचनाकाल सन् 1867 ही हो। बाबू राधाकृष्ण दास जी ने लिखा है, 'सं. 1922 वि. (सन् 1864-65) के समय से ही उनके जीवन में प्रधान परिवर्तन हुआ। बुरी या भली जो कुछ बातें उनके जीवन की संगिनी हुईं, उनका सूत्रपात इसी समय से हुआ।... लौट तो आए, पर उसी समय से इनके हृदय में जो स्वतंत्रता स्रोत उमड़ पड़ा वह फिर न लौटा।'...संवत् 1922 वि. में भारतेन्दु जी सपरिवार जगदीश-यात्रा को गए थे और वहीं विमाता जी से कुछ विवाद हो गया था। इसी समय उन्होंने बंगला सीखी। अत: मेरी धारणा है कि विद्यासुन्दर नाटक की रचना के निकट मल्लिका जी भारतेन्दु के सम्पर्क में आ चुकी थीं।

भारतेन्दु जी और मल्लिका जी दोनों में परस्पर अटूट प्रेम था। जिस प्रकार भारतेन्दु जी का जीवन देश और साहित्य की सेवा में समर्पित था, उसी प्रकार मल्लिका जी भी उनके मनोनुकूल साहित्य-सेवा में तन-मन से लगी थीं। उनके संयोग से उन्होंने हिन्दी सीखी, ग्रन्थरचना में उनका हाथ बँटाया, बंगला से अनेक ग्रन्थों का अनुवाद करके हिन्दी को समृद्ध करने में सहायता की। गद्य और पद्य में अनेक मौलिक रचनाएँ प्रस्तुत करके अपनी साहित्य कुशलता का परिचय दिया। उन्होंने कभी अपना नाम व्यक्त नहीं किया और अपने प्राणपति हरिश्चन्द्र की कृतियों में उन्हें घुला-मिला दिया। भारतेन्दु जी भी अवसर मिलने पर प्राकारन्तर से आभार बराबर मानते रहे।

भारतेन्दु जी अपनी उदारता के कारण स्वयं आर्थिक कष्ट में रहते थे। वैसे ही मल्लिका जी का जीवन भी अर्थ की दृष्टि से कष्टमय ही रहा। भारतेन्दु जी ने उनके भरण-पोषण के लिए 'मल्लिका चन्द्र एंड कम्पनी' नाम से एक प्रकाशन संस्था भी

स्थापित की जिससे उनके ग्रन्थ प्रचारित होते रहे। किन्तु इससे कुछ विशेष लाभ नहीं होता था। भारतेन्दु जी (मृत्यु सन् 1885) और बाबू गोकुलचन्द जी (मृत्यु सन् 1888) आजीवन उनकी सहायता करते रहे। उन लोगों के गोलोकवास के पश्चात् बाबू राधाकृष्ण दास जी (मृत्यु सन् 1907) जब तक जीवित रहे। तत्पश्चात् वे निराधार हो गईं और सुनते हैं काशीत्याग कर वृन्दावन चली गईं। फिर कोई नहीं जानता कि उनका क्या हुआ।

भारतेन्दु जी अपने अन्तिम दिनों में राजयक्ष्मा से पीड़ित थे। चिकित्सकों ने उन्हें शुद्ध वायु सेवन की सलाह दी थी। अत: वे मल्लिका जी के साथ दुर्गाघाट पर गंगा किनारे जा कर रहने लगे थे। रोग अत्यधिक बढ़ जाने पर उन्हें पुन: अपने निवास स्थान पर लाया गया और तब मल्लिका जी अन्तिम क्षणों तक उनके साथ रहीं।

'चन्द्रास्त' क्या हुआ कि चन्द्रिका भी लुप्त हो गई और फिर कहाँ मल्लिका (चमेली) का हास! मल्लिका जी की सारी प्रतिभा अनन्त में विलीन हो गई।

भारतेन्दु जी अपनी जीवन-गाथा लिख रहे थे। यदि वह पूरी हुई होती तो यह निश्चय है कि वे मल्लिका जी के विषय में बहुत कुछ कहते। भाग्य ही तो है, अनुकूल बयार बही, खुल गया और प्रतिकूल बयार बही, ढँक गया।

('नागरी प्रचारिणी' पत्रिका के वर्ष 2001, अंक-1 में प्रकाशित)

पूर्णप्रकाश चन्द्रप्रभा

पहला स्तवक

आमुख

"सावन सरित न रुकै करै जो जतन कोऊ अति
कृष्ण गह्यौ जिनके मन ते क्यौं रुकहिं अटल गति"

(नन्द दास जी की पञ्चाध्यायौ)

षोडशी कुलीन कुमारी चन्द्रप्रभा एक दिन तीसरे पहर निराले में बैठकर चिन्ता कर रही है। प्रफुल्ल शतदल सदृश मुख प्रतिभा कुम्भला गई है। आंख के पक्ष्माग्र भाग में दो एक अश्रु बिन्दु दिखलाई पड़ते हैं। निबिड़ कृष्ण कुंचित कुन्तल जाल नितम्ब के ऊपर गिरकर मेघमाला की भांति शोभा कर रहा है। तप्तकांचन निभ उज्वल गौर कान्ति विद्युत की प्रभा विकीर्ण कर रही है। चन्द्रप्रभा सिर नीचा करके रोती थी, इसी समय एक पद ध्वनि चन्द्रप्रभा के कान में पड़ी। चन्द्रप्रभा चौंक कर दरवाजें की ओर देखने लगी। देखा कि उसकी माता गुणमञ्जरी आती है। चन्द्रप्रभा सावधान होकर आंख का जल पोंछकर एक सूई लेकर कुछ सीने लगी। गुणमञ्जरी ने घर में प्रवेश करके चतुर्दिक अवलोकन किया और चन्द्रप्रभा के पास जाकर बैठ गई। चन्द्रप्रभा ने मुंह उठाकर नहीं देखा सीती ही रह गई। मानो देर से वह सूची कार्य ही नियुक्त है। गुणमञ्जरी ने कुछ देर तक चुप रहकर पूछा "चन्द्रप्रभा! ऐसी चुप होकर क्यों बैठी है?"

चन्द्रप्रभा मुंह उठाकर कुछ हँसी, अपने मन में समझी कि हंसने से माता हमारे मन का भाव न समझेगी, किन्तु चेष्टा निष्फल हुई। गुणमञ्जरी ने उसके मुंह पर स्पष्ट विषन्नता का चिन्ह देखकर फिर पूछा, "आज तुझे क्या हुआ है?" चन्द्रप्रभा ने मुंह उठाकर फिर हंसना चाहा किन्तु आशानुरूप कृतकार्य नहीं हुई। उलटा हँसी के साथ ही दोनों आंखों में दो धारा बहने लगी। चांदनी और जल एक साथ ही दिखलाई पड़े। गुणमञ्जरी चन्द्रप्रभा की ठुड्डी अपने हाथ पर रखकर बोली, "बेटी चिन्ता करके क्या करोगी, अदृष्ट का लिखा कौन मिटा सकता है?" माता की सकरुण बात सुनकर चन्द्रप्रभा पूर्वापेक्षा अधिक रोने लगी।

चन्द्रप्रभा कुलीन कान्यकुब्ज की कन्या है। जन्मावधि में मातामह के यहां ही

रहती है। उसके पिता का चार ब्याह हुआ था। उसमें एक स्त्री के गर्भ से एक पुत्र और एक कन्या थी और तीनों में दो को सन्तानादि नहीं हुए। चन्द्रप्रभा की माता को चन्द्रप्रभा एक मात्र सन्तान थी। उसके पिता का नाम आनन्दविग्रह था।

आनन्दविग्रह जिस स्त्री के गर्भ से एक पुत्र और एक कन्या का जन्म हुआ था, उसी को लेकर संसार करते थे और तीन का कभी समाचार भी नहीं लेते थे। क्रम से चन्द्रप्रभा विवाह योग्य हुई। इससे उसके मामा ने आनन्दविग्रह को पात्र अनुसन्धान करने को पत्र लिखा।

आनन्दविग्रह ने उस पत्र में मनोयोग ही नहीं दिया, क्योंकि वह समझे हुए था कि चन्द्रप्रभा को सत्पात्र को देना उसके मामा का आवश्यकीय कर्म है। वस्तुतः चन्द्रप्रभा का मातुल भी पत्र लिखकर निश्चेष्ट नहीं था। वह आप भी पात्र अनुसन्धान करने लगा।

बहुत खोजा किन्तु आनन्दविग्रह के कुल के उपयुक्त कोई पात्र नहीं मिला।

इन्हीं दिनों में गुणमञ्जरी ने एक पात्र देखा। पात्र की अवस्था अनुमानिक बाईस बरस होगी। नाम पूर्णप्रकाश। चन्द्रप्रभा के मामा के गृह के पास एक भाड़े के घर में पूर्ण प्रकाश का बहनोई दुश्चिकित्स चक्षुरोगाक्रांत होकर कालेज के डाक्टर से चिकित्सा करने के मानस से आकर उतरा हुआ था। पूर्ण प्रकाश कैनिंग कालेज में पढ़ता था और सर्वदा आकर भगिनी और भगिनीपति को देख जाता था। गुणमञ्जरी ने उसको देखकर उसको जमाता करने की मन में दृढ़ लालसा किया। गुणमञ्जरी ने पूर्णप्रकाश की बात अपने भाई से कहा। उनके भ्राता का नाम गोकुलोत्सव था। गोकुलोत्सव ने पूर्णप्रकाश के कुल का परिचय भी लिया। परिचय से जाना पूर्ण आनन्दविग्रह के कुल से कुछ नीचा है।

गोकुलोत्सव का आनन्द दुःख से बदल गया। पात्र देखने में सुनने में विद्या में बुद्धि में सर्वांग में सुन्दर है। किन्तु आनन्दविग्रह के कुल से नीचा है किस प्रकार से उसको कन्यादान दिया जायगा।

गुणमञ्जरी ने पहिले पूर्ण को जिस भांति देखा था चन्द्रप्रभा ने भी उसी भांति एक दिन पूर्ण को देखा था। अर्थात् एक दिन वह अपनी खिड़की में बैठी थी, उसी समय पूर्ण अपने भगिनीपति को देखने आया। पूर्ण को देखते ही चन्द्रप्रभा का मन पूर्णरूप से उस पर आकृष्ट हो गया। प्रणय सदा इसी भांति आरम्भ होता है। चिन्ता करके, स्वभाव विद्या धन की परीक्षा करके कब किसका किसी से परिणय हुआ है? बारूद अग्नि स्पर्श करते ही जैसे प्रज्वलित होता है, काष्ठादि की भांति रह रह कर नहीं जलता, उसी भांति प्रणय दर्शन मात्र ही से उत्पन्न होता है। धीरे-धीरे कभी प्रणय की उत्पत्ति नहीं होती।

रोगी विश्राम लाभ की आशा से जितनी करवट बदलता है उतनी ही उसकी

निद्रा दूर होती है, उसी भांति प्रेमी प्रेम को जितना ही गोपन करना चाहता है उतनाही प्रकाश हो जाता है।

थोड़े ही दिन में गुणमञ्जरी चन्द्रप्रभा के मन का भाव जान गई। किन्तु पूर्ण उनके स्वामी के कुल से नीचे कुल का है इससे चन्द्रप्रभा के साथ उसका ब्याह असम्भव है यह जानकर निज तनया को नाना प्रकार आदेश देकर पूर्ण की चिन्ता छुड़ाने लगी। चन्द्रप्रभा को खिड़की में भी नहीं बैठने देती थी, उसको निष्कर्म्मा देखती तो उसी समय किसी कार्य में नियोजित करती थी। किन्तु प्लावन का जल सुखा दे यह किसकी शक्ति है। चन्द्रप्रभा जब कभी अकेली रहती तो अनवरत पूर्ण प्रकाश की चिन्ता में ही मग्न रहती और जब कोई कहीं न रहता तो खिड़की में जाकर बैठती थी। पूर्ण के भगिनी पति को अब पूर्ण प्रत्यह ही देखने आता है, पाडा का कुछ उपषम हुआ है किन्तु पूर्ण का आना घटा नहीं और भी बढ़ा, एक दिवस पूर्ण बहनोई को देखकर अपने रहने के स्थान में चला गया। जितने क्षण पूर्ण रहा तब तक चन्द्रप्रभा अनिमेष लोचन से पूर्ण को देखती थी जब पूर्ण चला गया तब चन्द्रप्रभा खिड़की में हटकर घर में बैठकर चिन्ता करने लगी।

उसकी आंख से अज्ञात भाव से दो तीन बुंद आंसू टपक पड़े। उसी समय गुणमञ्जरी तनया को देखने को जिस घर में चन्द्रप्रभा थी वहीं आई और बहुत सांत्वना वाक्य कहने लगी।

दूसरा स्तवक

आशादान

खल बढ़ई बल करि थके अटै न कुबति कुठार।
आलबाल उर झालरी खरी प्रेम तरु डार॥1॥

(बिहारी)

विष एक बार मस्तिष्क में चढ़ने से फिर उसकी चिकित्सा करनी वृथा होती है चन्द्रप्रभा को उपदेश वाक्य असाध्या रोग में औषध की भांति हुआ। चन्द्रप्रभा माता की बात मन देकर सुनती है और तद्नुरूप कार्य करने को भी दृढ़ प्रतिज्ञ होती है किन्तु सब बृथा हो जाता है। उसका मन अब अपने वश में नहीं है। बहती नदी को पथान्तर खोदकर अनायास से नूतन मार्ग से ले जा सकते हैं, किन्तु प्राचीर निर्म्मान करके नदी के प्रवाह को कोई नहीं रोक सकता। चन्द्रप्रभा का मन पात्रान्तर से विमुग्ध किया जा सकता था किन्तु उसकी माता ने यह न करके एक बारगी शुष्क

करने का मानस किया। इसी से सब निष्फल हो गया।

गुणमञ्जरी ने जब देखा कि उसका सब यत्न विफल हुआ तो उसने अपने भ्राता से फिर पूर्णप्रकाश की बात कही। पूर्ण सर्वश सुपात्र है, किन्तु उसके साथ चन्द्रप्रभा को ब्याह देने से आनन्दविग्रह का कुलमान न बचैगा। इसमें गुणमञ्जरी की क्या हानि है? गुणमञ्जरी को पुत्र संतान नहीं है कि उसका कुल नष्ट होगा। सौत के पुत्र का कुल रहने से भी गुणमञ्जरी को कोई लाभ नहीं है। उसके कुल रखने को वह अपनी कन्या का प्रान क्यों बध करेगी?

गोकुलोत्सव ने सुनकर भगिनी को बहुत समझाया, कहा "कुलीन का कुल नष्ट करना महापाप है। इसमें यत्न करना उचित नहीं।"

गुणमञ्जरी बोली, "तुम लोग यदि शीघ्र चन्द्रप्रभा का ब्याह न कर दोगे तो हम आप पूर्ण के साथ उसका ब्याह कर देंगे।"

गोकुलोत्सव बोले, "बहिन और दस दिन विलम्ब करो। जब इतना दिन गया है तो और दस दिन में क्या हो जायगा? हम एक पत्र और लिखते हैं देखैं क्या जवाब मिलता है।"

गुणमञ्जरी बोली, "अच्छा पत्र लिखो, किन्तु हम आज से ग्यारहवें दिन ब्याह कर देंगे। फिर न मानेंगे, न और किसी को इसकी खबर देंगे, दिन साइत भी न देखैंगे।"

गोकुलोत्सव बोले, "अच्छा दस दिन तो शान्त होकर बैठो फिर जो इच्छा हो करना। हम आज ही पत्र लिखैंगे, दस दिन के भीतर अवश्य ही पत्र का उत्तर आ जायगा।"

पूर्ण को देखकर जैसे चन्द्रप्रभा का मन हुआ था चन्द्रप्रभा दर्शन से उसी भांति पूर्ण का भी मन हो गया। पूर्ण ने दो एक दिवस चिन्ता किया चन्द्रप्रभा की लालसा हमारी दुराशा मात्र है। किन्तु, जब गुणमञ्जरी आपही उसबात पर आरूढ़ हुई तब पूर्ण को वह आशा दुराशा नहीं बोध हुई, जो अग्नि पूर्ण ईच्छा पूर्वक आयास में निर्वापित कर सकते थे उसको गुणमञ्जरी ने वायु की भांति होकर दिन दिन और भी प्रबल कर दिया। पूर्ण पहिले 2 प्रत्यह एक वेर आते थे किन्तु अब दिन में दो तीन वेर आने लगे। पूर्ण की भगिनी निषेध करने को थी किन्तु संकोच से वह नहीं कह सकी। पूर्ण का बहनोई दिन भर अकेला रहता था आंख के रोग से दिन भर लिख पढ़कर भी कालक्षेप नहीं कर सकता था। इससे उसके पास बैठकर कोई बात चीत करै तो वह बहुत प्रसन्न होता था इसी में वह जिसमें पूर्ण पहिले से विशेष आवै इसकी चेष्टा करने लगा। संक्षेपतः पूर्ण को उसने इसी कारण कोई उपदेश नहीं दिया। पूर्ण का लिखना पढ़ना सब बन्द हो गया। घर में जब तक रहते थे कब तक भगिनी-पति का देखने जायेंगे यही चिन्ता करते थे। भगिनीपति के पास से घर में फिरकर जाने को चिन्ता से सन्तापित होते थे। गुणमञ्जरी पूर्ण का उत्साह बढ़ाती आती थी। एक दिन भी उसने ऐसी बात नहीं कही कि चन्द्रप्रभा

के साथ उसका ब्याह नहीं हो सकता। किन्तु चन्द्रप्रभा को उसने कभी उत्साह की बात नहीं कही। उसको सर्वदा यही कहती थी कि यह ब्याह असम्भव है। यही समझाने की सर्वदा चेष्टा करती थी।

सब कोई इसी भांति स्थित है। इसी समय में गोकुलोत्सव ने अपने बहनोई को पत्र लिखा। दस दिन के भीतर ही पत्र का उत्तर आ गया। आनन्दविग्रह ने विनती पूर्वक एक महीना और अपेक्षा करने को लिखा और लिखा कि एक महीने के भीतर ही वह उपयुक्त पात्र के साथ लेकर लखनऊ पहुंचकर शुभ कार्य सम्पन्न करैंगे।

गोकुलोत्सव ने भगिनी को पत्र का मर्म्मकह कर तब तक ठहरने का अनुरोध किया। गुणमञ्जरी बड़ी विपद में पड़ी क्योंकि उसको विश्वास था कि इतने अल्प दिन के भीतर कभी पत्र का उत्तर नहीं आ सकता। किन्तु अब चिन्ता करके ही क्या करेगी। लज्जा अवनत मुखी होकर पूर्ण की भगीनी से पत्र का मर्म्म कहकर कहने लगी, पूर्ण को कहना ब्याह की बात अब कच्ची समझे।

तीसरा स्तवक

आशा निराश

"फलक तूने इतना हंसाया न था, कि जिसके बदले यों रुलाने लगा।"

(हसन)

पूर्ण प्रत्यह जिस समय भगिनीपति को देखने आते थे, आज उस समय को अतिक्रम करके सन्ध्या के समय भगिनीपति के गृह में आये।

चन्द्रप्रभा के पिता के पास पत्र आज दस दिवस हुआ गया है, आज उत्तर न आवै तो चन्द्रप्रभा उसकी होगी। पूर्ण इसी शुभचिन्ता में समस्त दिन बिताकर सन्ध्या को भगिनीपति के घर में आए। सन्ध्या पीछे घड़ी दो घड़ी रात तक रहकर एकबारगी दस दिवस का समाचार लेकर जायेंगे।

पूर्ण ने मार्ग में चिन्ता करते करते आकर भगिनीपति के दरवाजे में आघात किया। पूर्ण की भगिनी ने जाकर दरवाजा खोल दिया किन्तु पूर्ण की भगिनी का मुंह आज कुछ विषन्न है। किन्तु पूर्ण का हृदय चन्द्रप्रभामय हुआ है उस समय उसमें दूसरे का स्थान पाना असम्भव है। इसी से पूर्ण की आंख में उसकी भगिनी का मुख कुछ भी विलक्षण नहीं बोध हुआ और 2 दिवस की भांति पूर्ण जाकर अपने भगिनीपति के पास बैठे। और दिन गुणमञ्जरी आप या उनका नियुक्त कोई न कोई व्यक्ति उनके आने की अपेक्षा करता था और वह आते ही उन लोगों के मुंह में दिन का

समाचार पाते थे। किन्तु आज किसी ने भी उनके पास आकर समाचार नहीं कहा। पूर्ण अति चंचल हुए। उनके भगिनीपति जो बात कहते थे वह उनके कान में प्रविष्ट नहीं होती थी। उनके भगिनीपति एक बात कहकर उत्तर के वास्ते प्रतीक्षा कर रहे हैं। किन्तु पूर्ण कुछ सुनते ही नहीं।

अथच संक्षेप से 'हां' के स्थान पर 'नहीं' वा 'नहीं' के स्थान पर 'हां' उत्तर देते हैं। पूर्ण के भगिनीपति पूर्ण का चित्त चांचल्य देखकर चमत्कृत हुए। वह उसका कारन सब जानते थे किन्तु वह पूर्ण को किस भांति कुसंवाद देंगे यही चिन्ता करने लगे। और जो बातचीत होती थी वह बन्द करके चुप होकर बैठ रहे।

सन्ध्या हुई, दीप बाला गया, जिस घर में पूर्ण और उनके भगिनीपति बैठे थे उस घर में भी दासी दीप दे गई। हठात् उजियाला देखकर पूर्ण ने घर के चारो दृष्टि निक्षेप किया और जब किसी उपलक्ष में वे बैठे रहे यह नहीं स्थिर कर सके तो भगिनीपति से बोले, "आज हम जाते हैं?"

पूर्ण के भगिनीपति ने कहा, "अच्छा अब देर भी बहुत हुई है।"

पूर्ण यह बात सुनकर खड़े हुए। तब पूर्ण के भगिनीपति इस भांति मुंह बनाकर कहने लगे कि जैसे कोई बात पूर्ण को कहने भूल गए थे अब स्मरण आने से कहते हैं।

"हां पूर्ण, तुम्हारा एक संवाद है सुन जाओ।" भगिनीपति की बात सुनकर पूर्ण का हृत्पिण्ड ऐसे जोरे जोर से वक्ष:स्थल में प्रतिघातित होने लगा कि पूर्ण को बोध हुआ कि उनके भगिनीपति उस आघात का शब्द सुन रहे हैं। पूर्ण जहां खड़े थे वहां ही बैठकर पूछने लगे "क्या संवाद है?" पूर्ण के भगिनीपति बोले, "चन्द्रप्रभा के साथ तुम्हारा जो ब्याह होने की बात चीत थी उसमें बाधा पड़ने से वह ब्याह नहीं होगा।"

पूर्ण ने आग्रह से पूछा, "किसने कहा है?"

पूर्ण के भगिनीपति बोले, "चन्द्रप्रभा की माता ने दासी से समाचार भेज दिया है। दासी कह गई है कि वह लज्जा से आप नहीं आ सकीं इस से हम से कहला भेजा है," पूर्ण ने थोड़ी देर चुप रहकर फिर पूछा।

"कहां ब्याह होगा?"

पूर्ण के भगिनीपति बोले, दासी ने कहा है चन्द्रप्रभा के पिता उपयुक्त पात्र लेकर शीघ्र लखनऊ पहुंच कर अपनी कन्या का ब्याह कर देंगे। पूर्ण को उठ जाने की शक्ति शेष न रही। तथापि बोले, "सो तो हम पहले ही जानते थे। हमको कभी आशा नहीं थी कि हमारे साथ चन्द्रप्रभा का ब्याह होगा। कुलीन लोग कन्या भला हमको क्यों देंगे? हां वही लोग कहती थीं इससे हम भी हुंकारी भरते थे।"

पूर्ण के भगिनीपति पूर्ण की बात पर कुछ नहीं बोले पूर्ण भी कुछ देर मौन भाव से बैठकर पीछे वहां से उठे और अपने घर चले आए। वह रात पूर्ण की कैसी बीती यह सहज ही अनुभव हो सकता है। दूसरे दिवस सवेरे उठकर पूर्ण प्रकाश ने लिखने

पढ़ने में मन लगावैंगे यह प्रतीक्षा किया। पुस्तकादि खोलकर देखा कि सब प्रथम पत्र से फिर आरम्भ करना होगा। इधर गिन कर देखा परीक्षा को भी अब अधिक दिन नहीं है। सात पांच चिन्ता करके स्थिर किया इस वत्सर परीक्षा न देंगे। तब लखनऊ रहने ही की क्या आवश्यकता है? सब चिन्ता करके पूर्ण प्रकाश उसी दिन पुस्तकादि लेकर अपने घर चले गए। रेलगाड़ी जब चलने लगी उस समय पूर्ण ने कितनी दीर्घ निश्वास त्याग किया यह कहना दुःसाध्य है। जब तब लखनऊ अदृश्य नहीं हुआ तब तक पीछे ही दृष्टि किए रहे थे, देखते देखते लखनऊ अदृश्य हुआ, पूर्ण वस्त्र से मुंह छिपाकर अश्रुपात करने लगा।

चतुर्थ स्तवक

कुलीन जामाता

"मर्कट वदन भयंकर देही। देखत हृदय क्रोध भा तेही।
देखि शिवहि सुर तिय मुसकाहीं। बर लायक दुलहिन जग नाहीं।"

(गो. तुलसीदास जी)

आश्रय वृक्ष भग्न होने से आश्रित लता की जैसी दुर्दशा होती है पूर्ण प्रकाश के विरह में चन्द्रप्रभा का चित्त उसी भांति हुआ। पूर्ण के साथ उसने कभी बात भी नहीं की थी। तथापि पूर्ण के जाने से उसका हृदय शून्य, गृह शून्य, सब संसार शून्य हो गया। गुणमञ्जरी ने एक दिन भी चन्द्रप्रभा का पूर्ण के साथ ब्याह होगा यह उससे नहीं कहा था। किन्तु चन्द्रप्रभा के चित्त में एक प्रकार का विश्वास का मूलच्छेद हो गया। चन्द्रप्रभा अपने मन का भाव गोपन करने का यत्न करने लगी। किन्तु किसी भांति भी कृतकार्य नहीं हो सकी। पहिले जिस स्थान में बैठ कर पूर्ण को देखती थी उसी स्थान में सर्वदा ही बैठने जाती थी। किन्तु अब भ्रम से भी उस गृह में नहीं जाती। चन्द्रप्रभा के मुंह की हँसी जैसे कहीं चली गई। चिन्ता करते करते वर्ण मलिन और शरीर सूखने लगा। उनके पिता ने लिख भेजा था कि एक महीने के भीतर ही उपयुक्त पात्र साथ लेकर लखनऊ पहुंचेंगे वह एक महीना बीत गया पात्र साथ लेकर आना दूर रहे उन्होंने एक पत्र भी नहीं लिखा। गुणमञ्जरी भी बड़ी चिन्तिता हुई। कन्या के सुख से ही सुख और कन्या के दुःख से ही उसका दुःख था, चन्द्रप्रभा को कृशांगी देखकर गुणमञ्जरी को बड़ी ही चिन्ता हुई पूर्ण को विदा कर दिया इस कारण अब हृदय अद्मग्लानि से कुम्हालने लगा। कितने बार पूर्ण को पत्र लिखने चली फिर आप ही निरस्त हो रही।

जिसको एक बार बिदा कर दिया है अब किस मुंह से उसको फिर बुलावें? इसी भांति जब तीन महीना गत हो गया तब गुणमञ्जरी नहीं रह सकी और पूर्ण को एक पत्र में उसने लिख भेजा कि ब्याह का सम्बन्ध अब निश्चय हो गया, केवल उनके आगमन की प्रतीक्षा है। चन्द्रप्रभा का पिता यदि रति पति सा रूपवान, वृहस्पति सा विद्वान् और कुल में कुलीनी का अग्रगन्य पात्र ले आवैगा तब भी गुणमञ्जरी चन्द्रप्रभा को पूर्ण ही के हाथ में समर्पण करेगी।

गुणमञ्जरी ने यह सोच करके पूर्ण को पत्र लिखा कि यदि वह अपनी चन्द्रप्रभा को ही सुखी न कर सकी तो उसके जीवन का फल क्या है? कौलीन्य के अनुरोध से वह अपने स्वामी के वर्त्तमान में भी वैधव्य यंत्रना भोग कर रही है।

अपनी प्यारी बेटी को वह कभी ऐसी यन्त्रना न भोगने देगी यह निश्चय करके वह चन्द्रप्रभा से बोली, "बेटा! अब मत रो, देखो हमने अभी पूर्ण को पत्र लिखा है। पूर्ण के आते ही उसके साथ तुम्हारा ब्याह कर देंगे और किसी की भी बात न सुनेंगे।"

जिस दिवस प्रात: काल गुणमञ्जरी ने पूर्ण को पत्र लिखा था उसी दिन सन्ध्याकाल में आनन्दविग्रह हृष्ट चित्त से पात्र संग लेकर गोकुलोत्सव के गृह में उपस्थित हुए। पात्र का नाम ढुंढिराज। देखने में दीर्घाकार कृष्णवर्ण और कृश था। अवस्था अनुमान चौतीस बरस की। सिर के बाल दो एक पकने लगे हैं और साम्हने के दो दांत भी गिर गए हैं। यही पात्र है। इन्हीं के अनुसन्धान करने में आनन्दविग्रह का तीन महीना लगा है। वह गोकुलोत्सव का दूसरा पत्र पाते ही घर से निकले थे। नाना स्थान में अनुसंधान किया किन्तु कहीं भी सुपात्र नहीं मिला। अर्थात् उनके कुल के समान नहीं मिला, पीछे ढुंढिराज से साक्षात् हुआ। ब्याह करना ही ढुंढिराज का रोजगार है। वह अब तक ग्यारह कन्या को ब्याह कर चुके हैं अर्थात् उन सबों का कुमारी नाम मिटा चुके हैं। चन्द्रप्रभा को उद्धार करैं तो पूरी बारह हो। आनन्दविग्रह ढुंढिराज को पाकर बहुत ही सन्तुष्ट हुए। और बात के पीछे चन्द्रप्रभा का ब्याह करने का प्रस्ताव किया। ढुंढिराज बोले, उपयुक्त दहेज मिले तो ब्याह करने में कोई बाधा नहीं है। और एक बात यह भी है कि वह आप स्त्री के भरण पोषण का भार नहीं लेंगे। इसमें यदि आनन्दविग्रह सम्मत हो तो दिन स्थिर करके कह जाने से ही वह कन्या के घर उपस्थित होंगे।

आनन्दविग्रह भावी जामाता को आशीर्वाद देकर बोले, 'तुम चिरंजीवी हो। तुम्हारे ऐसा सुबुद्धि मनुष्य आज कल मिलना कठिन है। तुम यथार्थ ही कुलीन हो। तुमने जो सब बात कही हम सब में सम्मत हैं। कन्या के भरण पोषण का भार तुमको नहीं लेना होगा। यह हम स्टम्प पर लिख सकते हैं। वह जन्म से मातामह के यहां है। ब्याह के पीछे भी वहां रहेगी। अब दहेज ठीक हो जाना चाहिए।"

ढुंढिराज बोले, "दहेज की बात पात्री की अवस्था के ऊपर निर्भर है। कन्या की जितनी ही अवस्था विशेष होगी उतना ही दहेज अधिक लगेगा। यह बात आप

नहीं जानते हैं सो तो नहीं है? आप भी कुलीन है," आनन्दविग्रह बोले, "तुमने जो कहा सो सत्य है किन्तु हमारी अवस्था पर दृष्टि रखकर दहेज की बात कहो। हमारी कन्या की अवस्था भी अधिक नहीं है। बहुत हो तो चौदह बरस।"

ढुंढिराज ने कुछ चिन्ता करके उत्तर दिया जै बरस की हो हिसाब से बरस पीछे दो दो रूपया दीजिए। आपसे ज्यादे प्रार्थना नहीं करते। आनन्दविग्रह उन को बहुत कह सुनकर 15 रूपये पर राजी करके साथ लेकर चले। समस्त मार्ग चिन्ता करते करते आए हैं कि ससुराल जाते ही उनका कितना समादर होगा। किन्तु वह आशा कितनी फलवती हुई यह पीछे प्रगट होगा।

पंचम स्तवक

स्वपत्नी सम्भाषण

सुहृदां हित मामानां यः श्रृणोति न भापितत् विपदो निहिता स्तस्य।

पूर्ण की भगिनी का नाम मधुरिमा है और उनके भगिनीपति का नाम मन्दिरानन्द है। मन्दिरानन्द की आंख में मोतियाबिन्द हो गया था। वह आंख बनवाने को लखनऊ आए थे। पहिले आंख बनवाने के उपयुक्त नहीं थी इससे उनको बहुत दिन लखनऊ में रहना पड़ा था। पीछे आंख बनने के योग्य होने से डाकतर ने एक आंख बना दिया।

डाकतर बोला, एक आरोग्य होने से दूसरी बनाई जायगी। पूर्ण जब अपने घर गया तब एक आंख अच्छी भांति आरोग्य हो आई थी। किन्तु तब भी डाकतर ने उन को लिखना पढ़ना या जिस काम में दृष्टि स्थिर रखना पड़े उस कार्य करने का निषेध किया था। पूर्ण लखनऊ में जब तक थे नित्य ही मन्दिरानन्द को देखने आते थे। समस्त दिन उन के पास रहते थे बात चीत करते या शतरंज खेलते थे। किन्तु पूर्ण के लखनऊ छोड़कर चले जाने से मन्दिरानन्द को अकेला रहना दुरुह व्यापार हो गया। उनकी स्त्री पाक इत्यादि अन्यान्य गृह कार्य में व्यापृत रहती थी, मन्दिरानन्द के पास बैठकर बात करे इतना अवकाश उसको नहीं था। पूर्ण के जाने के पीछे पहिला दिन मन्दिरानन्द ने किसी प्रकार से काटा। किन्तु दूसरे दिवस निष्कर्म्मा नहीं रह सके एक पुस्तक पढ़ना आरम्भ कर दिया। अपने मन में सोचा था दो एक पृष्ठ पढ़कर रख देंगे किन्तु अपने दुर्भाग्य से पुस्तक ऐसी अच्छी लगी कि उसको बिना शेष किए नहीं रख सके। प्रातःकाल आठ नौ बजे आरम्भ किया था रात्रि को दस बजे समाप्त किया। मधुरिमा ने बार बार निषेध किया, किन्तु मन्दिरानन्द ने उसकी बात नहीं सुनी, बोले।

"कुछ भी कष्ट तो नहीं होता तब क्यों न पढ़ैं? आंख रहते अब कितने दिन तब अंधों की भांति बैठे रहें।"

मन्दिरानन्द ने स्त्री की बात नहीं सुनी और पुस्तक उसी दिन समाप्त किया। पुस्तक समाप्त करके मन्दिरानन्द हृष्ट चित्त से सोए कोई भी असुख नहीं था। किन्तु पिछली रात आंख की दरद से नींद खुल गई। जागकर देखा कि अब आंख खोलकर नहीं देख सकते हैं। किसी भांति वह रात बीती। दूसरे दिवस डाकतर को बुलाकर फिर आंख दिखलाए। डाकतर देखकर बोला, "यह आंख पूर्व की भांति नहीं होगी किन्तु दूसरी आंख चीरने से अच्छी हो जायगी। डाकतर की बात सुनकर मन्दिरानन्द रोने लगे। मधुरिमा भी उनको देखकर रोने लगी। डाकतर से रोते रोते बोला, "इतने दिन पीछे अन्धे हुए, अब कुछ नहीं देख सकेंगे। उस समय हमने तुम्हारी बात क्यों नहीं मानी।

मधुरिमा गाढ़ स्वर में बोली, "यह बात स्मरण करके रोने से अब क्या होगा? अदृष्ट में जो था सो हुआ।"

मन्दिरानन्द बोले, "नहीं मधुरिमा तुम्हारी बात न मानकर जब कोई कार्य हमने किया है, उसमें कोई न कोई अनिष्ट हुआ है। तुम मिथ्या दृष्ट का दोष देती हो यह सब हमारा दोष है।

मधुरिमा मन्दिरानन्द के बिछौने के पास बैठकर आंचल से उनकी आंख पोंछ कर बोली, "अदृष्ट में लिखा था इसी में तुमने हमारी बात नहीं सुनी। अदृष्ट की लिखी किसी प्रकार से नहीं मिटती।" मधुरिमा की बात सुनकर मन्दिरानन्द कुछ देर चुप रहकर बोले,

"मधुरिमा क्या हमको अब कुछ भी नहीं दिखलाई पड़ेगा?"

मधुरिमा रोते रोते बोली, "यदि एक की आंख दूसरे को दी जाती तो ईश्वर जानते हैं अभी हम अपनी आंख तुमको देते। किन्तु जब वह नहीं हो सकता तब एक की आंख दोनों का काम चलै ऐसा करैंगे। तुम जैसे हमको सब बात समझा देते हो उसी भांति हम जब जो देखैंगे तुमको बता देंगे।"

मन्दिरानन्द बोले, "हमको और एक बात का डर होता है। मधुरिमा हम तो अन्धे हुए। तुम अब हमको नहीं चाहोगी, अन्धा कहकर घृणा करोगी।"

मधुरिमा दोनों हाथ से मन्दिरानन्द का पांव पकड़ कर बोली,!

"हे स्वामी! ऐसी बात मुंह से मत निकालो पूर्व में हम कभी कभी क्रोध करते थे अभिमान करते थे किन्तु अब हमको उसकी भी शपथ है, हम देवतागण से यही वरदान चाहते हैं कि जन्म जन्म तुम्हारे ही ऐसा स्वामी मिले।"

मन्दिरानन्द बोले, "हम भी यही चाहते हैं कि तुम्हारे ऐसा ही स्त्री हमको भी मिले। मधुरिमा तुम्हारी ऐसी पत्नी इस जगत में किसी को नहीं है।

मधुरिमा नहीं बोली, स्वामी के पास बैठकर केवल रोने लगी।

षष्ठ स्तवक

'तुम सहित गिरि ते गिरौं पावक जरौं जलनिधि महँ परौं।
घर जाउ अपजस होउ जग जीवत विवाह नहीं करौं।"

(गो. तुलसीदास जी)

आनन्दविग्रह के लाए हुए पात्र को देखकर गुणमञ्जरी बहुत ही उदास हुई। उसने सोचा था कि आनन्दविग्रह पूर्ण की भांति दूसरा पात्र ले आवैगा, ढुंढिराज के भांति पात्र आवैगा यह स्वप्न में भी नहीं जानती थी। पूर्ण को देखने के पहिले यदि गुणमञ्जरी ढुंढिराज को देखती तो इसके ऊपर इतनी घृणा नहीं होती। घर में वयस्का कन्या है, और पात्र भी वृद्ध नहीं है इससे किसी प्रकार सम्बन्ध हो सकता था। किन्तु एक बार पूर्ण को देखकर ढुंढि ऐसे पात्र को कन्या समर्पण करना गुणमञ्जरी की समझ में कन्या को पानी में फेंक देना था। अच्छा मिलने का सम्भव रहते बुरा कौन चाहता है?

गुणमञ्जरी अपनी एक मात्र तनया को क्यों ढुंढि को समर्पण करैगी, आनन्दविग्रह तो ढुंढि को बेटी ब्याहने उत्सुक थे ही किन्तु ढुंढि अब तक रुपया ही के कारण ब्याह करने को सम्मत थे अभी तक कन्या को नहीं देखा था। कन्या सुरुपा है या कुरुपा है इस अनुसन्धान करने का उनको प्रयोजन भी नहीं था। रुपया के वास्ते ही उनका ब्याह था कुछ कन्या के वास्ते नहीं किन्तु लखनऊ में आकर चन्द्रप्रभा को देखकर ढुंढि का सूंड़ की भांति फिर गया। उनको अब अर्थस्पृहा नहीं रही। वरन् चन्द्रप्रभा के मिलने से उनका कुछ व्यय होता तो भी करने को प्रस्तुत थे, किन्तु ब्याह से भयानक प्रतिबन्धक उपस्थित हुआ। गुणमञ्जरी ने प्रतिज्ञा कर ली थी कि वह ऐसे पात्र को कन्यादान नहीं देगी। आनन्दविग्रह ने बहुत समझाया सामदाम भय भेद सब दिखलाया पर गुणमञ्जरी ने उनकी बात तृण इतनी भी नहीं सुनी। यह दशा देखकर ढुंढिराज आनन्दविग्रह से बोले, "पण्डितजी मन की बात साफ साफ कह देना अच्छा होता है। हम घर में सबको ब्याह करने जाते हैं कह आए हैं। इससे बिना ब्याह किए जायेंगे तो लोग ठठ्ठा करेंगे। और सच्ची बात तो यह है कि हमारा ब्याह अभी नहीं हुआ है। इससे घर बसाने को हमको ब्याह करना बहुत ही आवश्यक है। तुमने पहिले जो कहा था उसके अतिरिक्त हम स्वीकार करते हैं कि ब्याह करके हम कन्या को अपने घर ले जाएँगे।" ढुंढि ने सोचा कि पहिले कन्या को घर में रखने का करार नहीं था अब वह यह स्वीकार करते हैं। इससे गुणमञ्जरी को अब कोई बाधा न होगी और आनन्दविग्रह भी ब्याह के हेतु बहुत यत्न करेंगे।

आनन्दविग्रह बोले, "पर तुमको वह कन्या दे तब न अपने घर ले जाओगे। जो दशा देख रहे हैं इससे तो मुंह ऐसा मुंह लेकर घर फिर जाना होगा इसी की अधिक संभावना है।"

थोड़ी देर तक चुप रहकर ढुंढिराज फिर बोले, "एक स्त्री न होगी तो हमारा संसार ही नहीं चलेगा। इससे क्या करैं पन्दरह रूपये में यदि और भी कुछ कम करने में वह सम्मत हो तो हम इसमें भी राजी हैं।"

ढुंढिराज जैसे रूपया का मर्म्म समझते थे वैसा और कोई नहीं समझता। रुपया उनके शरीर का शोनित है। इससे रुपया कम लेने में गुणमञ्जरी उनको कन्यादान देगी यह चिन्ता उसके मन में होनी आश्चर्य नहीं है। आनन्दविग्रह स्पष्ट समझे कि ढुंढिराज क्यों कम रूपया लेकर ब्याह करने में सम्मत हैं।

इससे वह ढुंढिराज को निराश होकर जाना होगा यही विश्वास कराने लगे। बोले "वह लोग धनी है दस पांच रूपया के लोभ में यह लोग न मानैंगे।"

आनन्दविग्रह के मन की इच्छा यह थी कि बिना पण के ढुंढि समंत हो तो अच्छी बात हो।

वस्तुतः वही हुआ। फिर थोड़ी देर चिन्ता करके ढुंढिराज बोले, "हमको स्त्री की अति आवश्यकता है, और ब्याह करने आए हैं, ब्याह न करके जायेंगे तो लोग हंसेगे इससे हम बिना पण से भी विवाह करने को सम्मत हैं।

यह बात आनन्दविग्रह के मन की हुई। सोचे गुणमञ्जरी के पाओं पड़ना होगा तो पड़ैंगे, यदि ब्याह के कारण अनाहार धरना देना होगा तो देंगे किन्तु सम्बन्ध करैंगे, क्योंकि ऐसा सुविस्ता फिर न मिलेगा। ऐसा घर इतने कम खरच में फिर खोजे भी न मिलैगा। और ऐसा सम्बन्ध न करने में उनकी कुछ मर्यादा भी रहैंगी। यही सब सोच करके वह फिर गुणमञ्जरी के समझाने को अन्तःपुर में गए। इधर गुणमञ्जरी ने दृढ़ प्रतिज्ञा कर ली थी कि ढुंढिराज के साथ चन्द्रप्रभा का ब्याह कभी नहीं करना। उसकी प्रतिज्ञा कोई कभी भंग नहीं कर सका था। आनन्दविग्रह ने समझाया कि ढुंढिराज के साथ ब्याह करने से रुपया भी नहीं लगेगा और कुल भी बना रहेगा। पात्र भी नितान्त नष्ट ही नहीं है गुणमञ्जरी क्रोध से बोली, "पन्द्रह रूपया जो बड़ी निधि है तो उतना रूपया हम तुमको देते हैं तुम अपने घर जाओ।"

आनन्दविग्रह कातर स्वर से बोले, "किन्तु कुल रक्षा का क्या उपाय होगा?" गुणमञ्जरी पूर्व की भांति क्रोध में बोली, "हमको कुल से कोई प्रयोजन नहीं है।

कुल न रहने में ही हमारा कल्याण है। हमारे पिता ने कुल क्रिया किया था इसीसे हमको यावत जीवन दुःख भोगना पड़ा। अब हम कुल क्रिया करके चन्द्रप्रभा को चिरकाल के हेतु दुःख भोगी करैं यह हमसे कभी नहीं होगा।" आनन्दविग्रह थोड़ी देर चुप रहकर बोले, "तुमको कौन बात का दुःख हुआ? तुमको किस बात की कमती है?" गुणमञ्जरी फिर न सह सकी वह चिल्लाकर बोली, "कौन बात का दुःख है? क्या कमती है? कमती और दुःख यही है कि न तुम मरते हो न हम मरते हैं" यह कहकर रोते-रोते वह वहां से उठकर चली। आनन्दविग्रह उनका आंचल पकड़ कर बोला, "और एक बात सुनो।"

गुणमञ्जरी बोली, "तुम्हारी बात जो सुनती है उसी को जाकर सुनाओ हम नहीं सुन सकते" यह कहकर बल से अपना आंचल छुड़ाकर वहां से चली गई।

सप्तम स्तवक

प्रतिज्ञा

"कार्यं वा साधयेयं शरीरं वा पातयेयं"

आनन्दविग्रह को एक मात्र उपाय और बच रहा था कि अनाहार से धरना देगा। अब वही उपाय अवलम्ब करैगे स्थिर करके बाहर आए। पाठक वर्ग को यह कहने को आवश्यकता नहीं है कि आनन्दविग्रह अधुनातन अंगरेजी परिमार्ज्जित युवक नहीं था स्त्री को प्रहार करना अविधेय है यह वह स्वप्न में भी नहीं जानता था। उनको यह दुःख होने लगा कि गुणमञ्जरी आज उनके घर में न हुई। आज वह हमारे घर में होती तो मारे पंखे की डांड़ी और लकड़ी के सीध कर देते किन्तु गुणमञ्जरी के नैहर में यह चिन्ता कर ही के क्या करैंगे। मौन भाव से जाकर ढुंढिराज के पास बैठे। ढुंढिराज ने उनको उदास देखकर पूछा, "क्या खबर है?" वह अब तक यही चिन्ता करते थे कि एकबारगी सब रुपया न लेंगे कह दिया सो अच्छा कर्म नहीं किया। कुछ कम ग्रहण करेंगे कहते तो अच्छा होता। हाय, घर में लक्ष्मी आती थी उसको हमने नहीं आने दिया। किन्तु आनन्दविग्रह को उदास देखकर उनका चिन्तादग्ध चित्त कुछ शीतल हुआ। सोचे यदि बिना पण के कन्या देना न स्वीकार करै तो पण न लेंगे यह कहना अन्याय नहीं हुआ है।

आनन्दविग्रह ढुंढिराज की बात का उत्तर न देकर जहां बैठे थे वहां ही लेट गए। ढुंढिराज ने पूछा "क्या खबर है"? आनन्दविग्रह कातर स्वर से बोले, "और क्या खबर है किसी तरह नहीं मानती उसकी प्रतिज्ञा है कि यह हमारा कुल नष्ट करैगी। हमारी भी प्रतिज्ञा है वह जब तक हमारी बात न स्वीकार करैगी तब तक अनाहार यहीं पड़े रहेंगे।"

ढुंढिराज कुछ चिन्तित होकर बोले, "क्या हमको भी अनाहार पड़ा रहना होगा?" आनन्दविग्रह बोले "नहीं तुमको नहीं रहना होगा।"

अनन्तर नहाने के समय गोकुलोत्सव ने आनन्दविग्रह को नहाने कहा। आनन्दविग्रह बोले, "हम नहाएंगे भी नहीं, खाएंगे भी नहीं, हम यहां अनाहार प्राण त्याग करैंगे।" गोकुलोत्सव ने बहुत भांति से विनय किया किन्तु आनन्दविग्रह नहीं माने। तब गोकुलोत्सव अपनी भगिनी के पास आकर बोले, "बहिन! जिसमें ब्राह्मण

का कुल रहै वह करो।" गुणमञ्जरी क्रोध से बोली, "कुल जायगा तो हमारा क्या हम ऐसे पात्र को कन्या कभी न देंगे।"

गोकुलोत्सव निरुपाय होकर बोले, "अच्छा वही होगा हम प्रतिज्ञा करते हैं तुम्हारे मत से अन्यथा नहीं करैंगे। तुम एक वेर कह दो कि ढुंढिराज को कन्या देंगे, तब हमारे प्राण बचैं और हमारे द्वार पर ब्रह्महत्या न हो।"

गुणमञ्जरी बोली "हम जो कहैंगे सो करोगे?" गोकुलोत्सव बोला "करैंगे।" गुणमञ्जरी, अच्छा तब जो कहने से नहाए खाएं सो कहो।

गुणमञ्जरी ने क्या संकल्प करके गोकुलोत्सव को प्रतिश्रुत कराया यह पीछे प्रकाश होगा। आपाततः आनन्दविग्रह ने आश्वस्त होकर स्नान आहार किया।

अष्टम स्तवक

संदेह

न जातु विप्रियं भर्तुः स्त्रिया कार्य कथंचन।

स्त्रीजनों का चरित्र और पुरुष का भाग्य देवतालोग भी नहीं जानते। पूर्ण की भगिनी और भगिनपति इतने दिन सद्भाव से काल वितीत करते थे। अब मन्दिरानन्द की आंख गई है। इस्से मधुरिमा को अब उचित है कि पहिले से विशेष उनको यत्न करै। किन्तु क्या आश्चर्य है कि इतने दिन के पीछे उन लोगों में विवाद होने की सम्भावना उपस्थित हुई। झगड़ा भी एक दासी की बात में। वह दासी बाल्यकाल से मन्दिरानन्द के यहां है। लखनऊ आने के समय मन्दिरानन्द उसको साथ ले आए थे। उस दासी के द्वारा संसार का कार्य निर्वाह होता था किन्तु मन्दिरानन्द की आंख जब गई तब एक नौकर की आवश्यकता हुई सर्वदा उनको डाकतरखाने जाना पड़ता था। किन्तु अब आंख रहने से आप जाकर गाड़ी भाड़ा नहीं कर सकते पूर्ण भी लखनऊ में नहीं है कि उससे आज काल कोई सहायता मिलती। दासी गांव की थी वह नगर का मार्ग कुछ नहीं जानती थी। इन्हीं सब कारणों से एक नौकर रक्खा गया, किन्तु दासी और नौकर में ऐसा विवाद उपस्थित हुआ कि दासी बहुत दिन की पुरानी थी तब भी मधुरिमा ने उसको निकाल दिया। दासी ने रोते रोते मन्दिरानन्द के पास जाकर अपनी निर्दोषिता का प्रमाण देने के वास्ते बहुत कुछ कहा। किन्तु जब देखा मन्दिरानन्द भी उसकी रखने में सम्मत नहीं है, तब इतना कहकर चली गई "इतने दिन हम थे कोई बात नहीं उठी थी अब मनमाना नौकर आया है। इससे अब हमारा कुछ काम नहीं है। हम यदि आप के ऐसे अन्धे होते तो हमारे रहने में कोई आपत्ति

नहीं थी।" मन्दिरानन्द ने दासी की बात सुनकर जा-जा करके उसको निकाल दिया। थोड़ी देर पीछे मन्दिरानन्द का क्रोध शान्त हुआ। तब मन्दिरानन्द चिन्ता करने लगे। इतने दिन के पीछे आज दासी ऐसा बात क्यों कह गई कि वह यदि अन्धी होती तो उसके रहने में कोई आपत्ति नहीं थी। इसका अर्थ और क्या हो सकता है?

क्या भयानक बात कह गई। हाय, क्यों उससे सविशेष बात न सुनकर उसको निकाल दिया! सन्देह एकबार उपस्थित होने से क्रमशः वृद्धि होता है। तुच्छ बात जिसमें पहिले वह कान भी न देते थे अब वही सब उनको गुरुतर बोध होने लगी। नौकर से पानी मांगते थे किन्तु यदि उसको पानी देने में जरा भी देर होती थी तो उनके मन में बहुत भांति का संदेह उपस्थित होता था। ऐसे ही कुछ दिन कट गया। मन्दिरानन्द किसी को कुछ स्पष्ट नहीं कहते थे। किन्तु मधुरिमा और नौकर की प्रति बात प्रतिध्वनि मनोयोग से सुनते थे और उसी का तर्क किया करते थे। मन्दिरानन्द कभी-कभी सोचते थे वह सब मिथ्या बात है। दासी ने क्रोधवश यह कह दिया है। किन्तु फिर सन्देह उत्पन्न होता। मन्दिरानन्द का मन इसी भांति है। एक दिवस बाहर के दरवाजे का शब्द हुआ। नौकर इसके पहिले ही बाजार गया था। इससे मधुरिमा ने आप जाकर दरवाजा खोल दिया। एक युवा पुरुष घर में प्रवेश करके मधुरिमा को देख कर जरा हंसा। मधुरिमा भी उसको देखकर हँसी पीछे युवक ने मधुरिमा को दरवाजे की आड़ में बुलाकर स्पष्ट स्वर से कुछ कहा। अनन्तर मधुरिमा ने निःशब्द से दरवाजा बन्द करके, युवक को पीछे पीछे लेकर गृह में प्रवेश किया। मधुरिमा स्वभाविक पाओं का शब्द करके जाने लगी और युवक भी निःशब्द से जाने लगे। दोनों अन्तःपुर में जा रहे हैं इतने में मन्दिरानन्द ने मधुरिमा को पुकार कर पूछा, "दरवाजे में कौन था?" मधुरिमा अम्लानमुख से बोली, "कोई तो नहीं" मन्दिरानन्द बोला, "फिस् फिस् करके किससे बातें करती थीं?" मधुरिमा बोली, "किसी से तो नहीं" मन्दिरानन्द ने दीर्घ निश्वास त्याग करके मौनावलंबन किया। मधुरिमा मन्दिरानन्द की ओर देखकर मृदु हंसकर वहां से चली गई।

मधुरिमा क्या यह तुमको उचित है? जिस स्वामी की तुम देवता तुल्य जानती थी, आज उसकी आंख गई है इससे उनको इतना हेय ज्ञान करती हो?

धृतराष्ट्र अन्धे थे इससे गान्धारी निज आंख वस्त्र से बान्धे रहती थी। तुमको क्या यही उचित है? मधुरिमा स्वामी के साम्हने से चली गई। आगन्तुक युवा भी उसके पीछे पीछे चला। उस गृह से दूसरे गृह में प्रवेश करने के समय युवक का जूता चौकठ में लगकर शब्द हुआ। उस शब्द ने मन्दिरानन्द के कर्ण कुहर में प्रवेश किया। मन्दिरानन्द के मन में आया मानो कोई जूता से उनका हृदय आहत करता है। उन्होंने मधुरिमा को पुकार कर पूछा, "किसका शब्द हुआ?" मधुरिमा बोली, "कहां शब्द हुआ?" मन्दिरानन्द फिर चुप होकर बैठे। मधुरिमा युवक के पास गई और उसके साथ बात करने लगी।

मन्दिरानन्द सोचे, नौकर प्रकाश्यभाव से निकल कर फिर गुप्तभाव से आया है फिर धीरे से निकलकर प्रकाश्यभाव से प्रवेश करेगा।

मधुरिमा युवक के साथ बहुत देर पीछे बाहर फिर आई और युवक को बोली, "इसी समय जाओ, नहीं तो प्रकाश हो जायगा। यह कहकर धीरे से बाहर के दरवाजे के पास जाकर युवक को विदा कर दिया, किन्तु फिर दरवाजा बन्द करने का शब्द हुआ। मन्दिरानन्द बोला, "कौन है?" मधुरिमा ने देखा अब नहीं छिप सकता इससे बोली, "नौकर अभी तक आया कि नहीं देखने गए थे। यह कहते कहते फिर दरवाजे का शब्द हुआ। मधुरिमा ने जाकर दरवाजा खोल दिया। अबकी नौकर ने प्रवेश किया और बात करते करते घर के भीतर आया। मन्दिरानन्द सोचे, "अबकी प्रकाश्य प्रवेश किया।"

नवम् स्तवक

शयन मन्दिर में

"तदलं त्यज्यतामेष निश्चयं पाप निच्ययं।"

सूर्य अस्तमित हुआ। जगत गात्र तिमिरावत हो गया। उससे विशेष गाढ़तर तिमिर ने मन्दिरानन्द के हृदय को आछन्न किया। जगत के साथ मानव हृदय की सम्पूर्ण एकता है। अरुनोदय से केवल जगत हंसता है यही नहीं है समस्त जीव लोक सूर्यलोक से प्रफुल्ल होता है। लाख चिन्ता हो किन्तु रात की अपेक्षा दिवाभाग में मन निरुद्वेग रहता है।

यामिनी आप मलिन है इससे सबको मलीन करने से वह प्रफुल्ल होती है। रजनी के आगमन से मन्दिरानन्द का हृदय बहुत ही सन्तापित होने लगा। मधुरिमा ने रन्धन करके मन्दिरानन्द को भोजन करने बुलाया। मन्दिरानन्द ने भूख नहीं है कहकर भोजन नहीं किया।

और सब ने आहार किया। नौकर लोग जाकर अपने स्थान पर सोए। मधुरिमा स्वामी के बिछौने के पास बैठकर पंखा हांकने लगी। मन्दिरानन्द ने चिन्ता किया, मधुरिमा उनको सुलाने के वास्ते पंखा हांक रही है। इससे बोले, "आज तुमें पंखा नहीं हांकना होगा हमको ज्वरांश है, शीत लग रहा है, तुम सो रहो।

मधुरिमा ने स्वामी के सिर में हाथ लगाया। मन्दिरानन्द के सिर से वह हाथ आग की भांति लगा। अनन्तर मधुरिमा सो गई। मन्दिरानन्द थोड़ी देर लेटकर पलंग पर उठकर बैठकर सोचने लगे, ऐसी स्त्री के साथ कैसे सहवास करेंगे, मधुरिमा

को वह विषधर सर्प की भांति जानने लगे। बहुत देर तक नाना प्रकार की चिन्ता करके प्राकाश्यरूप से कहने लगे।

"मधुरिमा! तुम्हें क्या यही उचित है? तुम ऐसी हो जाओगी यह हम स्वप्न में भी नहीं जानते थे। हम अब अन्धे हुए हैं, इससे आशा थी कि तुम अब हमको विशेष यत्न करोगी? सो न करके तुमने हमको त्याग किया" इतना कहकर मन्दिरानन्द रुलाई नहीं रोक सके। उनके उश्वास से मधुरिमा की निद्रा भंग हुई किन्तु वह जागी है प्रगट नहीं किया। चुप होकर मन्दिरानन्द की बात सुनने लगी। मन्दिरानन्द फिर कहने लगे, "मधुरिमा क्षमा करो तुमको वृथा हम दोष देते हैं। यह दोष तुम्हारा नहीं है। यह हमारे अदृष्ट का दोष है। तुमने तो हमको उसी दिन पढ़ने को निषेध किया था। हमने तुम्हारा कहना नहीं माना, पढ़ा इसी से आंख गई। हमारा अदृष्ट यदि अच्छा होता तो सर्वदा तुम्हारी बात सुनकर उस दिन तुम्हारा बात क्यों नहीं मानते। हमारा अदृष्ट अच्छा होता तो तुम हमको क्यों त्याग करती। किन्तु मधुरिमा तुम्हारी आंख यदि अन्धी होती तो हम कभी तुमको न अनादर करते। कभी तुमको त्याग करके दूसरा ब्याह न करते। मधुरिमा तुम्हें आंख है किन्तु तुम हमारा हृदय नहीं देखती हो। हम तुमको कितना चाहते हैं तुम्हारे बिना हम जी नहीं सकते यह तुमको नहीं मालूम है। तुम कहोगी "अन्धे को चाहने की हमको क्या आवश्यकता है।" सत्य है किन्तु मधुरिमा तुम्हारा अन्तःकरण मृणाल से भी कोमल है, सो तो हम जानते हैं। हमारे चाहने के कारण नहीं हमारे अन्तर का कष्ट एक बार देखने से तुम कभी नहीं हमको त्याग सकती थी। यदि कोई पराया होता तो भी तुम उसका कष्ट नहीं सह सकती। फिर हमारा कष्ट तुम सह सकतीं यह तो कभी सम्भव ही नहीं है। मधुरिमा अब भी फिरो। तुमने जो किया सो किया, अब हमको मत त्यागो, सहस्त्र दोष में दोषी होती भी मधुरिमा तुम हमारी ही हो। एक बार तुम हमको तुम हमारे ही हो यह कहकर पुकारो तो हमारा सब दुःख जावैं। इतना प्रकाश से कहकर मन्दिरानन्द चुप हुए। मधुरिमा के आंख से आंसू बहने लगा, किन्तु वह प्रकाश में कुछ नहीं बोली।

दशम स्तवक

ब्याह

जिहि दिसि बैठे नारद फूली। तेहि दिसि तेइन विलोकउ भूली।

चन्द्रप्रभा के ब्याह का दिन स्थिर हुआ है। आनन्दविग्रह आनन्द सलिल में बह रहे हैं। ढुंढिराज दुःख में डूब रहे हैं। आनन्दविग्रह के ऊपर उनको बड़ा क्रोध हुआ है,

मन मन में चिन्ता कर रहे हैं। "आनन्दविग्रह को अन्त में धरना देना पड़ा यही धरना पहिले ही देते तो अच्छा होता, तो हमारी इतनी क्षति क्यों होती।"

गोकुलोत्सव दिन भर ब्याह के उद्योग में व्यस्त हैं। भगिनीपति के पास बैठकर बात करने की फुरसत नहीं है। क्रम से सब उद्योग हो गया, कल रात को ब्याह है। ढुंढिराज को पूर्वरात निद्रा ही नहीं हुई। चन्द्रप्रभा मिलैगी इस लोभ से उनका चित्त उकलने लगा, किन्तु कुछ पण नहीं मिलैगा यह सोचकर दुःख भी होने लगा। आनन्दविग्रह के ऊपर उनको बड़ा ही क्रोध हुआ उन्होंने क्यों थोड़ी देर पहिले धरना नहीं दिया यही उनका दोष है।

ब्याह के दिन ढुंढिराज और आनन्दविग्रह दोनों ने उपवास किया। निमन्त्रित व्यक्ति लोग धीरे-धीरे आने लगे।

ब्याह का लग्न बहुत रात बीते हैं। मुतरां सब कोई बैठकर नानाविध गल्प और दुलहे को लेकर हँसी ठट्ठा करने लगे।

थोड़ी देर पीछे ढुंढिराज बोले, "गोकुलोत्सव कहां हैं?" आनन्दविग्रह बोला, "क्यों?"

ढुंढिराज बोला, "उनके साथ हमको विशेष प्रयोजन है, उनको एक बार बुलादो।" गोकुलोत्सव गृह के भीतर काम में व्यस्त थे इससे उनको आते कुछ विलम्ब हुआ।

ढुंढिराज चिढ़कर बोला, "हम बुलाते हैं और वह इतनी देरी कर रहे हैं?"

पास एक ब्राह्मण बैठा था। वह ढुंढिराज की बात सुनकर बोला, "गोकुलोत्सव बाबू जल्दी आइए, शिशुपाल क्रोध कर रहे हैं" ढुंढिराज क्रोध के स्वर से बोला, "आप क्या कहते हैं।" वह व्यक्ति बोला, "कुछ नहीं"।

ढुंढि क्रोधित होकर चिन्ता कर रहे हैं क्या उत्तर देंगे।

इतने में गोकुलोत्सव आए, ढुंढि उनको देखकर बोला, "ऐसे स्थान में हम ब्याह करने नहीं चाहते, दो घड़ी भी हम को सब सुस्थिर नहीं रहने देते।"

गोकुलोत्सव बोले, "तुम लोग सब कोई चुप रहो।" पीछे ढुंढिराज से कहा "महाराज! ब्याह की रात तो हँसी होती ही है आप इन सब बातों में क्यों कान देते हैं?" ढुंढि बोले, "और एक बात है। हम बीस रुपया दायजा बिना लिए ब्याह न करैंगे।" गोकुलोत्सव बोला, "यह कैसा आपने तो पहिले ऐसी बात नहीं कही थी?" ढुंढि बोले, "हमने कब नहीं कहा था? हमसे किसने पूछा था?" आनन्दविग्रह के साथ ढुंढिराज की बातचीत हो गई थी कि ब्याह के समय किसी छल से कुछ ले सकैं तो इसमें उनको कोई आपत्ति नहीं है।

गोकुलोत्सव बोले, "आनन्दविग्रह से तो आपने कहा था पण नहीं लेगें। क्यों पंडित जी आपने यह बात कही थी न?"

आनन्दविग्रह बहुत ही अप्रतिभ होकर बोले "हां-नहीं, सोई ती-सो भी नहीं—किन्तु कुलीन के लड़के ब्याह के समय कुछ पाते हैं।"

गोकुलोत्सव बोला "यह आपका बड़ा अन्याय है"

आनन्दविग्रह बोला, "जाने दो जाने दो यह सब बात इस समय जाने दो पीछे होगी अब तुम इनके कुटुम्ब हुए दस पांच रूपया मांगने से क्या इनको नहीं दोगे।

गोकुलोत्सव बोला "वह स्वतन्त्र बात है ढुंढिराज को यदि कन्या देंगे तो क्या दो चार रुपया वह चाहेंगे तो नहीं पावैंगे।"

गोकुलोत्सव की बात के भाव से बोध हुआ कि अभी कन्यादान में भी विशेष सन्देह है। तब आनन्दविग्रह और ढुंढिराज बोले "यह कैसी बात है?"

गोकुलोत्सव बोला, "बीस रूपया न पाने से वह तो ब्याह नहीं करैंगी न? इसी से कहा"

गोकुलोत्सव की बात सुनकर ढुंढिराज का हृदय कांप उठा, सोचे रुपया मांग कर अच्छा नहीं किया।

गोकुलोत्सव और दो चार मनुष्य भीतर गए। ढुंढिराज बाहर इसी सोच में बैठे हैं कि रुपया क्यों मांगा। इतने में गृह के अन्तःपुर से वेदपाठ और ढोल आदि का शब्द हुआ। उसी समय गोकुलोत्सव फिर बाहर आए। आनन्दविग्रह बोला "लग्न का समय क्या उपस्थित हुआ?"

गोकुलोत्सव बोले, "जान तो पड़ता है।" स्वर भंग की भांति घबड़ाकर पूछने लगे "इसका अर्थ क्या है?" गोकुलोत्सव बोले, "इसका अर्थ यही है कि ब्याह हो गया। इसका अब और क्या अर्थ हो सकता है?" यह कहकर सभास्थ सबको पुकार कर बोले "आप लोग उठिए आहार का उद्योग हो गया है।"

निमन्त्रित व्यक्तिगण प्रतिवासी आदि सब कोई इस व्यापार को पूर्व से जानते थे। इससे किसी को इस बात में आश्चर्य नहीं हुआ। सब कोई उठने के समय ढुंढिराज का कान मल मल कर जाने लगे।

ढुंढिराज चिल्ला चिल्ला कर कहने लगे "दोहाई मजेस्टर साहब की, दोहाई कम्पनी बहादुर की" आनन्दविग्रह बोला, "ढुंढिराज चुप रहो, व्यापार क्या है जरा समझने दो" आनन्दविग्रह जितना मना करते थे उतना ही ढुंढिराज "दोहाई मजेस्टर साहब की हमारी जात भी लिया, हमारा कान भी मल रहे हैं।" यह कहकर रोने लगा।

गोकुलोत्सव ने आनन्दविग्रह का हाथ पकड़कर कहा "व्यापार सुनने चाहते हो कि देखना चाहते हो?"

आनन्दविग्रह बोला "सुनने भी चाहते हैं देखने भी चाहते हैं" तब हमारे साथ आओ, यह कहकर गोकुलोत्सव आनन्दविग्रह को साथ लेकर गृह के अन्तःपुर में गए। उसी समय ढुंढिराज भी गए। जिस स्थान में दुलहा और कन्या थे गोकुलोत्सव उसी स्थान में आनन्दविग्रह को ले गए। और दुलहा से बोले, "पूर्ण ! यह तुम्हारे ससुर हैं इनको प्रणाम करो।"

पूर्ण ने प्रणाम किया। आनन्दविग्रह क्रोध से बोले, "आशीर्वाद अब तुमको

क्या दें, शीघ्र तुम मरो, यही हमारी प्रार्थना है।" ढुंढिराज चिल्लाकर बोला, 'तुम्हारा जल्दी सत्यानाश हो"।

गोकुलोत्सव उन लोगों के मुंह से ऐसी बात सुनकर क्रोध में बोले, "निकलो तुम लोग हमारे घर से जितना बड़ा मुंह नहीं उतनी बड़ी बात कहते हो। आज आनन्द के दिन अमंगल शब्द कह रहे हो।"

यह कहकर ढुंढिराज की छाती में हाथ लगाकर धक्का दिया। ढुंढि बिचारे सारा दिन उपवास थे, धक्का न सम्हाल कर आनन्दविग्रह के ऊपर गिरे। ढुंढिराज मट्टी पर गिर पड़ा और चिल्लाने लगा, "हमको मार डाला। कोई कहीं हो तो बचाओ। हमारा सर्वस्व लूट लिया। हमारा रुपया पैसा सब लिया। कोई आकर रक्षा करो। दोहाई मजेस्टर साहब की, दोहाई कम्पनी की।"

यह चिल्लाना सुनकर जहां जो थे सब दौड़कर वहां आए। आनन्दविग्रह रोते रोते बोले, "तुम लोग सब कोई देखो हमारा हाथ टूट गया है, हम अभी थाने पर जाते हैं।"

ढुंढिराज बोला, "तुम लोग सब कोई देखो हमारा नगद दो सौ रूपया था पांच थान मोहर थी, सब लूट लिया हमको इसके कारण लाट साहब के साम्हने जाना होगा तो भी हम जायगें।"

गोकुलोत्सव बोले, "जाओ तुम लोग जहां जाओंगे जाओ। यहां शोर करोगे तो मारकर हड्डी तोड़ देंगे।" यह कहकर दोनों का हाथ पकड़ कर घर के बाहर निकाल कर दरवाजा बन्द कर दिया।

एकादश स्तवक

उपसंहार

"किमपि मनसी सन्मोही तदा बलवानअभूत।"

चन्द्रप्रभा के ब्याह में मधुरिमा का न्योता हुआ था। ब्याह हो जाने से वह अपने घर आकर मन्दिरानन्द के पास आई। मन्दिरानन्द अपने बिछौने पर लेटे थे। मधुरिमा बोली, "तुमको यदि एक सुसमाचार हम दें तो हमको तुम क्या दोगे?" मन्दिरानन्द बोला, "कौन है? मधुरिमा ! क्या सुसमाचार है?" मधुरिमा बोली, "आगे हमको क्या दोगे बोलो?"

मन्दिरानन्द "यह अन्धे को तुमसे क्या अदेय है।"

मधुरिमा "हम यह सुनने नहीं चाहते। तुम जरा हंसोगे कि नहीं और हमारा

समस्त अपराध क्षमा करोगे या नहीं।"

मन्दिरानन्द गम्भीर स्वर में बोले, "अन्धे के क्रोध से तुम्हारा क्या होगा?"

"तब तुम कुछ नहीं दोगे, हम वैसे ही कहते हैं। चन्द्रप्रभा के साथ पूर्ण प्रकाश का ब्याह हो गया।"

मन्दिरानन्द, "यह कैसा? ढुंढिराज का क्या हुआ?" मधुरिमा, "उसका शिशुपाल का ब्याह हुआ है। मन्दिरानन्द बोले, "क्या हुआ सब स्पष्ट कहो।"

मधुरिमा बोली, "ढुंढिराज को देखकर चन्द्रप्रभा की मां ने प्रतिज्ञा किया कि उसके साथ कन्या का ब्याह नहीं करैंगे। यह सुनते ही आनन्दविग्रह ने नहाना खाना त्याग दिया कहा अनाहार से प्राण त्याग करेंगे। चन्द्रप्रभा की मां क्या करै उससे कहा कि ढुंढिराज को कन्या देगी इधर गोपन से पूर्ण को यहां आने को पत्र लिखा। पूर्ण पत्र पाकर यहां आया, आकर सिर को कसम देकर हमें निषेध कि कि तुम्हारे कान में अभी यह बात न जाय। हमने बहुत कहा तुमको कहने से कोई क्षति नहीं है तब भी वह नहीं माना। दो एक दिन आते हुए दासी ने उसको देखा था किन्तु सन्ध्या के पीछे आता था इससे पहिचान न सकी। उसने जाना नौकर ही चुपचाप निकल जाता है यह सोचकर उसके मन में सन्देह हुआ।

हमको बुरी बात बोली इसीसे हमने उसको निकाल दिया। जाने के समय वह तुमको कुछ कह गई थी इससे तुम्हारे मन में सन्देह हुआ है। उस दिन रात की तुम्हारी बात सुनकर हमने जाना। हम उसी समय सब बात तुमको कहते किन्तु पूर्ण ने कसम दिया था इससे नहीं कहा। भला हम क्या इस जन्म में तुमको त्याग सकते हैं? तुम्हारे ऐसा...मन्दिरानन्द इतना सुनकर मधुरिमा का हाथ पकड़ कर बोले, "बस रहने दो हम सब समझ गए। मधुरिमा हमने बड़ा अपराध किया है, क्षमा करो।"

मधुरिमा बोली, "हम तुमको क्षमा करैंगे? तुम हमको यह क्षमा करो कि पूर्ण के कहने से हमने यह सब बात तुम से छिपाया था। हमारा बड़ा कठिन प्राण है कि तुम्हारा यह कई दिन का कष्ट देखकर भी हमने गुप्त प्रकाश नहीं किया। तुम्हारी स्त्री होना दूर रहे, हम तुम्हारी दासी के योग्य भी नहीं हैं।" पूर्व की भांति मधुरिमा का हाथ पकड़ कर मन्दिरानन्द बोले, "तुम्हारा दोष इसमें क्या है? तुमको कसम देकर कहा था इससे तुमने हमसे नहीं कहा दोष हमारा है। हम जो दासी की बात सुनकर तुमको कलंकिनी सोचे थे, यह हमारा बड़ा भारी अपराध है। तुम हमें क्षमा करो" यह कहकर मन्दिरानन्द मधुरिमा दोनों कंठ लग कर प्रेमाश्रु बरसाने लगे।

गीत

मल्लिका के चार बंगला गीत
रायकृष्ण दास की टिप्पणी के साथ

'नेह के दिवाने' में मल्लिका के उपनाम 'चन्द्रिका' के प्रमाण में उनके चार बंगला गीत भेज रहा हूँ। ये गीत भारतेन्दु ग्रन्थावली (नागरी प्रचारिणी सभा) खंड-दो में हैं। मुझे आशंका है कि एक दिशा से यह कुतर्क उठाया जाएगा कि चन्द्रिका स्वयं भारतेन्दु जी का उपनाम है, उनकी बंग कविताओं में।

(1)

राखो हे प्रानेश ए प्रेम करिया जतन,
तोमाय करेछि समर्पन।
जत दिन रबे प्रान श्री चरने दिओ स्थान,
हरिश्चन्द्र प्रान-धन एई अकिंचन,।
'चन्द्रिका' हृदय-धन नाहिक तोमा बिहन,
तब करे ते आपने करेछि जीवन समर्पन।

(ओ प्राणेश रखो इस प्रेम को करके जतन,
मैंने तुम्हें किया है समर्पण
जितने दिन रहें प्राण श्रीचरणों में देना स्थान
हरिश्चन्द्र प्राण-धन इस अकिंचन को
'चन्द्रिका'—हृदय-धन नहीं है तुम्हारे बिन
तुम्हारे हाथों में मैंने ख़ुद
समर्पित किया है जीवन।)

(2)

आमाय भालो बेशे आर तोमार काज नाई,
तुमि अन्य, प्रान ज्वले आमाय भालो बासे बोले
सदा भासि आंखि जले हृदे नाना दुःख पाई,
बिदाय आओ गुनमनी साजबो एवे संन्यासिनी

हवो नाथ बिदेशिनी सुख पथे दिया छाई,
हरिश्चन्द्र प्रान-धन 'चन्द्रिकार' निवेदन,
बासना एमन मन विदेशे ते प्रान याई

(मुझे प्यार करने की अब तुम्हें नहीं है दरकार,
तुम और प्राण जला कर करते हो मुझसे प्यार।
तो सदा मैं बहती हूँ आँसुओं में, पाती हूँ नाना दुःख,
विदा दो गुणमणि मैं अब सजूँगी संन्यासिनी,
सुख के पथ पर राख डालकर होऊँगी विदेशिनी।
हरिश्चन्द्र प्राण-धन 'चन्द्रिका' का यह निवेदन,
मन में यह कामना है कि विदेश में जाएँ प्राण।)

(3)

आज आमार होलो सुप्रभात,
नवीन वत्सरे पद दिले प्राननाथ
ओ वत्सरे दिन हेन विधि पुनः देन जेन,
धरे ए बासना मन पूर्ण करे जगन्नाथ

(आज मेरा हुआ सुप्रभात,
नवीन वर्ष में प्राणनाथ ने रखे हैं क़दम
इस वर्ष विधि ऐसा दिन बार-बार दें
मेरी यह इच्छा पूरा करें जगन्नाथ)

(4)

कि आनन्देर दिन आज हेरिनु नयने,
इहार समान दिन नाहिक ए भुवने
हरिश्चन्द्र प्रानपति आज तार जन्म-तिथि,
बिधि सुख दिले अति आजि 'चन्द्रिकार' मने।

(कितने आनन्द का दिन आज देखा नयनों से,
इसके समान दिन नहीं है इस भुवन में
हरिश्चन्द्र प्राणपति आज है उनका जन्मदिन
विधि ने आज कितना सुख दिया है 'चन्द्रिका' के मन में)

(धर्मयुग, 7 नवम्बर, 1976)

भारतेन्दु की काव्य-पुस्तिका 'प्रेम तरंग' में छपे मल्लिका के गीत

प्रानेर बिना की करी रे आमी कोथाय जाई।
आमी की सहिते पारी बिरह-जंत्रना भारी
आहा मरी मरी बिष खाई।
बिरहे ब्याकुल अति जल-हीन मीन गति
हारि बिना आमि ना बचाई। (71)

(प्राण बिन मैं करूँ क्या, जाऊँ कहाँ!
मैं क्या सह सकूँगी भारी विरह-यंत्रणा
मर जाऊँगी विष खाकर।
विरह में व्याकुल हूँ अति
ज्यों जल-हीन मीन की गति
हरि बिन मैं न बचूँगी।)

पिया प्यारे तोहि बिनु रह्यो नहिं जाय।
कौन सो करौं मैं उपाय।
कहत 'चन्द्रिका' धाइ मिलो अब लेहु गरे लपटाय। (95)

आओ पिया प्यारे गरे लगि जाओ।
काहें जिअ तरसाओ, कहत 'चन्द्रिका' धाइ मिलो।
अब जिय की जरनि जुड़ाओ। (96)

खेमटा

अब ना आओ पिया मोरि सेजरिया।
जात बिदेस छोड़ि तुम हमको
हनि हनि हिय में बिरह कटरिया।
कहत 'चन्द्रिका' हरीचन्द पिय जाओ
वही जहाँ लाए नजरिया। (97)

अथ बंगला गान

प्रानप्रिबो शशि-मुख बिदाय दाओ आमारे।
शून्य देह लीए जाबो प्रान दिये तोमारे।
करि हे बिनय हइया सदय आमारे।
बिदाय दाओ जाई देशान्तरे। (1)

(प्राणप्रिय शशि-मुख विदा दो मुझे
शून्य देह लिए जाऊँगी, तुम्हें देकर प्राण
मेरी प्रार्थना है—होकर सदय
विदा दो मुझे—चली जाऊँ देशान्तर।)

प्राननाथ निदय हय बिदाय चेओ ना।
तोमा बिन प्रान नाहिं रबे प्रान।
किसे पाब त्रान आमाय बलो ना।
आमि हे अबला, ताहा ते सरला।
बिरह-ज्वाला, प्राने सबे ना। (2)

(प्राणनाथ, निर्दय होकर विदा मत माँगो
तुम्हारे बिना प्राण फिर प्राण नहीं रहेंगे,
कहो न, मुझे कैसे मिल सकेगा त्राण!
अबला हूँ मैं, तिस पर सीधी-सरल,
विरह की ज्वाला नहीं सह सकेंगे प्राण)

जाई जाई करे नाथ दिओ नाहे जातना।
तोमार बिच्छेदे ए जीवन रबे ना।
पुनः ए नयन शशांक-बदन करिबे
दर्शन कबे ओहे बलो ना।
तोमारे ना हेरे प्रान जेकी करे कि कब
तोमारे, तुमि किये भावना। (3)

(जा रहा हूँ कह-कह कर मत दो यातना।
तुमसे बिछुड़कर नहीं बचेगा यह जीवन
फिर से इन नयनों को
इस चन्द्रमुख के दर्शन कब होंगे
कहो न,
तुम्हें न देख क्या करते हैं ये प्राण,
तुमसे क्या कहूँ
क्या तुम ऐसा नहीं सोचते!)

प्राननाथ बिदेशे त जेते दिवना।
जाबे जाओ कान्त किन्तु हे नितान्त
आमरे एकान्त, आर कान्त पाबे ना।
तोमार विहन, ए छार जीवन,
ओ प्रानधन आर रबे ना। (4)

(प्राणनाथ, मैं विदेश न जाने दूँगी
जाते हो तो जाओ कान्त
लेकिन नितान्त मुझे एकान्त
अब कान्त न पा सकोगे।
तुम्हारे बिन राख हो चुका यह जीवन
ओ प्राणधन, अब न बचेगा।)

आर जातना प्रान सहे ना।
सदा मन उचाटन, झरिछे दु नयन,
कान्त बुझिए जीवन, आमार आर रबे ना।
हाए एमन समय, कोथा ओहे रसमय
हइया अति सदय, आछ प्रान बलो ना। (5)

(प्राणों से और नहीं सही जाती यातना
सदा उचटा रहता है मन, झर रहे दो नयन
कान्त, मुझे लगता है न बचेगा
मेरा यह जीवन
हाय ऐसे समय, कहाँ हो ओ रसमय
होकर अति सदय, मेरे प्राण कहो न!)

प्राननाथ देखा दाओ आसि अबलाय।
जे दुःख पेतेछि आमि, मन जाने आर,
आमि जानि आरि जानेन ईश।
जिनि के मने आमि जानाब तोमाय। (6)

(दर्शन दो प्राणनाथ आकर अबला को।
जो दुःख भोग रही हूँ, मन जानता है,
मैं जानती हूँ और ईश जानते हैं।
वे कौन हैं मन में मैं तुम्हें बतलाऊँगी।)

आमार जे दशा माथ आसिया हे देखे ना।
हरिश्चन्द्र नाथ जार, केन हेन दशा तार,
बल ओहे गुनि-मनि, आमार हे बलो ना।
सदा मन उचाटन, दहिते छे जीवन मन,
असह्य 'चन्द्रिका' जीवने सहेना यातना। (7)

(मेरी जो दशा है आकर ज़रा देखो ना।
हरिश्चन्द्र जिसके नाथ हैं, उसकी क्यों है यह दशा
कहो ओ गुणी-मणि मेरे, कहो ना
मन उचटा रहता है सदा, दह रहा है जीवन मन
असहनीय है 'चन्द्रिका' के जीवन में, इन यातनाओं को सहना)

कोथाय रहिल सखि से गुन-मान।
विच्छेद यातना, आर जे सहेना।
कि करि बल न ओ प्रान सजनी।
केमने एखन, धरिब जीवन।
से कान्त विहन बल ओ धनी। (8)

(कहाँ है सखि, वह गुण-मान
विरह की वेदना अब और नहीं सही जाती
ओ प्राण सजनी बता, मैं क्या करूँ
किस तरह जिऊँ यह जीवन
उस कान्त के बिन
कहो तो प्यारे!)

हाय बिधि एत मोरे केन निर्दय।
अमूल्य रतन करियो अर्पन,
केन गो हरन ताहारे कराय।
मम प्रान-धन, हृदय-रतन रमनी-मोहन कोथाय गो जाय। (9)

(हाय, विधि मेरे प्रति क्यों है इतना निर्दय
अमूल्य रतन का करके अर्पण
क्यों उसे वह हर लेता है!
मेरे प्राण-धन, हृदय-रतन रमणी-मोहन
कहाँ चले जाते हैं!)

तुमि कर के तोमार कारे बल रे मन आपन।
मिछा ए संसार माया जुड़े आछे त्रिभुवन।
दारा सुल परिवार संगे कि जाबे तोमार।
जखन तुमि मुँदिबे दु नयन। (10)

(तुम कहो कौन है तुम्हारा
मन, तुम किसे कहते हो अपना
झूठ है यह संसार, माया में लिपटा है त्रिभुवन
पत्नी और परिवार क्या जाएगा तुम्हारे साथ
जब तुम मूँद लोगे दोनों नयन?)

ओरे हरि दयामय!
ए भव-जंत्रना, आर जे सहे ना।
करियो करुना, उधारो आमाय। (11)

(ओ हरि दयामय!
अब और सहन नहीं होती यह भव-यंत्रणा
करुणा करके उबारो मुझे।)

ओहे नाथ करुनामय!
प्रभु हरि दयामय, दया करो ए जनाय,
नामे ना कलंक रय उद्धारो तराय।
आमि अति मूढ़ मति, न जानी भक्ति स्तुति,
कि हबे आमार गति, बल गो आमाय। (12)

(ओ नाथ करुणामय!
प्रभु हरि दयामय, इस जन पर दया करो
नाम में न कलंक रहे, उबारो तारो मुझे
मैं अति मूढ़मति, न जानूँ भक्ति स्तुति
क्या होगी मेरी गति, बताओ मुझे।)

मन केन रे भाव एत।
ओई जे दिवा-निशि भावछे बसी,
जेन बुधि हुए छे हत।
एतेक, भावना, किसेर कारन,
हबे बूझि पागलेर मत। (13)

(इतना क्यों सोचता है रे मन
यह जो दिन-रात सोचता रहता है
मानो हत् बुद्धि हो गया है
इतनी सोच किस लिए
शायद पगला गया है!)

आमार नाथ बड़ दयामय।
करुना-आकर दयार सागर
दयामय नाम जगत भीतरे।
एक मुखे गुन वर्णना जे भार,
कहि छे 'चन्द्रिका' भाविया हृदये। (14)

*(मेरे नाथ बड़े दयामय
करुणा-आकर दया के सागर
दयामय नाम दुनिया में
एक मुख से सम्भव नहीं
उनके गुणों का वर्णन
'चन्द्रिका' कहती है यह हृदय से।)*

कलिंगड़ा एक-ताला

ओ प्रान नयन-कोने चाईले एरे क्षति कि आछे।
आमार केंदे सोहाग जेंचे मान तोमार काछे।
जथा इच्छा तथा जावो, सदत हृदय रओ।
तोमार विहन कओ, आमार के आछे। (15)

(ओ प्राण! नयन कोरों से देखूँ
तो इसमें क्या क्षति है!
प्रिय, मेरी रुलाई भरी नाराज़गी है तुमसे
जहाँ मर्ज़ी वहाँ जाओ,
पर सदा हृदय में रहो
तुम्हारे बिन, कहो, मेरा और कौन है!)

सिन्धु धीमा तिताला

ए सोहाग आर आमार काज नाई।
सदत हृदय जे ज्वाला पाई।
हृदय दहन जायगो जीवन।
कि करि एखन बल गोसाईं। (16)

*(इस सुहाग से मुझे अब क्या
हृदय में सदा तपिश रहती है
हृदय दहकने में बीता जाता है जीवन
कहो गोसाईं, अब मैं क्या करूँ!!)*

प्राननाथ कि बले छिले।
ए दारुण ज्वाला हृदये केन गो दिले।
हृदय माझे त राखिबे तोमाय।
सदत बलिते नाथ हे अमाय।
से सब कथन रहिल कोथाय।
भेवे देख प्रान कि करिले। (17)

(तुमने क्या कहा था प्राणनाथ!
यह दारुण ज्वाला
तुमने क्यों कर दी है हृदय में!
हृदय के बीच में रखूँगी तुम्हें
हमेशा तुम जो कहते थे मुझसे
वे सब बातें कहाँ रह गईं!
सोच कर देखो प्राण! तुमने यह क्या किया!)

कोथाय रहिले प्रान एमन बरखा ते।
देख घन घन, बरिषे नयन, अबलारे भिजाते।
बल ओरे प्रान, तोमाय कोन जन,
शिखाले एमन आमारे काँदते।
'चन्द्रिका' जे बले नाथ कि करिले
अबला बधिले बुझि हे प्रानेते। (18)

(ऐसी बरखा में तुम कहाँ रह गए प्राण
देखो ये घने बादल,
बरसते मेरे नैन, मुझ अबला को भिगो देते हैं।
कहो ओ प्राण, तुम्हें किसने इस तरह
मुझे रुलाना सिखाया?
'चन्द्रिका' कहती है नाथ यह तुमने क्या कर डाला
अबला का वध कर दिया!)

आदरे आदरे भालो तो छिले।
जे तोमार अनुगत तार कि करिले।
नव जलधर तुमि तृषित चातकि आमी
ओहे प्राननाथ कोथा बारि बिन्दु बरषिले।
प्रान-प्रिय प्रान-धन बल जातना एमन,
'चन्द्रिका' हृदये केन गो दिले। (19)

(प्यार प्यार में अच्छे तो थे।
जो तुम्हारी अनुगता है
उसकी क्या गत बना दी!
नव जलधर तुम, प्यासी चातकी मैं
ओ हे प्राणनाथ, तुमने वर्षा की बूँदें कहाँ बरसाई!
प्राण-प्रिय, प्राण-धन कहो इतनी यातना
'चन्द्रिका' के हृदय में भला क्योंकर दे दी!)

ओहे हरि जगतेर पति।
दया कर दयामय आमि दीन हीन अति।
लाए छे शरण चरणे जे जन,
रूष्ट कि कारण ताहार प्रति।
नाम दयाकर जगत भीतर कि
हबे आमार बल गो गति। (20)

(ओ हे हरि जगत पति
दया करो दयामय, मैं दीन-हीन अति
तुम्हारे चरणों की शरण में हैं जो
रुष्ट क्यों हो तुम उनके प्रति!
नाम दयाकर जगत में
कहो तो ज़रा मेरी क्या होगी गति!!)

आशाय आशाय भालो जातना दिले।
जाओ तथा गुन-मनि जथा निशि पोहाईले।
से धनि तोमार धनि तुमि तार प्रेमे रिणि,
बाँधा आछ गुनमनी तबे हेथा केन आसिले। (21)

(उम्मीद जगाकर अच्छी यातना दी
जाओ वहाँ गुण-मणि जहाँ रात बिताई
वह धनी तुम्हारी धनी, तुम उसके प्रेम में ऋणी
बँधे हुए हो गुणमणि
तो फिर क्योंकर यहाँ आए!)

तोमाय भुलिबे केमने।
हृदय अंकित छबि अति यतने।
दिवा निशि मुख देखि हृदय आदरे राखि,
प्रान सदा एई बासना मने। (22)

(तुम्हें कैसे भूल सकूँगी
बड़े जतन से हृदय पर
अंकित कर रखी है तुम्हारी छवि
दिन-रात तुम्हारा मुख देखती रहूँ
हृदय में रखूँ प्यार
प्राण, सदा यही इच्छा होती है मन में।)

एक बार भाव ओरे मन।
शेषेर से दिन तब निकट एखने।
दिन दिन हीन बल मन हएछे दुर्बल,
रोगेर अति प्रबल भये भीत हएछे जीवने। (23)

(एक बार सोचो ओ मन!
अब अन्त का दिन पास आ गया है
दिन-दिन हीन बल मन हुआ है दुर्बल
रोग के अति प्रबल भय से
जीवन में डर लगने लगा है।)

एतेक जीवने केन मरन बासना।
बुझि कपालेर दोषे बिधिर बिड़म्बना।
केन रे अबोध मन कर कामना एमन,
से दुःख तब कारन बुझि ताहा जान ना। (24)

(इतने-से जीवन में क्यों इच्छा है मरने की!
शायद भाग्य का दोष है या विधि की विडम्बना।
क्यों रे अबोध मन, तू क्यों करता है ऐसी कामना,
वह दुःख तेरे ही कारण है, तुझे क्या यह पता नहीं!)

एखनि एमन हबे स्वपने छिले ना ज्ञान
ना होते मिलने सुखि आगे ते जाइबे प्रान।
जन्म जन्मान्तरे जेन पाई प्राननाथ हेन।
बिधिर काछे एई मोर शेष अकिंचन। (25)

(अभी ऐसा हो जाएगा सपने में भी नहीं सोचा था,
मिलन का सुख पाने से पहले ही चले जाएँगे प्राण!
जन्म-जन्मान्तर यही मेरे प्राणनाथ हों।
विधि से इस अकिंचन की बस यही प्रार्थना है।)

किछु सुख होलो जीवने।
प्राननाथ भुलाएछे सेई नवीने।
आमार अभाव काले बिरह बेदना ज्वाले,
आघात हबे ना तार कोमल हृदय-
स्थाने एई भेवे सुखमने। (26)

(कुछ सुख मिला जीवन में।
प्राणनाथ ने भुला दिया उस नवीन को
मेरे अभाव के समय में विरह की वेदना सुलगाकर
उसके कोमल हृदय पर आघात नहीं होगा
यह सोचकर सुख मिलता है मन में।)

नव प्रेमे प्रेमी होते कर वासना,
बल बल ओरे प्रान मोरे बल ना।
एई प्रेमे प्रेमी होले मम चिन्ता जाबे चले,
ईहा तेई जाबे मोर हृदि बेदना
तोमाय पाब जन्मान्तरे एई आशा हृदे कोरे।
प्रान जाबे आर जाबे हृदि जातना। (27)

(नए प्रेम में प्रेमी होने की इच्छा कर
कहो-कहो ओ प्राण मुझसे कहो न
इस प्रेम में प्रेमी होने पर ख़त्म हो जाएगी मेरी चिन्ता
इसी से दूर हो जाएगी मेरे हृदय की वेदना
तुम्हें पा जाऊँगी जन्मान्तर में, हृदय में यह आशा लिए
जाएँगे मेरे प्राण और जाएगी हृदय की यातना।)

सेई जे आमाय तोमाय छिले कथा मने आछे कि ना बल।
सेई जे छिले जत भाल बासा मने आगे कि ना आछे बल।
कत कत छिले मने आशा कत छिले हृदे भालो बासा।
शेषे होली आशा नैराशा मने आछे कि या आछे बल।
हृदये दिए छे कतेक ब्यथा मने आछे कि ना आछे बल।
तुमि हे कि कछु किछुई जाने ना मम मने आछे सब बेदना।
आमि हृदये पेयेछि ब्यथा नाना मने आछे कि ना आछे बल।
दिए छिले—तक 'चन्द्रिका' बाजा ओहे चन्द्र तब प्रेमे बाधा।
आछे मन प्रान सब साधा मने आछे कि ना आछे बल। (28)

(वह जो मुझमें तुममें क़रार था, कहो तुम्हें याद है कि नहीं
पहले कितना प्यार था मन में, अब है कि नहीं कहो,
कितनी-कितनी आशाएँ थीं मन में, हृदय में था प्यार
आख़िर में आशा हो गई निराशा, कहो तुम्हें याद है कि नहीं
हृदय ने दी है कितनी पीड़ा, कहो तुम्हें याद है कि नहीं
तुम्हें क्या कुछ भी नहीं पता, मेरे मन में हैं सारी वेदनाएँ
मेरे हृदय को मिली हैं तमाम पीड़ाएँ, कहो तुम्हें याद है कि नहीं
चन्द्रिका ने ओ चन्द्र, तुम्हारे प्रेम में बाधा की अवधि बताई थी
मन और प्राण सब सधे हुए हैं, कहो तुम्हें याद है कि नहीं।)

हेरिब सतत सखी कालई बरन।
मने पड़े जेन सदा से नील रतन।
मृगमद सिरे कज्जल नयन तीरे
नित्य नील वर्ण चीरे आच्छादित तन।
'हरिश्चन्द्र' मुख सदा कृष्ण तामे आछे साधा।
से प्रेमे अंतर बाधा कृष्ण पदे आछे मन। (29)

(मैं सतत निहारूँगी श्यामल बरन
वह नीलरतन मुझे सदा याद आता रहे
कस्तूरी मृग का चेहरा, कज्जल आँखों की कोरों में
नित्य नीलवर्ण वसन में आच्छादित तन
'हरिश्चन्द्र' के कंठ पर सदा कृष्ण का नाम है
उस प्रेम से मेरा अन्तर बँधा है
कृष्ण के चरणों में है मेरा मन।)

जाओ ओहे गुनिमनि ऐ कि काज करिले।
आमार प्रानेर छबि काड़िते बसिले।
ममाधिक प्रान-प्रिय के आछे तोमार प्रिय।
आमार भालो बासा छवि कारे दिते निए छिले।
'चन्द्रिका' बले बल ना केन करहे छलना।
रक्षित छबि ते मम तुमि केन हाथ दिले। (30)

(जाओ ओ हे गुणमणि,
तुमने यह क्या कर डाला।
मेरे प्राणों की छवि को छीनने लगे
मुझसे अधिक प्राण-प्रिय कौन है तुम्हें प्रिय,
किसे देने के लिए ली थी मेरे प्रेम की छवि,
'चन्द्रिका' कहे, बोलो न क्यों करते हो छलना
हिफ़ाज़त से रखी छवि को तुमने क्यों हाथ लगाया?)

राखो हे प्रानेश ए प्रेम करिया जतन।
तोमाय करेछि समर्पन।
जत दिन रबे प्रान श्री चरने दिओ स्थान,
हरिश्चन्द्र प्रान-धन एई अकिंचन।
'चन्द्रिका' हृदय-धन नाहिक तोमा बिहन,
तब करे ते आपने करेछि जीवन समर्पन। (31)

(ओ प्राणेश रखो इस प्रेम को करके जतन,
मैंने तुम्हें किया है समर्पण
जितने दिन रहें प्राण, श्री चरणों में देना स्थान
हरिश्चन्द्र प्राण-धन मैं अकिंचन
'चन्द्रिका' हृदय-धन नहीं है तुम्हारे बिन
तुम्हारे हाथों में मैंने ख़ुद
समर्पित किया है जीवन।)

थाकिते जीवन मन नाथ ए कि करिले।
आमार आशार प्रेम कारे तुमि दान दिले।
'चन्द्रिका' हृदय-मन तब करे समर्पन।
तार हृदि हरिधन कारे प्राण दिते निले। (32)

(जीवन मन के रहते तुमने यह क्या किया नाथ!
मेरे आशा का प्रेम तुमने किसे दान में दे दिया!
'चन्द्रिका' हृदय-मन करती है तुम्हें समर्पण
उसका हृदय हरिधन किसे प्राण देने के लिए तुमने लिया!)

आमाय भालो बेशे आर तोमार काज नाई।
तुमि अन्य प्रान ज्वले आमाय भालो बासे बोले।
सदा भासि आँखि जले हृदे नाना दुःख पाई।
बिदाय दाओ गुनमनी साजबो एबे सन्यासिनी।
हबो नाथ बिदेशिनी सुख पथे दिया छाई।
हरिश्चन्द्र प्रान-धन 'चन्द्रिकार' निवेदन,
बासना एमन मन विदेशे ते प्रान जाई। (33)

(मुझे प्यार करने की अब तुम्हें नहीं है दरकार,
तुम और प्राण जलाकर करते हो मुझसे प्यार।
तो सदा मैं बहती हूँ आँसुओं में, पाती हूँ नाना दुःख,
विदा दो गुणमणि मैं अब सजूँगी संन्यासिनी,
सुख के पथ पर राख डालकर होऊँगी विदेशिनी।
हरिश्चन्द्र प्राण-धन 'चन्द्रिका' का यह निवेदन,
मन में यह कामना है कि विदेश में जाएँ प्राण।)

ऐ प्रेम राखिते केन करिछे जतनो रे।
सेई प्रेम राखा गिया जथा बांधा मनो रे।
सेई विनोदिनी धनि तुमि तार प्रेमे रिणी,
बांधा आछो गुनमनि ताहारई प्रेम-डोरे
छोड़ो एई प्रेम आशा जाना गेले भालो बासा,
हृदय सब नैराशा 'चन्द्रिकार' एखनो रे। (34)

(इस प्रेम को बचाने का क्यों कर रही हो जतन
यह प्रेम तो वहाँ है जहाँ मन बँधा है
प्यारी विनोदिनी, तुम उसके प्रेम में ऋणी
उसी की प्रेम-डोर से बँधी हो गुणमणि
छोड़ो इस प्रेम की आशा, पता चला यह प्रेम
यह हृदय सब चन्द्रिका के लिए निराशा ही हैं।)

मिछा केन दिते आश प्रेमेर परिचय।
सतिनेर छबि आँकि आपने हृदय।
प्रेम कथा बलि प्रान कोरो ना आर जालोतन,
राख गिया प्रानधन ताहार जा आज्ञा हय।
हरिश्चन्द्र प्रान-पति तुमिरे निर्दय अति,
'चन्द्रिकार' नाहे गति जानिनु निश्चय। (35)

(प्रेम का परिचय देने क्यों आते हो झूठ-मूठ।
मैं अपने हृदय में आँकती हूँ सौतन की तसवीर।
प्रेम की बातें कह प्राण अब मुझे और न सताओ,
उसकी आज्ञाओं का पालन करते चलो।
हरिश्चन्द्र प्राण-पति, तुम हो अति निर्दय
मुझे मालूम है 'चन्द्रिका' की कोई गति नहीं है।)

आज आमार होलो सुप्रभात
नवीन वत्सरे पद दिले प्राननाथ।
ओ वत्सरे दिन हेन बिधि पुनः देन जेन।
धरे ए बासना मन पूर्ण करे जगन्नाथ। (36)

(आज मेरा हुआ सुप्रभात,
नवीन वर्ष में प्राणनाथ ने रखे हैं क़दम
इस वर्ष विधि ऐसा दिन बार-बार दें
मेरी यह इच्छा पूरा करें जगन्नाथ।)

आज किवा सुखि होलो जीवन।
बेंचे छिले ताई जीवन पाईले दिन ऐमन।
प्राननाथेर जन्म दिन दिल दरसन।
देख 'चन्द्रिकार' आज किवा सुख हृदि माझे,
आनन्देर आज साज सेजे छे मन। (37)

(आज कितना सुखी हुआ जीवन
जीवित थे तो ऐसा दिन आया जीवन में
प्राणनाथ वे जन्मदिन ने दिया दर्शन
देखो 'चन्द्रिका' के हृदय में आज कितना सुख है
आज मन ने आनन्द का वेश धर लिया है।)

कि आनन्देर दिन आज हेरिनु नयने।
इहार समान दिन नहिक ए भुवने।
हरिश्चन्द्र प्रानपति आज तार जन्म-तिथि।
बिधि सुख दिले अति आजि 'चन्द्रिकार' मने। (38)

(कितने आनन्द का दिन आज देखा नयनों से
इसके समान दिन नहीं हैं इस भुवन में
हरिश्चन्द्र प्राणपति आज है उनका जन्मदिन
विधि ने आज कितना सुख दिया है 'चन्द्रिका' के मन में।)

एई दिन पुनः हेरि मने वासना।
नवीन वत्सरे आई पद दिले हृदिराज,
तारे सुखे राखुन प्रभु एई कामना।
पुनः एई दिन हेरी एकान्त वासना करी,
'चन्द्रिका' हृदय आज सुख उपजिल नाना। (39)

*(मन में इच्छा है कि मैं फिर से यह दिन देखूँ।
नए वर्ष में हृदयराज ने रखा है क़दम
उन्हें सुखी रखें प्रभु यही है कामना
मैं फिर से यह दिन देखूँ सिर्फ़ यही इच्छा है मेरी
'चन्द्रिका' के हृदय में आज
तमाम तरह के सुख उमड़ पड़े हैं।)*

शुनियाछि तब कृपा पतित-गामिनी।
पाइबे कोथाये तब पतित आमार तुल्य,
पाप मात्र कर्म जार दिवस-यामिनी।
सर्वस्व स्वरूप जार मिथ्याचार व्यवहार,
हिंसा छल द्यूत मद्‌य मांस ओ कामिनी। (40)

(सुना है पतित-गामिनी पर कृपा है तुम्हारी।
मुझ जैसी पतित तुम्हें और कहाँ मिलेगी,
पाप ही कर्म है जिसका दिन-रात।
सर्वस्व स्वरूप जिसका मिथ्याचार व्यवहार,
हिंसा, छल, द्यूत, मद्य, मांस और कामिनी।)

निभृत निशीथे सई ओ बांशी बाजिल।
पूरित करिया बन भेदिया गगन धन,
जे काँपाईया समीरन मधुर रबे गाजिल।
स्तंभित प्रवाह नीर ताड़ित मयूर कीर,
झँकारिया तरूगन एक तान साजिल।
'हरिश्चन्द्र' श्याम-बांशी-स्वर कामदेव फांसी,
कुलबधु सुनियाई आर्यपथ त्याजिल। (41)

(निर्जन रात में सखि बज उठी वह वंशी
व्याप गई वन में भेद गगन-घन
वह हवा को कँपाती मधुर ध्वनि में गूँज उठी
ठिठक गया जल का प्रवाह, ठिठके मयूर कीर
झंकार उठे तरुगण उठी एक तान
हरिश्चन्द्र श्याम-वंशी-स्वर कामदेव का फन्दा
कुलवधू ने इसे सुनते ही कुलधर्म त्याग दिया।)

कोथाय आछे ओहे प्रिय अबला-जीवन।
प्रानधन श्याम घन।
नव-नील-वर्ण-तन पूर्ण-चन्द्र-निभानन।
कूजित वंशिकास्वन प्रसन्न-बदन।
कर दुःख बिनाशन ओहे गोपिका-रमन।
आशिया श्रीबृंदावन दाओ दर्शन।
'हरिश्चन्द्र' निवेदन सुन दियो किछु मन।
ओई पदे समर्पण आछे गो जीवन। (42)

(कहाँ है वह प्रिय, यह अबला-जीवन।
प्राणधन श्याम-घन।
नव-नील-वर्ण-तन पूर्ण-चन्द्र-सा
कूजित वंशिकास्वन प्रसन्न-वदन
दुःख विनाशो ओ गोपिका-रमण
आकर वृन्दावन दो मुझे दर्शन
'हरिश्चन्द्र' इस निवेदन पर देना कुछ ध्यान
उन्हीं चरणों में समर्पित है जीवन।)

सई मजाले मजाले श्याम मजाले आमाय।
सतत बांशीर ध्वनि करे मोरे पागलिनी,
सई कांदाले कांदाले श्याम कांदाले आमाय।
बाँशी ते गहन बने डाके काला घने घने,
सई मताले मताले श्याम मताले आमाय। (43)

(सखि, मोह लिया मोह लिया, श्याम ने मुझे मोह लिया
वंशी की सतत आवाज़ मुझे पगला देती है
सखि, रुला दिया रुला दिया, श्याम ने मुझे रुला दिया
वंशी से गहन वन में मुझे कान्हा पुकारता है बार-बार
सखि मत्त कर दिया मत्त कर दिया,
श्याम ने मुझे मत्त कर दिया।)

केह जाओ गो जाओ मधुपुरि ते।
बुझाईए सेई प्रानेर श्यामे आनिते।
बल पिया प्रानधने राधा जे बाँचे ना प्राने।
तोमार विच्छेद-बान नाहिं पारे सहिते। (44)

(कोई जाओ जी जाओ मधुपुरी।
उस श्याम को समझा-बुझाकर लाने।
कहो पिया प्राणधन, राधा नहीं जी पा रही है।
तुम्हारे विच्छेद के बाण नहीं सह पा रही है।)

मदन-मोहन मधु-सूदन दयामय।
बलि शुन गुनमनि सेथा राधा विनोदिनी।
बिरहे ब्याकुल धनि चल गो तराय। (45)

(मदन मोहन मधुसूदन दयामय
कहती हूँ सुनो गुणमणि वहाँ है राधा विनोदिनी
विरह से व्याकुल प्यारी चलो पार हो जाएँ।)

आहे श्याम आछे कि आर आमाय मने।
सुन हे श्याम त्रिभंग दिया ए प्रनय भंग।
सेथाय कुबजा संग भूले ए दुःखिनी जने।
सुन हरि प्रानधन आमार ए निवेदन।
आर कि ओहे दर्शन दिबे नाए बृंदाबने। (46)

(ओ श्याम, तुम्हें क्या अब भी मेरी याद है
सुनो हे श्याम त्रिभंग से किया इस प्रणय को भंग
वहाँ कुब्जा के संग भूल गए इस दुःखिनी को।
सुनो हरि प्राणधन मेरा यह निवेदन।
अब क्या फिर दर्शन नहीं दोगे वृन्दावन में!)

मल्लिका के बांग्ला गीतों के अनुवाद : उत्पल बैनर्जी

परिशिष्ट

नेह के दिवाने

रायकृष्ण दास

भारतेन्दु जी ने सार्वभौम महत्त्व वाली घटनाओं की एक समयसारिणी (शब्दान्तर से घटनावली–क्रॉनालॉजी) निर्माण की है, जिसका नाम है—'कालचक्र'।

यह पुस्तिका उनके जीवन में प्रकाशित न हो पाई। उनके गोलोकवास के उपरान्त, उनकी अन्य समस्त कृतियों के साथ खड्गविलास प्रेस, पटना में मुद्रित होकर प्रेस के स्वामी स्व. रामदीन सिंह (जिन्होंने अपनी व्यावसायिक चातुरी से भारतेन्दु जी की सारी रचनाओं का स्वत्व हस्तगत कर लिया था—खैर, वह दूसरा किस्सा है) द्वारा प्रकाशित हुई।

इस 'कालचक्र' में भारतेन्दु जी 1873 ई. की केवल एक घटना को विश्वव्यापी महत्त्व की लिखते हैं—

"हिन्दी नई चाल में ढली (हरिश्चन्द्री हिन्दी)"

1873 ई. वह साल था जब भारतेन्दु जी ने 'हरिश्चन्द्र मैगजीन' निकालना आरम्भ किया। मैगजीन का पहला अंक अक्टूबर, 1873 ई. में प्रकाशित हुआ। और सचमुच उसकी हिन्दी सर्वथा नवीन और कमनीय थी; पूर्णतः रमणीय भी।

इसके पहले हिन्दी की मात्र दो शैलियाँ विद्यमान थीं। एक का नाता लल्लूजी लाल कवि की भाषा-नीति से जुड़ा था, जिसकी परम्परा राजा लक्ष्मण सिंह की परम्परा तक चली। यह नीति थी, मात्र स्वदेशज शब्दों का प्रयोग। ऐसी भाषा-नीति को एक प्रकार की बेड़ी कहा जा सकता है।

दूसरी शैली का प्रवर्तन राजा शिवप्रसाद ने किया, जो उक्त भाषा-नीति के बिलकुल बरक्स थी—अपने शब्दों को कारागार में अवरुद्ध करके पराये शब्दों को ही उन्होंने अपनाया। यद्यपि संस्कृत शब्दों के प्रति उनका क्या भाव था, यह उनकी कृतियों के नामों से स्पष्ट हो जाता है—भूगोल-हस्तामलक, इतिहास-तिमिरनाशक और मानव धर्म-सार इत्यादि।

राजा साहब की इस भाषा नीति से यद्यपि भाषा का विकास बिलकुल जकड़ गया फिर भी एक बहुत बड़ा काम यह हुआ कि देवनागरी लिपि का शिक्षा विभाग से उन्मूलन असम्भव हो गया। यह राजा साहब का ही बूता था कि इसके विरोधी तत्वों को बिलकुल परास्त कर दें। इसके लिए हम राजा साहब से कभी उऋण नहीं हो सकते। परन्तु लिपि की सुरक्षा कोई अर्थ नहीं रखती जब तक उसका प्रयोग उस भाषा के लिए न हो, जिसे जनता आत्मसात कर सके, केवल मनोरंजन व रसास्वादन के लिए नहीं अपितु नई प्राण-शक्ति प्राप्त करने के लिए, उद्बोधन के लिए, नूतन प्राण प्राप्त करने के लिए, साथ ही अपने ज्ञानोत्पादन के लिए।

भारतेन्दु जी ने अपनी नई चाल में ढली हिन्दी में ये सभी आवश्यकताएँ पूरी करने का मात्र श्रीगणेश नहीं किया, उन्होंने अपने अनुगामियों का एक प्रौढ़ समुदाय भी निर्माण कर लिया और एक नया युग प्रवर्तित हो गया। जनजागरण की एक विभापूर्ण प्रभातबेला समूचे हिन्दीभाषी राष्ट्र में व्याप उठी। राजा साहब का जनता को सरकार का पिट्ठू बनाने वाला प्रयास पंगु हो गया।

अतएव यह हिन्दी नई चाल में ढली 'हरिश्चन्द्री हिन्दी 1873 ई.' सर्वथा अन्वर्थ तो है ही, असन्दिग्ध रूप से मानवता के इतिहास में एक सार्वभौम महत्त्व की घटना है।

भारतेन्दु जी को हिन्दी का जनक कहने का अर्थ इसमें निहित है।

वह मिलन-संयोग!

इसी ऐतिहासिक वर्ष ने भारतेन्दु जी के निजी जीवन में भी एक नया अध्याय आरम्भ किया—वे प्रेमी जीव तो थे ही, यह विधि-विधान था कि उनके प्रेम को आपूर्यमाण कर दिया, मल्लिका को उनसे मिला कर।

क्या कहा जाए, स्व. बाबू राधाकृष्णदास एवं स्व. रामशंकर व्यास सरीखे भारतेन्दु जी के निकटतम व्यक्तियों ने रोमांस पर कुछ भी प्रकाश न डाल कर इसको एक रहस्य बना दिया।

इस अध्याय की मात्र तीन बातें इदमित्थं रूप में कही जा सकती हैं—

1. मल्लिका बंगीय महिला थीं।
2. उनके पति ने उनका परित्याग कर दिया था। (पता नहीं, काशी लाकर या बंगदेश में ही)।
3. वे बंगला में 'चन्द्रिका' उपनाम से कविता करती थीं।

भारतेन्दु जी ने उनको पाकर जीवन में जिस पूर्णता का अनुभव किया, उसकी पहली अभिव्यक्ति यह थी कि 1873 ई. में 'हरिश्चन्द्र मैगजीन' की 7वीं संख्या निकलने के बाद 8वीं संख्या 'हरिश्चन्द्र चन्द्रिका' नाम से निकली, यद्यपि संख्या

क्रम 'मैगजीन' का ही बना रहा। यह नहीं, अन्तिम टाइटिल पेज पर रोमन अक्षरों में 'हरिश्चन्द्र मैगजीन' भी मुद्रित होता रहा।

मल्लिका को भारतेन्दु जी ने "धर्मपूर्वक ग्रहण किया।" यह उन्होंने स्वयं अपने एक पत्र में कहा है, जिसे उन्होंने 1882 ई. के अन्त में मेवाड़ से अपने अनुज स्व. बाबू गोकुलचन्द्र को लिखा।

ये दो प्रेमी प्राण अर्धनारीश्वर की भाँति मिल कर एक हो गए। भारतेन्दु जी के जीवन की सर्दी-गर्मी मल्लिका निर्विकल्प रूप से उनके जीवनपर्यन्त एक सच्ची सहचरी की भाँति सुखपूर्वक झेलती रहीं।

भारतेन्दु जी के नाम उनका एक ही पत्र कला भवन में सुरक्षित है। 'स्थालीपुलाकन्याये' से, उसके द्वारा हम जान पाते हैं कि उनका जीवन कितना समर्पित था। इस पत्र में एक बात और है—यद्यपि उनकी भाषा में बंगलापन है और ह्रस्वदीर्घ मात्राओं की भूल है, किन्तु लिपि हूबहू भारतेन्दु जी की है। इसी से समझ लीजिए कि वे उनके रंग में कितनी रंग गई थीं। पत्र इस प्रकार है—

> *आज तीस दिन हुआ आपको खर्च के लिए हम लिखे थे, पर आप उस पर ध्यान ही नहीं दीये। कहिए तब कैसे काम चलेगा? आपको स्पष्ट-2 हम सब हाल लिख कर समझा दिये पर आप कुछ भी नहीं समझते हम कैसे आपको समझायैं। हमारा यहाँ तक अवस्था है कि समय में जो खर्च न आवै और खर्च पूर रहे उपवास तक करना पड़ेगा। असवाव जो कुछ हो वह छोड़ कर हमारे पास जो कुछ है सो आप से छीपा नहीं है आप से छीपा होगा तो वह ठाकुर जी अंतर्यामि से तो नहीं न छीपा है। आजकल हमारा कैसे कष्ट से चलता है सो कसम खाकर कह सकते हैं एसा कभी न पड़ा था। जैसी इश्वरेच्छा—*
>
> *आज हम को एक महीना का 21) दीजिए और उस महीना का जोकी जाता है मजुरीन इत्यादि का तंङखा बड़ा बेइज्जत हो रहे हैं—ब्राह्मणी को रखने की हमारा अब यह 21) में सक् नहीं है—सो उसका पीछला और अबका हीसाब चुका दीजिए उसको छोड़ा दें।*
>
> *खर्च के लिए बार-बार लिखते हमको शर्म लगता है और न लिखें तो भूखे मरै यह सोच कर झख मार कर लिखना पड़ता है हमारे इस अपराधों को क्षमा कीजिएगा। 8 हीं आज यदि खर्च न भेजिएगा सो कोई तरह मेरा काम नहीं चलेगा।*

वह यहीं तक उनके रंग में रंगी न थीं। भारतेन्दु जी की साहित्यकारिता या पंच पवित्रात्मा (हजरत मुहम्मद, उनकी बेटी फातिमा, दामाद धर्मवीर अली और उनके आत्मोत्सर्गी पुत्र इमाम हसन एवं हुसैन की जीवनी) तथा दूसरी कृति, कुरान शरीफ की भाषा का बंगलापन कहे देता है कि वे मल्लिका लिखित हैं, जिन्हें भारतेन्दु-

प्रेमवश उन्होंने अपना नाम न देकर अपने आराध्य के नाम से प्रकाशित कराया। इसके अतिरिक्त बंगला नाटक 'भारत माता' का हिन्दी अनुवाद 'भारत जननी' जो भारतेन्दु के नाम से प्रकाशित हुआ, उन्हीं का किया जान पड़ता है। सम्भवत: उन्होंने किसी बंगला उपन्यास का हिन्दी अनुवाद भी आरम्भ किया था।

भारतेन्दु जी की नाट्यशास्त्र विषयक 'नाटक' नामक पुस्तक जो 1873 ई. में प्रकाशित हुई, बहुत कुछ मल्लिका लिखित है। उसकी भूमिका का अन्तिम वाक्य इसका साक्षी है—

> *इसके निर्माण में मुझको जिन से सहायता मिली है उस को धन्यवाद देने की आवश्यकता नहीं, क्योंकि दक्षिण हस्त के परिवर्त में वाम हस्त जो कार्य करै वह भी निज कृत ही हैं।*

अपने जीवन में स्वयं भारतेन्दु जी अपने अधिकांश प्रकाशनों के विक्रेता भी थे, यह व्यवसाय वे 'मल्लिका चन्द्र एंड कम्पनी' के नाम से करते थे, क्योंकि लाभ के अधिकांश से मल्लिका का खर्च चलता था। भारतेन्दु जी मात्र नाम के साझी थे, उनका हाल यह था कि कभी चबेने पर ही दिन काट देते, कभी उनको आदर करनेवाला श्रीमान वर्ग प्रचुर धनराशि अर्पित करता रहता।

याद का पाथेय

मल्लिका को उन्होंने अपने अन्तस की कितनी गहराई में स्थापित कर लिया था, उसकी साख उनकी ये पंक्तियाँ भरती हैं, जो उन्होंने अपनी 1882 ई. के अन्तिम महीनों वाली मेवाड़-यात्रा के वर्णन में उस ठिकाने दिया है, जहाँ उन्हें कुछ दूर पैदल चलना पड़ा था—

'बाँध पर पैदल किसी को याद करते हुए चले जाते थे।'

मेवाड़ से लौटते-लौटते उनका स्वास्थ्य तेजी से बिगड़ने लगा। यक्ष्मा उन्हें बरसों पहले हो चुका था, परन्तु अब दिन दूना रात चौगुना हो चला था। रोग ने शरीर को चर लिया था, फिर भी लेखनी ज्यों-की-त्यों चलती रहती थी।

चिकित्सकों के निदेशानुसार वे एक गंगा तटवर्ती मकान में बनारस के दुर्गाघाट पर रहने लगे कि स्वच्छ वायु मिल सके। मल्लिका साथ थीं।

अपनी इहलौकिक लीला विस्तार करने के दो महीने पूर्व बलिया के आमंत्रण पर वहाँ वाले विख्यात ददरी के मेले में (जो उत्तर प्रदेश के पशु विक्रय मेलों में सर्वप्रमुख है) जो ऊर्जस्वी लिखित भाषण—सो भी अंग्रेज जिलाधीश के सभापतित्व में—दिया, उसमें आज भी ताजगी बनी हैं, एवं 1942 ई. की क्रान्ति में बलिया ने उसको चरितार्थ कर दिखाया है।

भारतेन्दु का अस्त

बरसों पहले भारतेन्दु जी ने 'हरिश्चन्द्र चन्द्रिका' का स्वत्व अपने मित्र स्व. मोहनलाल विष्णुलाल पंड्या को दे दिया था। उसे वे अपनी रुचि के अनुसार निकाल रहे थे। उसके नाम के साथ उन्होंने 'मोहन चन्द्रिका' और जोड़ दिया था। बलिया से लौटने पर जब भारतेन्दु जी पंड्या जी से पत्रिका का स्वत्व वापस न ले पाए, तो उन्होंने 'नवोदिता हरिश्चन्द्र चन्द्रिका' नाम से एक पत्रिका का प्रकाशन आरम्भ किया।

इसमें भी मल्लिका का पूरा योगदान था। पाकशास्त्र पर 'कृष्णभोग' शीर्षक से एक लेखमाला 'नवोदिता' में आरम्भ हुई, जिसके अधिकांश की भाषा निश्चयपूर्वक मल्लिका की है। 'नवोदिता' के मात्र दो अंक भारतेन्दु जी के जीवन में निकल सके। उनका रोग बड़ी तेजी से इतना बढ़ गया कि वे घर ले आए गए और साहित्य सृजन में सर्वथा असमर्थ हो गए। खाँसी, श्वास, पार्श्व पीड़ा आदि यक्ष्मा के अन्तिम उपद्रव की विकलता असह्य हो उठी।

अन्ततः 6 जनवरी 1885 ई. को 'भारतेन्दु' अस्त हो गया।

घर के सभी प्राणियों की भाँति उस समय मल्लिका भी उनके निकट थीं। उनकी विकलता का वर्णन मेरी माता जी बहुधा किया करतीं।

उपरान्त, मल्लिका उस गंगा किनारे वाले मकान में काशीवास करती हुई अपना वैधव्य काटती रहीं। 'मल्लिका चन्द्र एंड कम्पनी' की आय से उनका जीवनयापन होता, किन्तु यह क्रम अधिक दिन न चल पाया, क्योंकि भारतेन्दु जी के ग्रन्थों के प्रकाशन का अधिकार पटना के रामदीन सिंह ने अपनी मुट्ठी में कर लिया था।

भारतेन्दु जी अपने जीवनकाल में ही जानते थे कि मल्लिका के लिए यह प्रतिकूल आर्थिक स्थिति उपस्थित होगी। अतएव, उन्होंने अपने प्रिय अनुज स्व. बाबू गोकुलचन्द्र को लिखित आज्ञा दे रखी थी—

जीवन भर दीन-हीन मल्लिका की, जिसको हमने धर्मपूर्वक अपनाया है, रक्षा करना।

गोकुलचन्द्र जी ने अत्यन्त भावपूर्वक इसका अक्षरशः पालन किया। मल्लिका का अवसान कब हुआ, इसका पता नहीं।

भारतेन्दु जी की दूसरी प्रेमिका माधवी

माधवी मूलतः क्षत्रिया थी देहात की रहने वाली। उसे गुमराह कर के उसका धर्म परिवर्तित कर दिया गया था और कोठेवाले पेशे में लगा दिया गया। मूलतः उसका क्या नाम था और कोठेवाली होने के बाद क्या नाम रखा गया, इसका पता नहीं।

इस तथ्य का बहुत दिन तक पता न था, संयोगवश कुछ क्षत्रिय गृहस्थ मुकदमे

का एक मामला लेकर भारतेन्दु जी के दौहित्र स्व. बाबू ब्रजरत्न दास वकील के पास आए, जिनके द्वारा बाबू ब्रजरत्न दास को माधवी के पूर्व जीवन का हाल मिला, किन्तु स्वयं भारतेन्दु जी ने इसका उल्लेख किया है जिस पर किसी ने ध्यान नहीं दिया। अभी हम भारतेन्दु जी के उस उल्लेख को प्रस्तुत करेंगे।

उनसे सम्बन्ध होने पर माधवी को एक रात स्वप्न हुआ कि—तू भारतेन्दु जी को साधारण व्यक्ति न जान; उनसे उपदेश लेकर पुनः हिन्दू धर्म ग्रहण कर—

क्षत्रानी सो यो कह्यो
या कहं जानौं सन्त,
अहो कृपालु कृपालुता
तुम्हारी को नहि अन्त

(उत्तरार्द्ध भक्तमाल)

साथ ही उसकी शुद्धि के लिए भगवान भारतेन्दु जी को भी दर्शन दे कर दृढ़ता प्रदान करने लगे। उक्त दोहे के पास ही उन्होंने एक अन्य दोहे में इसका स्पष्ट उल्लेख किया है—

कबहुँ प्रगट कबहूँ सपन,
कबहुँ अचेतन माहिं,
निज जन दृढ़ता हेत जो,
बारम्बार दिखाहिं,

(उत्तरार्द्ध भक्तमाल)

भारतेन्दु जी के उत्तरार्द्ध भक्तमाल की रचना 1876 ई. के उत्तरार्द्ध में हुई, अतएव माधवी की शुद्धि उसी सन् के पूर्वार्द्ध में सम्भावित है। निदान, भारतेन्दु जी ने उसे शुद्ध कर के माधवी नाम दिया और उसे पूजन के लिए हाथी दाँत के ठाकुर जी दिए, किसी अन्तरंग ने उनसे पूछा कि आपने इसे हाथी दाँत की भगवत् मूर्ति क्यों दी? उन्होंने विनोदपूर्ण उत्तर दिया कि, यह अस्थिमय मजार की पूजक रही है, इसके लिए हाथी दाँत के ही ठाकुर जी उपयुक्त हैं।

माधवी से उनका सम्बन्ध 1880 ई. के कुछ बाद विच्छिन्न हो गया, किन्तु उसने न तो वैष्णव धर्म छोड़ा, न ही अपना पुराना पेशा अख्तियार किया। वह किसी कन्या पाठशाला में अध्यापन कर के जीवन यापन करने लगी, बहुत इधर तक जीवित रही। लगभग 1910 ई. में उसका देहावसान हो गया।

(17 अक्टूबर, 1976 को 'धर्मयुग' में प्रकाशित)

भारतेन्दु की प्रेयसी

गिरीशचन्द्र चौधरी

'सर्वस रसिक के, सुदास दास प्रेमिन के' तथा 'चाहबे की चाह काहू की न परवाह, नेही नेह के दिवाने सदा सूरत निबानी के' वाले हरिश्चन्द्र भला मल्लिका के प्रति क्यों न अनुरक्त होते। उसके प्रति अपनी समस्त हार्दिक भावनाएँ आपने अपने जीवन के अन्तिम वर्ष में एक पत्र द्वारा उदयपुर यात्रा से छोटे भाई बाबू गोकुलचन्द्र जी को ही प्रगट की :

> *दो बात की हमको चिन्ता है। प्रथम कर्ज, दूसरी मल्लिका की रक्षा। थोड़ी सी डिगरी जो बच गई है, उसको चुका देना। और जीवन भर दीन-हीन मल्लिका की, जिसको हमने धर्मपूर्वक अपनाया है, रक्षा करना।*

कैसे न हो ऐसी अनुरक्ति जो रसिक हो, प्रेमी हो, उसके प्रेम के दीवाने होकर किसी की परवाह न की। फिर उसके गुण भी अनेक थे। ऐसी प्रबुद्ध महिला के विषय में अब तक भारतेन्दु की प्रेरणा के अथवा 'चन्द्र में कलंक' के रूप में ही हिन्दी संसार को उसका परिचय प्राप्त था। पर उस बंगभाषी महिला की स्वत: की प्रतिभा एवं भारतेन्दु का पारस उसे अमर कर गया एवं हिन्दी संसार में स्वर्णाक्षर उसके नाम को लगा गया। भारतेन्दु तो मानो उन पर न्योछावर थे। अपने अन्तिम वर्षों में उन्होंने नवमल्लिका नाटक की रचना भी आरम्भ की जो अभाग्य से अपूर्ण एवं अप्राप्त भी हो गई। यह भाग्यवान लौहा जीवन में कितने कष्ट उठाए आगे उस पारस से कैसे छू गया अभी तक पूरा ज्ञात नहीं। तत्कालीन समाज की रुढ़िवादी प्रवृत्तियाँ सदा उसको ठुकराती एवं दुतकारती ही रहीं, जिससे उसका जीवन-चरित बहुत कुछ अज्ञात ही रहा। अभी कुछ समय पहले उनकी प्रतिभा एवं जीवनी पर रायकृष्ण दास जी ने 'धर्मयुग' में 'नेह के दिवाने' के लेख के अन्तर्गत बहुत कुछ खोज बीन कर अलभ्य सामग्रियों को प्रकाशित किया। उस महिला के प्रति मेरे परिवार में पूर्वज भारतेन्दु जी की इस विरासत के लिए भी श्रद्धा उसके जीवन के पश्चात भी बनी रही। यद्यपि उनके जीवनकाल में वे परिवार से कटी ही रहीं। अत:

उनके सम्बन्ध में कुछ ही ज्ञात है। जैसा पारिवारिक स्त्रियों से पता चला है, वे एक प्रबुद्ध बालविधवा थीं और वैधव्य के कई वर्षों बाद काशी में तीर्थयात्रा हेतु बंगाल से आई थीं और किसी विषम परिस्थिति से भारतेन्दु ने उनका उद्धार किया, फलस्वरूप कृतज्ञतावश उनकी सदा की हो गईं। आपने कहा था कि—

आप भगवान हैं, आपने हमारा हाथ पकड़ा है, अब इसे छोड़िए मत।

भारतेन्दु निवास के दक्षिणी भाग में जहाँ उनका स्वयं का दीवाने खास था, उसके ही सामने के मकान में वे रहती थीं। गुणवती, सुशील एवं मृदुभाषी महिला थीं। इस गली को भिखारीदास लेन के नाम से जाना जाता है। वे किस सन् में वास्तविक परिचय में आईं यह ज्ञात नहीं।

रायकृष्ण दास जी का अनुमान 1873 ई. का है क्योंकि इसी वर्ष 'हरिश्चन्द्र मैगजीन' का नाम मल्लिका की छाप के कारण सम्भवतः 'हरिश्चन्द्र चन्द्रिका' हो गया। और इन्हीं वर्षों में भारतेन्दु की साहित्यिक गतिविधियाँ भी चरमसीमा पर थीं। परन्तु इसके पूर्व सम्बन्ध का भी संकेत 'विद्यासुन्दर' नाटक की भूमिका में भी मिलता है। लिखा है—

यह दूसरी आवृत्ति उसी को समर्पित है जिससे इस ग्रन्थ से त्रिपथगा घनिष्ठ सम्बन्ध है। प्रथम विद्या मानो उसकी द्वितीय सम्पत्ति है, द्वितीय एक देशी कथा भाग, तृतीय हमारा सम्बन्ध है।

यह वाक्य हमें उनके जीवन में मल्लिका का पदार्पण 1873 के पूर्व का बताते हैं। जो कि 'हमारा सम्बन्ध है' वाक्यांश इंगित करता है। पुनः इसी भूमिका में लिखा है कि 'आज पन्द्रह वर्ष हुए यह हिन्दी भाषा में निर्मित हुआ है।' यह ग्रन्थ भारतेन्दु की प्रथम रचना उनकी पहली यात्रा जगन्नाथपुरी की होने के तुरन्त बाद सन् 1867 में लिखी गई, जो बंगला से अनूदित है। यद्यपि इनके जीवन में प्रधान परिवर्तन का संकेत बा. राधाकृष्ण दास द्वारा सन् 1864-65 में माना जाता है जिसमें कहा गया कि भली या बुरी जो कुछ बातें इनके जीवन की संगिनी हुईं, उनका सूत्रपात इसी समय से हुआ—यह भली या बुरी बातें कुछ मल्लिका के प्रति लगाव को भी सूचित करती मानी जा सकती हैं। उसी समय उन्होंने बंगला भी सीखी जो मल्लिका का साथ करने में सहायक हुई। भारतेन्दु तो मानो उनके प्राण थे। मल्लिका चन्द्र एंड कम्पनी की स्थापना एक प्रकाशन संस्था की तरह की गई जिसके द्वारा ग्रन्थों का प्रकाशन मल्लिका के भरण-पोषण हेतु किया जाता था। भारतेन्दु के अस्त होते ही यह संस्था भी लुप्त हो गई। इसका इन्तजाम तो मल्लिका ही करती थीं। परन्तु प्राणपति के अस्त होने पर टूट गईं और यह संस्था भी बिखर गई तथा भारतेन्दु के दोनों भाइयों के भी गोलोकवास करने के बाद वे विपन्न होकर वृन्दावन चली गईं ऐसा प्रचलित है। उसके पश्चात का इतिहास लुप्त है। प्रकाश है तो केवल उस

दीपशिखा की अनुपम, अलौकिक, अलभ्य किरणें जो उसकी रचनाओं से सुस्पष्ट है। निर्विवाद है कि यह शिखा भारतेन्दु के स्नेह से आप्लावित होकर ही आलोकित हुई परन्तु उसकी स्वयं की गुणमयी प्रवृत्तियों को नहीं भुलाया जा सकता। इन्होंने गद्य एवं पद्य दोनों में रचनाएँ की हैं। पद्य में वे चन्द्रिका नाम से लिखती थीं। गीत रचना उन्हें विशेष प्रिय थी। भारतेन्दु कृत 'प्रेमतरंग' (सं. 1934 वि.) के अन्त में संग्रहीत छियालिस बंगलागान मल्लिका के ही कहे जा सकते हैं। इनमें उनकी हरिश्चन्द्र एवं किसी अज्ञात व्यक्ति की छाप मिलती है। व्यंजना शैली में रचित ये गीत संयोग एवं वियोग दोनों की प्रेमवेदना से आपूरित हैं। भारतेन्दु ने अपने 100 गीतों के पश्चात् इन 46 गीतों को अलग कर अपनी प्रेयसी की छद्म लीला का संकेत कर दिया जिसने उनके चन्द्र प्रकाश को द्विगुणित किया।

गद्य में उनका झुकाव कथा साहित्य की ओर अधिक लगता है। यह कार्य उन्होंने अनुवाद से आरम्भ किया जिनका जिक्र बाबू ब्रजरत्न दास ने उनके तीन उपन्यासों में किया है—ये हैं 'चन्द्रप्रभा पूर्णप्रकाश' (सन् 1880 ई. के लगभग) (2) 'राधारानी' (सन् 1883ई. में) तथा (3) 'सौन्दर्यमयी' (सन् 1887 ई. में)। बा. राधाकृष्ण दास ने इनके अनुवादकर्त्ता का नाम न बता केवल बा. हरिश्चन्द्र की आज्ञा से बना हुआ बताया। राधारानी का प्रकाशन काल 1882 ई. बताया जाता है जिसके समर्पण से निम्नलिखित अंश उद्धृत है—

> *हमारे आर्य शिष्ट समाज की रीति अनुसार मेरे परिचय की सर्वसाधारण में योग्यता नहीं और न इस क्षुद्र ग्रन्थ का अनुवाद कोई ऐसा स्तुत्य कृत्य है, जिसके धन्यवाद संचय करने को मुझे प्रकट होना आवश्यक है। केवल इतना ही कहना बहुत होगा। 'शुकगिना यत्र गिरोगिरन्ति, अवेहि तन्मन्द्धनमिश्र गेहकम्।' जिस पूज्य प्राण प्रिय देवतुल्य स्वामी की आज्ञा से इसका अनुवाद मैंने अपनी अबल भाषा में किया है, उन्हीं के कोमलकर-कमलों में यह समर्पित भी है और उन्हीं की प्रसन्नता मात्र इसका फल है।*

इन्हीं कृतियों की श्रृंखला में एक नवीन कड़ी का पता चला है। एक उपन्यास का जिसका नामकरण किया है बा. राधाकृष्ण दास जी के दौहित्र डॉ. बटेकृष्ण ने। इसकी पांडुलिपि मुझसे लेकर सम्पादित की, 'कुमुदिनी' नायिका के नाम पर। जहाँ तक मल्लिका की रचनाओं को पहचानने का प्रश्न है, वहाँ उनके नाम की अनुपस्थिति भाषा से पूरी की जा सकती है। यह कथन कुमुदिनी की भाषा से अक्षरश: सिद्ध हो सकता है। रायकृष्ण दास जी ने नवोदित हरिश्चन्द्र चन्द्रिका में मल्लिका की रचना कृष्णभोग का पता लगाया। तत्कालीन जो रचना भाषा संशुद्धि में आई वह भारतेन्दु की 'हिन्दी नई चाल में ढली' वाली थी परन्तु जो बच गई वह बंगला के शब्दों से भरपूर थी। कुमुदिनी उपन्यास की भाषा से यह कथन अक्षरश: सिद्ध

होता है। भारतेन्दु की दो रचनाएँ 'पंच पवित्रात्मा' एवं 'हिन्दी कुरान शरीफ' में बंगलापन लिए भाषा बड़ी अच्छी तरह प्रयोग में आई है। इसके अतिरिक्त 'वैदिकी हिंसा हिंसा न भवति' में भी यही बंगलापन पाया गया। कहना यह कि भारतेन्दु की रचनाएं रचनाकार की सहचरी की गहरी छाप से दूर न रह सकीं। भारतेन्दु ने अपने नाटक अथवा दृश्य काव्य वाले निबन्ध में मल्लिका के सहयोग का संकेत किया है कि "दक्षिण हस्त के परिवर्त में वामहस्त जो कार्य करे वह भी निज कृत ही है।' 'गृह चंडी' नामक नाटक का उल्लेख भी आपने श्रीमती रचित किया है, जो स्पष्टत: मल्लिका को इंगित करता है क्योंकि भारतेन्दु की ब्याहता श्रीमती इस प्रतिभा से सर्वथा अछूती रहीं। भारतेन्दु से ओत-प्रोत मल्लिका की लेखनी जो चली तो रुकी नहीं। 'सौन्दर्यमयी' उपन्यास सन् 1889 ई. में प्रकाशित हुआ। इसके अतिरिक्त जो नवीनतम कृति प्रकाश में आई वह है 'कुमुदिनी'।

इस उपन्यास को मल्लिका ने आख्यायिका कहा, सम्भवत: उपन्यास शब्द की अनुपस्थिति में। यह क्रम सन् 1875 तक चला था। जिस समय तक कथा कहानी या आख्यायिका का मतलब आज के उपन्यास से है। भारतेन्दु के समय यह शब्द 1879 में पं. बालकृष्ण भट्ट द्वारा प्रचलित किया गया। तत्पश्चात् सन् 1881 ई. में राधाकृष्ण दास जी ने 'नि:सहाय हिन्दू' हेतु इसका प्रयोग किया। जो कुछ भी हो 'कुमुदिनी' का रचनाकाल सन् 1881 के पूर्व ही हो सकता है। इसकी भाषा में अपेक्षाकृत बंगलापन ज्यादा है, बनिस्वत 'राधारानी' अथवा 'प्रेम तरंग' के बंगलागान के। यद्यपि प्राप्त उपन्यास की आदि व अन्त की पांडुलिपि नहीं मिली तथापि इसका नामकरण नायिका कुमुदिनी के नाम पर ही लिया जा सकता है जो कि बंकिम के 'कृष्णकान्त' के चरित्र शरतकुमार के चरित्र से मिलता-जुलता है। यहाँ भी कुमुदिनी ने शरतकुमार की जेब से मूल वसीयतनामा निकालकर बदल दिया और रतिकान्त को शरतकुमार की संपत्ति से वंचित कर दिया। फर्क इतना है कि रोहिणी की भाँति किसी स्वार्थ से नहीं। पात्रों के नाम कृष्णकान्त, रमाकान्त हैं। माधवीनाथ के नाम पर हरिनाथ। बंकिम के उपन्यास पात्र, स्थान, प्रसंग इत्यादि सभी इसमें मिलते हैं। भेद है तो दोनों के प्रयोजन कार्यप्रणाली में। अत: दोनों कृतियों को मौलिक मानना होगा। परन्तु यह निर्विवाद सिद्ध होता है कि बंकिम के उपन्यास के सन् 1878 में प्रकाश के पश्चात् सन् 1879-81 के मध्य 'कुमुदिनी' लिखा गया जो बंकिम के प्रभाव से काफी कुछ आलोकित हुआ।

कुमुदिनी का कथा-प्रसंग तथा चरित्र-विकास भी कम दिलचस्प नहीं है। इसकी कथा की आधारशिला प्रेम की परिणति विवाह में है। इसमें बाल्यकाल एवं दाम्पत्य प्रेम दोनों दर्शित हैं। रजनीकान्त से बाल्यकाल का प्रेम विवाह में न फलित हो सका। विवाह हुआ तो उसके शत्रु रमणीकान्त से। परन्तु श्वसुर की मृत्यु के पश्चात् ही देवर रतिकान्त द्वारा जबर्दस्ती स्वगृह भेजने का उपक्रम सफल होता है। उधर

रजनीकान्त का विवाह कुमुदिनी की अनुजा स्वर्णप्रभा से होता है परन्तु प्रथम रात्रि में ही वह कुमुदिनी की याद में भाग जाता है। यद्यपि कुमुदिनी के हृदय में रजनीकान्त के प्रति सदा बाल्य प्रेम रहा, दाम्पत्य प्रेम कभी नहीं। कुमुदिनी अपने पूर्व पतिगृह की प्रतारणाएँ सहकर भी सदैव देवर रतिकान्त पर उसकी आर्थिक विपन्नता पर दयावान रही। रतिकान्त एवं रजनीकान्त की भाई-भाई की लड़ाई में शरतकुमार ने कुमुदिनी की रक्षा कर उसके हृदय में स्थान पा लिया। पर वास्तविक स्थान बना था रजनीकान्त हेतु जो अन्ततः विवाह में परिणत हुआ। विधवा-विवाह का पूर्ण प्रसंग सामने आता है। यह तत्कालीन बंगला उपन्यासों की गूँज का प्रभाव था। विधवाओं की आर्थिक दुर्दशा, उपेक्षा एवं सामाजिक दुर्व्यवहार की गाथा बड़े स्पष्ट रूप से चित्रित है। इसके विरुद्ध विधवा-विवाह की प्रथा का सूत्रपात करते हुए कुमुदिनी का विवाह पुनः रजनीकान्त के साथ हो गया। इस विवाह को आदर्शवादी कहना होगा। क्योंकि कन्या विधवा एवं पुरुष विधुर है। स्त्री के कारण परिवार में भाई-भाई में मिलन है जो कि सामान्य प्रचलित प्रथा के सर्वथा विपरीत सिद्ध हुई है। एक बात मजेदार यह हुई कि बा. राधाकृष्ण दास जो मल्लिका के प्रशंसक एवं साहित्यिक सहयोगी भी रहे तथा भारतेन्दु के फुफेरे भाई होने के तथा अपने प्रगतिशील विचारों के कारण सदा मल्लिका के प्रति श्रद्धावान रहे। उन्होंने इस उपन्यास की विपरीत परिस्थितियों को आधार लेकर स्वर्णप्रभा की रचना तथा मल्लिका के उपन्यास को और महत्त्वपूर्ण तथा रोचक बना डाला। उपन्यास में प्रेम के प्रसंग में लेखिका ने एक गीत प्रस्तुत किया है।

सोनार वर्ण होलो कालो
गुण देखे आमार मन हाराल॥

नायक रजनीकान्त वह चन्द्र है जो कुमुदिनी को प्रफुल्लित करता है और शरतकुमार वह कमल है जो शरद् ऋतु में खिलता तो है किन्तु हेमन्त में मुरझा जाता है। रजनीकान्त अर्थात् चन्द्रमा की भाँति शाश्वत नहीं। मल्लिका भी चन्द्र के प्रकाश में खिलती है—भारतेन्दु जी का वर्ण श्याम था। गीत कितना भावपूर्ण एवं उपन्यास पात्रों से सटीक बैठता है।

उपन्यास में कथोपकथन, स्वगतभाषण इत्यादि बंगलापद्धति की है। सौ वर्षों पूर्व का यह उपन्यास आज के आंचलिक उपन्यास की परिभाषा में बैठता है। बंगकथा, बंगदेश एवं भावनाओं को बंगभाषा के पुट से पूर्णतः आंचलिक बनाया गया। आज के बंगभाषी पर हिन्दी ज्ञान के व्यक्ति की अभिव्यक्ति की चेष्टाएँ बड़े सुन्दर ढंग से प्रस्तुत हैं। भाषा-विज्ञानियों के शोध हेतु नवीन स्थल की प्राप्ति हो सकती है। बंगला हिन्दी का ऐसा प्रतिमान भारतेन्दु ने उस समय प्रस्तुत करवा कर वर्तमान भाषा-विवाद का हल निकाल कर रखा जो अभाग्यवश हमारे सामने नहीं आया था।

और अन्त में इस उपन्यास के जीर्णोद्धारक एवं सम्पादक डॉ. बटेकृष्ण के वाक्यों को उद्धृत करता हूँ जो रचनाकर्त्री के विषय में निचोड़ है—

मर्यादावश जिस महिला ने आजीवन अपना नाम कभी प्रकट नहीं होने दिया और अपने प्राणधन का नाम जिह्वाग्र से गिरने नहीं दिया। जिस प्राणधन ने उक्त महिला का सहयोग एवं उपकार सदैव स्वीकार करते हुए भी मर्यादानुसार उसका नाम अपने मुख से नहीं उच्चारित होने दिया, आज इसकी परम्परा में साहित्यधर्मिता के नाते मर्यादा उल्लंघन का यह अपराध मुझसे हो रहा है, आशा है जनता एवं जनार्दन मुझे क्षमा करेंगे।

धन्य है वह भारतेन्दु जिसने कितनी सरसता पहुँचाई अपने जीवनकाल में कि ऐसी 'कुमुदिनी' प्रगट हुई जो अमर हो गई। साथ ही धन्य है वह मल्लिका जो उसका परोक्ष पोषक बन कर अमर हो गई। सचमुच उनकी प्रेयसी इतनी श्रेयसी क्यों न हो?

(28 सितम्बर, 1986 के 'साप्ताहिक हिन्दुस्तान' में प्रकाशित)

भारतेन्दु के नाम मल्लिका का पत्र

आज तीस दिन हुआ आपको खर्च के लिए हम लिखे थे, पर आप उस पर ध्यान ही नहीं दीये। कहिए तब कैसे काम चलेगा? आपको स्पष्ट-स्पष्ट हम सब हाल लिख कर समझा दिये पर आप कुछ भी नहीं समझते हम कैसे आपको समझायैं। हमारा यहाँ तक अवस्था है कि समय में जो खर्च न आवै और खर्च पूर रहे उपवास तक करना पड़ेगा। असवाव जो कुछ हो वह छोड़ कर हमारे पास जो कुछ है सो आप से छीपा नहीं है आप से छीपा होगा तो वह ठाकुर जी अंतर्यामि से तो नहीं न छीपा है। आजकल हमारा कैसे कष्ट से चलता है सो कसम खाकर कह सकते हैं एसा कभी न पड़ा था। जैसी इश्वरेच्छा—

आज हम को एक महीना का 21) दीजिए और उस महीना का जोकी जाता है मजुरीन इत्यादि का तंङखा बड़ा बेइज्जत हो रहे हैं—ब्राह्मणी को रखने की हमारा अब यह 21) में सक् नहीं है—सो उसका पीछला और अबका हीसाब चुका दीजिए उसको छोड़ा दें।

खर्च के लिए बार-बार लिखते हमको शर्म लगता है और न लिखें तो भूखे मरै यह सोच कर झख मार कर लिखना पड़ता है हमारे इस अपराधों को क्षमा कीजिएगा। 8हीं आज यदि खर्च न भेजिएगा सो कोई तरह मेरा काम नहीं चलेगा।

(भारत कला भवन, का.हि.वि.वि., वाराणसी में सुरक्षित, जिसका उल्लेख 'नेह के दिवाने' लेख में रायकृष्ण दास जी ने भी किया है।)

मल्लिका के सम्बन्ध में भारतेन्दु का पत्र गोकुलचन्द्र को

[पत्र में तारीख नहीं है। इसका बहुत सा अंश पेंसिल से लिखे जाने की वजह से अस्पष्ट है।]

प्रिय,

विदेश से हम लौटकर न आवें तो इस बात का, जो हम यहाँ लिखते हैं, ध्यान रखना। ध्यान क्या अपने पर फर्ज समझना, किन्तु हम जल्दी जीते-जागते फिरेंगे। कोई चिन्ता नहीं है। सिर्फ संयोग के वश होकर लिखा है। यदि ऐसा हो तो दो-चार बातों का अवश्य ध्यान रखना। यह तुम जानते हो कि तुम्हारी भाभी की हमको कुछ चिन्ता नहीं, क्योंकि तुम्हारे ऐसा देवर जिनका वर्तमान है, उसको और क्या चाहिए। दो बात की हमको चिन्ता है। प्रथम कर्जे, दूसरी मल्लिका की रक्षा। थोड़ी-सी डिगरी जो बच गई है, उसको चुका देना और जीवन भर दीन-हीन मल्लिका की, जिसको हमने धर्मपूर्वक अपनाया है, रक्षा करना। कृष्ण को ऊँची शिक्षा, संस्कृत, अंग्रेजी और बंगला की हो। जो ग्रन्थ हमारे या बाबूजी के बेछपे रह जाएँ, वे छपें। इस पत्र को हमने कलेजा फाड़-फाड़कर चार दिन में अर्थात् अछनेरा से शुरू करके भिलाड़े में खतम किया है। इस पर हँसना, मत दुःखी होना, क्योंकि अभी तो अणु मात्र भी मरने की संभावना नहीं है। शारीरिक कुशल है, तनिक भी चिन्ता न करना।

चन्द्र में कलंक

ब्रजरत्न दास

जीवनचरित्रों से ही मनुष्य का सबसे बढ़कर मनोरंजन होता है। उपन्यास, नाटक आदि भी कल्पित मनुष्यों की जीवनियाँ ही हैं। उत्तम जीवनी कभी भी समय के पीछे नहीं पड़ सकती। किसी महान पुरुष की जीवनी से यही उपदेश प्रधानत: मिलता है कि मनुष्य क्या हो सकता है, कहाँ तक ऊँचे उठ सकता है और मानव-समाज के लिए वह कहाँ तक हितकर हो सकता है। इनको पढ़ने से हमें उत्साह मिलता है, हमारा साहस बढ़ता है। महान व्यक्तियों से, जो अब नहीं रह गए हैं या वर्तमान हैं, हम बराबर नहीं मिल सकते पर उनकी सच्ची जीवनी यदि हमारे पास है तो हम सर्वदा उनसे सत्संग रख सकते हैं। पर मनुष्य तभी मनुष्य रहेगा जब उसके दोष आदि भी प्रकट कर दिए जाएँगे मनुष्य देवता नहीं है, उसमें दोष रहेंगे, किसी में एक है तो किसी में कुछ और है। यदि एक महात्मा की जीवनी से हम दोषों को निकाल देते हैं तो हम ऐसा निर्दोष आदर्श उपस्थित कर देते हैं जिसको अनुगमन करने का लोग साहस छोड़ बैठेंगे। उसे मनुष्योपरि या देवी समझेंगे, जिससे जीवनी-लेखक का परिश्रम निष्फल-सा हो जाएगा। तात्पर्य इतना ही है कि जीवनचरित्र में गुणों का विवेचन करते हुए दोषों का भी, यदि हों, तो विश्लेषण अवश्य कर देना चाहिए। सत्य कटु होता है और नीति भी कहती है कि 'सत्यं ब्रूयात् प्रियं ब्रूयात् न ब्रूयात् सत्यप्रियम्।' पर सच्चे दिल से मृत महात्माओं के विशिष्ट दोषों का उल्लेख अवश्य होना ही चाहिए।

साधारणत: कवि सौन्दर्योपासक होता है। सौन्दर्य से केवल स्त्री-सुलभ सौन्दर्य ही से तात्पर्य नहीं है। गुलाब में सौन्दर्य है तो उसकी नई डाल के नए निकले हुए प्याजी रंग के काँटों में भी कुछ न कुछ सौन्दर्य रहता है। बड़ों के गुण तथा दोष दोनों ही में कुछ न कुछ सार होता है। गोस्वामीं तुलसीदास जी से भक्त श्रेष्ठ को भी इसी सौन्दर्योपासना से भक्ति की दीक्षा मिली थी। भारतेन्दु जी की जीवनी देखने से यह ज्ञात होता है कि 'घर के शुभचिन्तकों' ने उन्हें जितना ही 'लायक' बनाने का प्रयत्न किया उतने ही वे मीराबाई के समान 'नालायक' होते गए और दोनों

ही पक्ष अन्त तक अपने-अपने प्रयास में डटे रहे। फलतः आरम्भ में यह परकीया नायिकाओं के फेर में कुछ दिन पड़ अपने चित्त को सान्त्वना देते रहे। पर कुछ ही दिनों बाद इन्होंने अपने को सँभाला और श्रीकृष्ण भगवान के रंग में ऐसे रंग गए कि अन्त समय तक 'श्रीकृष्ण सहित स्वामिनी' रटते रह गए। एक बात और पहले ही कह देना चाहिए। इनकी प्रवृत्ति कुछ साधुओं की-सी थी। धन के विषय में तो यह कथन बिलकुल ही ठीक है। अभी दस-बीस हजार आ गया तो दोनों हाथों से लुटाकर बाँट-बूँट सफाचट कर दिया। यह फिक्र नहीं रहती थी कि कल चिट्ठियों के लिए दो रुपये किसी से उधार लेने पड़ेंगे। संचयन की बुद्धि इनमें बिलकुल थी ही नहीं। शरीर पर के कपड़े तक दूसरों को देकर स्वयं ठंडे में बैठे रह जाना साधु ही का काम था। वेश्या का सहवास इनके लिए आवश्यक ही था। आज इस बहाने तो कल उस बहाने जलसे होते रहते थे। गुणी गायिका अपना गुण अवश्य दिखलाएगी तथा गुण-ग्राही पुरुष उसकी प्रशंसा करेगा ही। इस प्रकार वार्तालाप होते हुए आपस में परिचय होना अनिवार्य था। 'अंधेर नगरी' में उस समय की प्रसिद्ध गानेवाली कई वेश्याओं के नाम दिए गए हैं। ये सभी भारतेन्दु जी के दरबार में आती-जाती थीं, इन्हीं में से किसी के हावभाव पर भारतेन्दु जी कोई नई उक्ति सूझी थी जिस पर कविता बनाकर उपस्थित सज्जनों को सुनाते हुए उन्होंने कहा था कि—

> *हम इन सबों का सहवास विशेष कर किसलिए करते हैं कहिए! यह सच्चा मजमून कैसे प्राप्त हो सकता था।*

भाव उनका यही था कि वे सब में लिप्त नहीं थे।

एक बार सन्ध्या के अनन्तर रामकटोरे के बाग में भारतेन्दु जी बैठे हुए थे, उनके पास ही माधवी तथा एक और सज्जन बैठे थे। कुछ ही देर बातचीत करने के बाद भारतेन्दु जी उठ कर बाग में चले गए और देर तक न लौटें, तब उक्त सज्जन माधवी के कहने पर उन्हें ढूँढ़ने गए। वह स्वयं कहते थे कि "उन्होंने बा. हरिश्चन्द्र को बाग के एक कोने में एक वृक्ष की डाल पकड़े हुए चन्द्रमा की ओर देखते हुए देखा और यह भी देखा कि उनकी आँखों से अविरल आँसू टपक रहे हैं तथा वे कुछ मन्द-मन्द आलाप रहे हैं।" कुछ देर के अनन्तर वे स्वस्थ होकर पुनः अपने जगह पर आकर बैठ गए।

पं. ईश्वरचन्द्र चौधरी प्रसिद्ध होमियोपैथिक डॉक्टर थे। इन्होंने अवस्था बहुत अधिक पाई थी और यह भारतेन्दु जी के समय उनके घर पर दवा करने के लिए बराबर जाते थे। भारतेन्दु जी इन्हें बहुत मानते थे और इन पर स्नेह रखते थे। यह दवा करने जनाने में भी जाते थे। एक बार भारतेन्दु जी की धर्मपत्नी की दवा हो रही थी। होमियोपैथी के अनुसार रोगी का चिन्ता आदि मानसिक विकारों से भी निदान किया जाता है। इसलिए इन्होंने मेरी मातामही को चिन्ताग्रस्ता पाकर उसका कारण पूछा,

जिससे मालूम हुआ कि उनके प्रति पति की जो उदासीनता है उसी से वह चिन्तित रहती हैं। चौधरी महाशय ने भारतेन्दु जी से सन्मुख बात करना उचित न समझकर उन्हें इस विषय पर एक पत्र लिखा था, जिसका लम्बा उत्तर भारतेन्दु जी ने बंगला भाषा में (पर हिन्दी लिपि में) लिखकर भेजा था। उस समय पत्र का आशय यही था कि वे अपनी स्त्री को किसी प्रकार का किंचित् भी कष्ट नहीं देते और वह घर पर सब प्रकार से आराम से रहती हैं। पर वे स्वयं अपने मन के अधिकारी नहीं हैं, उनका मन घर पर नहीं लगता, इसलिए वह लाचार हैं। यह पत्र अभी तक कुछ दिन हुए उनके पास था और उन्होंने उसे अपने सुशिक्षित पुत्र को उसे सुरक्षित रखने को दे दिया था। (स्व. डॉक्टर साहब ही ने यह कुल वृत्त मुझे बतलाया था)। पर इस महाशय ने उसे तुच्छ समझकर नष्ट हो जाने दिया। ऐसा समझने का कारण स्यात् यही था कि भारतेन्दु जी बंगाली नहीं थे। अस्तु, अब माधवी तथा मल्लिका का कुछ परिचय यहाँ दे दिया जाता है।

जगतगंज-निवासी किशुनसिंह की लड़की का नाम माधवी था जिसका दूसरा नाम उर्फ अलीजान था। इसने अपना एक मकान, जो बाग सुन्दरदास नामक मुहल्ले में था, आषाढ़ सं. 1936 (जून 1879) में बेंचा था। उस बैनामे में बेंचने का कारण यह लिखा है कि—

> *यह मकान बा. गोकुलचन्द के यहाँ पाँच सौ रुपये पर रेहन था और उसी ऋण को चुकाने के लिए इसे निकाल देना आवश्यक हुआ।*

पूर्वोक्त बैनामे की इन बातों से यह स्पष्ट ज्ञात हो जाता है कि माधवी हिन्दू थी पर मुसलमान हो गई थी। ऐसी ही अवस्था में वह ऋण लेने-देने के लिए भारतेन्दु जी के गृह पर उनके भाई के पास आती थी और इस प्रकार इनसे उसका परिचय हो गया होगा। माधवी के हिन्दू से मुसलमान हो जाने के कारण उसमें कुछ विशेषता आ गई थी और अन्त में भारतेन्दु जी ने उसकी शुद्धि करके उसे ग्रहण कर लिया होगा। जिस ऋण के लिए यह मकान सन् 1879 में बिका था, वह अवश्य पाँच सात वर्ष पहले का अर्थात् सन् 1872 ई. के लगभग का रहा होगा। उस समय भारतेन्दु जी की अवस्था तेईस-चौबीस वर्ष की थी और वे 'घर के शुभचिन्तकों' के कारण घर के लिए त्याज्य-से हो रहे थे। ऐसी अवस्था तथा दशा में इस प्रकार के प्रणय हृदय की संरचना के लिए अनायास हो जाते हैं। भारतेन्दु जी ने इसके लिए सुड़िया मुहल्ले में एक मकान क्रय कर लिया था और उसमें एक ठाकुर जी भी स्थापित किए गए थे तथा कुछ उत्सव मनाए जाते हैं। यहाँ वे प्रायः रात्रि व्यतीत करते थे। चित्त-विनोदार्थ क्रय की गई वस्तुओं का भी यहाँ अच्छा संग्रह हो गया था, जिसमें हाथी दाँत पर बने हुए चित्रों का एक ऐलबम भी था। भारतेन्दु जी की मृत्यु पर यह सब सामान बा. गोकुलचन्द्र जी घर लिवा लाए और माधवी के व्यय के लिए

दस रूपये मासिक नियत कर दिए थे। यह भी उनकी मृत्यु के बाद बन्द हो गया, जिससे वह मकान बेंचकर अन्यत्र चली गई।

मल्लिका नाम की एक बंगदेशीय कुलीन विधवा स्त्री खदेरूमल की गली में आकर बस गई थी या किसी ने जान-बूझकर उसे वहीं लाकर बसाया था, इसका ठीक पता नहीं। आजकल यह गली टकसाली की गली भी कहलाती है। इस घराने के चौखम्भा स्थित दीवानखाने वाले मकान के पास पश्चिम ओर सटा हुआ जो इसी वंश का दूसरा मकान है, उसके ठीक पीछे यह गली है। ये दोनों मकान ऊपर हर मंजिल में मिले हुए हैं, केवल सबके नीचे वाली मंजिल अलग है जिसमें से एक गली गई हुई है। खदेरूमल की गली इतनी सकरी है कि उसके दोनों ओर के मकान ऊपर से एक मालूम होते हैं और लड़के तक एक पर से दूसरे पर सुगमता से जाते-आते हैं। ऐसे स्थान में रहने के कारण भारतेन्दु जी की इस पर प्रायः नजर पड़ती रहती थी और जो अपने घर के सभी प्राणियों से अलग-सा था, उस पर ऐसी एकाकिनी पड़ोसिन का प्रभाव बढ़ता गया। वह अपने ही घर में एक प्रकार बिराने होकर रहते थे, इसलिए इनका मन घर पर नहीं लग रहा था। इनका वही हाल था जैसा किसी ने लिखा है कि "मरों को सारी दुनिया रोवे हम जीतों को रो बैठे। मरे से मुर्दा होते हैं हम जिन्दे मुर्दा हो बैठे।" बड़े घरों के बिगड़े दिल युवकों को ऐसी समय सहायता करने वाले बहुत होते हैं। इन्हें भी इनके घर पर आने-जाने वाले एक ऐसे ही महात्मा मिले, जिन्होंने इनकी उस पड़ोसिन से जान-पहिचान करा दी। वह इनकी आश्रिता हो गई। यह अत्यन्त नम्र, विनयशील तथा सुचरित्र थी पर भाग्य के दोष से वह उस अवस्था को पहुँच गई थी। यह शिक्षिता भी थी और भारतेन्दु जी के समागम से उसने हिन्दी भी अच्छी तरह सीख ली। बंगला में 'चन्द्रिका' उपनाम से बहुत से पद उसने बनाए हैं और हिन्दी में बंगला से तीन उपन्यासों का अनुवाद भी किया है। इनके नाम 'राधारानी', 'सौन्दर्यमयी' और 'चन्द्रप्रभा पूर्ण प्रकाश' है। राधारानी का समर्पण यों लिखा है—

> *हमारे आर्य सभ्य शिष्ट समाज की रीति अनुसार मेरे परिचय की सर्वसाधारण में योग्यता नहीं और न इस क्षुद्र ग्रन्थ का अनुवाद कोई ऐसा स्तुत्य कृत्य है, जिसके धन्यवाद संचय करने को मुझे प्रकट होना आवश्यक है। केवल इतना ही कहना बहुत होगा, 'शुकांगना यत्र गिरो गिरंति अवेहि तम्मंडनमिश्रगेह्म्।' जिस पूज्य प्राणप्रिय देवतुल्य स्वामी की आज्ञा से इसका अनुवाद मैंने अपनी अबल भाषा में किया है, उन्हीं के कोमल कर-कमलों में यह समर्पित भी है और उन्हीं की प्रसन्नता मात्र इसका फल है।"*

'प्रेम तरंग' में इसके चालीस से अधिक पद संगृहित है। इनमें से एक यहाँ दिया जाता है—

राखो हे प्रानेश ए प्रेम करिया जतन।
तोमाय करेछि समर्पन।
जत दिन रबे प्रान श्री चरने दिओ स्थान।
हरिश्चन्द्र प्रानधन एही अकिंचन।
'चन्द्रिका' हृदय-धन नाहिक तोमा विहन।
तब करे ते आपोन करेछि जीवन मन॥

पूर्वोद्धृत उद्धरण तथा पद दोनों ही से ज्ञात होता है कि यह कितनी नम्रताशील थी और भारतेन्दु जी पर उनका कितना प्रेम बढ़ गया था। इसी प्रकार भारतेन्दु जी का भी उस पर बहुत स्नेह था। उनका एक पत्र नीचे दिया जाता है, जिससे यह स्पष्ट हो जाएगा।

विदेश से हम लौट कर न आवें तो इस बात का जो हम यहाँ लिखते हैं, ध्यान रखना। ध्यान क्या, अपने पर फर्ज समझना। किन्तु हम जल्दी जीते-जागते फिरेंगे। कोई चिंता नहीं है। सिर्फ संयोग के वश होकर लिखा है। यदि ऐसा हो तो दो चार बातों का अवश्य ध्यान रखना। यह तुम जानते हो कि तुम्हारी भाभी की हमको कुछ चिंता नहीं, क्योंकि तुम्हारे ऐसा देवर जिनका वर्तमान है, उसको और क्या चाहिए। दो बात की हमको चिंता है। प्रथम कर्ज, दूसरी मल्लिका की रक्षा। थोड़ी-सी डिगरी जो बच गई है, उसको चुका देना और जीवन भर दीनहीन मल्लिका की, जिनको हमने धर्मपूर्वक अपनाया है, रक्षा करना। कृष्ण को ऊँची शिक्षा संस्कृत, अंग्रेजी और बंगला की हो। जो ग्रन्थ हमारे या बाबू जी के बे-छपे रह जायँ, वे छपें। इस पत्र को हमने कलेजा फाड़ कर चार दिन में अर्थात् अछनेरा से शुरू करके भिलाड़े में खतम किया है। इस पर हँसना, मत दुखी होना, क्योंकि अभी तो अणुमात्र भी मरने की संभावना नहीं है। शारीरिक कुशल है, तनिक भी चिंता न करना।

भारतेन्दु जी को स्वयं अर्थ-संकोच रहता था, इसलिए इसके काल-यापन के लिए इन्होंने अपनी प्रकाशित पुस्तकों का कुछ स्टॉक इसे दे दिया था, जिसकी बिक्री से इसका काम चलता था। चौक की सिख संगत के सामने के एक मकान में इसका स्टॉक रहता था और इस कार्यालय का नाम 'मल्लिका चन्द्र एंड कम्पनी' रखा गया था। भारतेन्दु जी की मृत्यु के बहुत दिनों बाद तक यह कार्यालय रहा। बाबू गोकुलचन्द्र जी भी अपने जीवन भर इसकी सहायता करते रहे।

(साभार : ब्रजरत्न दास (1976) : भारतेन्दु हरिश्चन्द्र, हिन्दुस्तानी एकेडेमी, इलाहाबाद, तृतीय संस्करण, पृ. 125-130)

भारतेन्दु के कुछ विलक्षण छाया चित्र

राय आनन्दकृष्ण

भारतेन्दु के जीवन की विविधताओं के बीच फोटोग्राफी भी थी। सम्भवत: वे स्वयं फोटोग्राफी किया करते। एक बार मुझे किसी अखबार में उनका विज्ञापन देखने को मिला था जिसमें इसकी आपूर्ति का उल्लेख था। यहाँ जोड़ता हूँ कि भारतेन्दु ने बार-बार यह संदेश दिया है कि मैं एक कुशल ब्यापारी और प्रबन्धकर्ता हो सकता हूँ। परिणाम की हम कल्पना कर ही सकते हैं : अधिकांश उपहार में बँट गया।[1]

विज्ञापन के अनुसार इन फोटोग्राफों की कीमत चार आने (आधुनिक 25 पैसे) की दर से थी। एक अन्य विज्ञापन में सूचना थी कि काशी की गायिकाओं-नर्तकियों के चित्र भी इसी दर पर उपलब्ध थे।[2]

इस शृंखला का एक छायाचित्र 'भारत कला भवन' संग्रह में है। इसके पीछे, सम्भवत: बाबू पुरुषोत्तम दास जी[3] की लिखावट में 'गफूरन' लिखा है। अत: इसकी पहचान का काम सरल हो गया। इधर कुछ लेखकों ने इन्हें भारतेन्दु का विशेष कृपापात्र बताया है, इसकी मुझे सूचना नहीं है। भारतेन्दु ने अपने प्रहसन 'अंधेर नगरी' में चूरन वाले के मुख से कहलाया है :

---

1. मेरे पिताजी (स्व. रायकृष्ण दास जी) को परम्परा से ज्ञात था कि एक बार भारतेन्दु ने अपने दीवानखाने (के हाल) में कीमती विलायती वस्तुओं की प्रदर्शनी लगाई थी, विक्रयार्थ। उदाहरण के लिए चीनी मिट्टी के सजावटी सामान, घड़ियाँ, विभिन्न प्रकार के सजावटी लैम्प इत्यादि। एक दिन उन्होंने पाया कि विजयानगरम् के राजा साहब (वे प्राय: काशी में रहते, अब उनके छोटे भाई के वंशज, सुप्रसिद्ध विजयानगरम् पैलेस आदि के स्वामी हैं) चले आ रहे हैं। वे कहीं आगे जाने वाले थे। भारतेन्दु झपटकर उतरे, गली में उनसे मिले, आग्रह कर उन्हें ऊपर लिवा लाए, उक्त प्रदर्शनी का अवलोकन कराया। राजा साहब ने कुछ के बारे में जिज्ञासा की। जब राजा साहब लौटे तो पाया कि उनकी घोड़ा गाड़ी पर कुछ बड़े-बड़े पैकेट रखे हैं। पूछने पर ज्ञात हुआ कि ये भारतेन्दु की ओर से प्रेमोपहार हैं। ये वे ही वस्तुएँ थीं। इस प्रकार भारतेन्दु का 'व्यापार' चला करता था, 2. इस वर्ग के फोटोग्राफ राजस्थान के केन्द्रों से भी बने, कुछ संगृहीत हैं। भारतेन्दु के तत्कालीन काशी नरेश महाराज ईश्वरी नारायण सिंह जी ने इन वेश्याओं के चित्र कम्पनी-शैली के अपने मुसव्वरों से बनवाए थे, अब उनका अता-पता नहीं, 3. ये भारतेन्दु के दूर के सम्बन्धी थे, प्राय: पन्द्रह वर्ष कनिष्ठ पर अत्यन्त कृपा पात्र, भारतेन्दु के संस्मरणों की खान।

"चूरन खायँ गफूरन मुन्ना।
इनकी बात कभी नहीं सुनना॥"

पर यह तो प्रसहन के तरंग में आई हुई उक्ति मात्र जान पड़ती है।

एक चित्र[4] में उनकी प्रिय वेश्या सजधज कर उपस्थित है, दूर पृष्ठभूमि में स्वयं भारतेन्दु भी खड़े हैं। दूरी के कारण उनकी आकृति धुँधली (आउट ऑफ फोकस) है। उस युग में अपनी आकृति को इस रूप में छायांकित कराना, कल्पना से भी परे है आज की आधुनिक फोटोग्राफी में ऐसे प्रयोग मिलते हैं। इसकी व्याख्या करते हुए कहा जा सकता है कि मानो उक्त वेश्या-प्रेमिका के धुँधले स्मृति-जगत वाले भारतेन्दु की यह आकृति है। यह माधवी का चित्र माना जाता है। वह कटि विन्यास मुद्रा में खड़ी है जो मुजरे में खड़ी होने की प्रचलित मुद्रा है। स्वयं भारतेन्दु की यह कल्पना हो तो आश्चर्य नहीं।

वह कीमती वस्त्राभूषणों से आच्छादित है, चूड़ीदार पैजामा आदि उसकी मुस्लिम परम्परा का परिचायक है। माधवी के विषय में हमें कुछ और सूचनाएँ प्राप्त हैं। इनका मूल धर्म इस्लाम था और नाम अलीजान था। भारतेन्दु ने इसे अपने 'तदीय समाज' में दीक्षित किया और 'माधवी' नामकरण किया फिर सुड़िया मुहल्ले में किराए के एक मकान पर इन्हें रखा। ऐसे पात्रों के प्रति भारतेन्दु का दृष्टिकोण, उन्हीं के शब्दों में, "इन मुसलमाना हरिजन पै सौ सौ हिंदू वारिए।" सर्वोपरि इसके द्वारा माधवी के प्रति इनका एकान्तिक समर्पण व्यक्त होता है। माधवी भारतेन्दु के तदीय समाज की सदस्या होकर कृष्ण भक्त हो गई। भारतेन्दु ने उन्हें हाथी-दाँत के राधा-कृष्ण की आकृति, नित्य पूजा के लिए दी। अन्तरंग मंडली ने इसका कारण पूछा तो उन्होंने कहा, "इन लोगों में अस्थि-पूजा की परम्परा है, इस कारण इस्लाम के अन्तर्गत मजारों, कब्रों के प्रति सम्मान और भक्ति है, उसी को लक्षकर यह उक्ति है। हाथी-दाँत एक प्रकार से अस्थि ही है।"[5] फिर भी ध्यान देने योग्य है कि समाज के चौखटों के भीतर उन्होंने, उसे उसी क्षेत्र में स्थान दिया, जिसकी वह अधिकारिणी थी। ठेठ 'पक्के महाल' में इसे स्थान देने का कोई औचित्य न होता।[6]

---

4. भारतेन्दु ने अपने फोटोग्राफ भिन्न-भिन्न सज-धज के साथ तैयार कराए थे, उनमें से कुछ आज भी उपलब्ध हैं। इनमें से एक में वे पूर्ण दिगम्बर रूप में खड़े हैं। प्राय: चालीस-पचास वर्ष पूर्व एक संग्रहकर्ता के पास मैंने इस चित्र को देखा था, 5. मेरी बाल्यावस्था में यह परम्परा प्रचलित थी। मैंने स्वयं इसे पू. पुरुषोत्तम दास से सुना। इसके बाद वे हँसी की ठुनकी लगा देते, 6. सम्भव है कि माधवी के उक्त इस्लामी नाम की मौखिक या लिखित परंपरा रही हो, पर मुझे इसका स्रोत अग्रवाल जाति के एक आपसी मुकदमे की कार्यवाही में मिला। वहाँ एक गवाह ने बताया कि बा. हरीचन्द्र की एक वेश्या (प्रेमिका) अलीजान थी, इसका 'कोठा' छत्ता तले था। यह चौक कोतवाली के प्राय: पीछे स्थित है। स्वतंत्रता पूर्व यहाँ वेश्याओं के 'कोठे' थे। भारतेन्दु ने उससे ही थोड़ा हटकर माधवी को बसाया।

भारतेन्दु ने अपने प्रिय सखा मिर्जापुर के प्रेमघन जी को एक पत्र भेजा।[7] यह माधवी के लिए एक मकान खरीदने से सन्दर्भित है। माधवी के यहाँ गोवर्धनदास रोड़ा का भी आना जाना था, बाद में दोनों में मतभेद हो गया, ऐसा उक्त पत्र में आया है। यही गोवर्धनदास थे जिन्हें भारतेन्दु ने खरदूखनदास कह डाला था और वही नाम प्रचलित हो गया कि लोग उनका वास्तविक नाम भूल से गए। माधवी के मकान की जिस दिन रजिस्ट्री होने वाली थी उस दिन गोवर्धनदास किसी गट्टू मिश्र को सहेज कर विंध्याचल चल दिए। पर इस बीच गट्टू मिश्र ने साफ पल्ला झाड़ लिया।

भारतेन्दु इस पत्र में कहते हैं कि माधवी की तेईस सौ रुपये की हुंडी (मिलाइए आजकल का डिमांड ड्राफ्ट) थी, जिसे भुनाकर मकान खरीदा जाने वाला था; पर जिस दिन रजिस्ट्री होने वाली थी उसी दिन गोवर्धनदास खिसक गए कि रजिस्ट्री में बाधा पड़े। भारतेन्दु ने एक सौ रुपया बयाने के लिए माँगा तो गोवर्धनदास ने गट्टू मिश्र के नाम एक पुर्जा (चिट) लिख दिया पर गट्टू मिश्र मुकर गए।[8]

भारतेन्दु स्वयं लिखते हैं कि इसके लिए वे गोवर्धनदास का पीछा करते स्टेशन तक गए, वहीं उन्होंने उक्त पुर्जा प्राप्त किया। ध्यान देने योग्य है कि उस समय तक काशी तक रेल नहीं चली थी, अतः उन्हें मुगलसराय रेलवे स्टेशन तक जाना पड़ा होगा। अन्ततः भारतेन्दु ने प्रेमघन जी को गोवर्धनदास को बुलवाकर अथवा स्वयं उनसे मिलकर हुंडी या रुपये प्राप्त करने का आग्रह किया है। प्रेमघन जी को वे यह भी बताते हैं कि गोवर्धनदास को इस पत्र का हाल न जान पड़े। इस कारण उन्होंने प्रेमघन जी को एक तार भी भेजा कि उसी के आधार पर प्रेमघन जी कारवाई करें।

यह मकान सुड़िया मुहल्ले में था, वहीं ठाकुर जी स्थापित किए गए थे, भारतेन्दु धार्मिक उत्सव मनाते। भारतेन्दु जी के वंशज प्रो. प्रमोदचन्द्र से ज्ञात हुआ कि यह मकान सुड़िया मुहल्ले पर बुलानाले स्थित उनके परम्परागत अस्तबल के पीछे था। उन्होंने इसका खंडहर देखा था। तब तक परम्परा से ज्ञात था कि इसमें माधवी रहती थी। बा. ब्रजरत्न दास का अनुमान है कि भारतेन्दु और माधवी के बीच यह सम्बन्ध प्रायः 1874 में हुआ होगा। 1881 ई. में उन्होंने अजीज अज जानेमन (मेरी जान से भी अधिक प्रिय) बच्चा बहादुर से (उर्दू शायरी में पूछा[9] क्या माधवी से कोई

7. ज्ञानचन्द्र जैन, भारतेन्दु हरिश्चन्द्र एक व्यक्तित्व चित्र, पृ. 26-27, 8. भारतेन्दु व्यावहारिक जीवन से पूरे के पूरे विलग न थे, यह पत्र उसका प्रमाण है। साहूकारी लेन-देन की बारीक बातें इससे प्रगट होती हैं। गोवर्धनदास पर अमानत में खयानत का मुकदमा चलाना चाहते थे और ऐसा बानक बना रहे थे कि प्रेमघन जी उसमें गवाह के रूप में उपस्थित हो सकें, 9. ज्ञानचन्द्र जैन, उपर्युक्त, पृ. 29, यही उक्त 1881 ई. के पक्ष में उनका तर्क है कि इसमें 'नील देवी' की प्रति माँगी है जो 1881 में छप चुकी थी।

सन्देश आया? जान पड़ता है भारतेन्दु यात्रा में थे। अतः माधवी का शुद्धीकरण उसके पहले हो चुका था।

भारत कला भवन संग्रह में एक अन्य फोटोग्राफ है उसमें भारतेन्दु कुर्सी पर बैठे हैं और माधवी बगल में खड़ी है। यह उसके पूर्व जीवन का चित्र होना चाहिए क्योंकि वह पेशवाज, दुपट्टा और चूड़ीदार पैजामा पहने हैं, पैर में घूँघरू भी है। भारतेन्दु ने ही उसे इस जीवन से मुक्ति दिलाई।

श्री ज्ञानचन्द्र ने लिखा है कि वह जन्मना हिन्दू थी, भुलावे में आकर वेश्या और मुसलमान बन गई। भारतेन्दु ने पुनः उसकी 'शुद्धि' की। उसकी हिन्दू पृष्ठभूमि सम्बन्धी कोई अन्य प्रमाण सामने नहीं आया।

यहाँ भारतेन्दु के वेश्या-प्रेम को लेकर भी कुछ जोड़ना अपेक्षित है। जिस समाज की हम बात कर रहे हैं, विशेष रूप से जिन अभिजात्य अथवा धनाढ्य समाज के सन्दर्भ में हम बात कर रहे हैं, उस जीवन-पद्धति में यह कोई अनोखी बात न थी।[10] पर उसे वैष्णव बनाने की प्रक्रिया में उनका विरोध अवश्य हुआ होगा और समाज में उसकी स्वीकृति भी न हुई होगी।[11] मुस्लिम वेश्याओं से सम्बन्ध रखने वालों की काशी में कमी न रही होगी, उनमें कितने ही धर्मध्वज भी रहे होंगे। केवल शर्त यही थी कि खान-पान में शिथिलता न हो।

एक अत्यन्त भावुक दृश्य है। प्रकारान्तर से इसकी पहचान की गई (देखिए नीचे)। इस चित्र का भी नाटकीय परिवेश है और निश्चय ही इसकी संयोजना भारतेन्दु की ही होनी चाहिए। फूल सी कोमल एक नवयौवना कुर्सी पर बैठी है, उसके छितराए हुए बाल लहरा रहे हैं। वह अपने अर्धनिमीलित कमल-नयनों से प्रेम-सिक्त दृष्टि सहित, मुड़कर अपने प्रेमी की ओर देख रही है। यह प्रेमी और कोई नहीं, उसके चरणों के पार्श्व में बैठे, मनुहार की मुद्रा में स्वयं भारतेन्दु हैं और यह सुन्दरी स्वयं मल्लिका होनी चाहिए।

मल्लिका के विषय में बहुत कुछ लिखा जा चुका है। वे बंगाली बाल-विधवा कही जाती हैं।[12] उनकी लिखावट एवं गद्य से भी यह प्रकट है, साथ में बंगला भाषा में उनकी कुछ कृतियाँ भी प्रकाशित हैं। पिछली शती के पहले चरण तक काशी

---

10. ऐसे प्रत्येक वेश्या प्रतिपालक के साथ समाज में एक उपाधि जुड़ जाती '... वाले'। यथा भारतेन्दु के सन्दर्भ में लोग उन्हें बा. हरचन्द 'माधवी वाले' द्वारा संकेतिक करते रहे हों तो आश्चर्य नहीं, 11. यद्यपि तत्कालीन अभिजात्य समाज को इस प्रेम-सम्बन्ध में कोई आपत्ति न रही होगी पर बहुत बड़ा शुभचिंतक वर्ग भारतेन्दु द्वारा अपनी कुल-लक्ष्मी के नाश से अत्यन्त चिन्तित रहा होगा। पू. डा. भगवान दास जी से सुना था कि अपने बड़ों के साथ जब वे भारतेन्दु की ड्योढ़ी से निकलते तो, इन बालकों से भारतेन्दु को लक्ष्य कर कहते कि ये अच्छे आदमी नहीं हैं, इनसे दूर रहना।" मेरे प्रपितामह पू. राय नरसिंहदास जी ने अन्ततः इस पर लगाम लगाई। अकेले उन्हीं से भारतेन्दु दबते थे, 12. बा. पुरुषोत्तम दास से ज्ञात।

इस श्रेणी की विधवाओं का प्रमुख केन्द्र था। नेपाल से, महाराष्ट्र से, बंगाल और मिथिला से अनेकानेक विधवाएँ लाकर यहाँ छोड़ दी जाती थीं। इस श्रेणी के बिरले ही लोग थे, जैसे भारतेन्दु, जो आजन्म ऐसे सम्बन्धों का निर्वाह करते। मल्लिका भारतेन्दु को पूर्ण समर्पित थीं, इसी प्रकार भारतेन्दु उनके प्रति। कहा जाता है कि भारतेन्दु ने अपनी कोठी के पश्चिमी छोर से लगा हुआ एक मकान किराए पर ले रखा था जिससे मल्लिका के रहने-खाने का पूरा सुपास था, अपनी विस्तृत हवेली से दीवार तोड़कर एक रास्ता भी बनवा दिया था।[13]

भारतेन्दु ने मल्लिका को अपनी अर्धांगिनी के रूप में स्वीकार कर लिया था। वे लिखते हैं कि जो बायाँ हाथ लिखे[14] उसे दाहिने-हाथ का लिखा जानना चाहिए। मल्लिका का बंगला लेखन सुस्पष्ट रहा हो तो आश्चर्य नहीं। उनकी साहित्यिक प्रतिभा का हम मूल्यांकन नहीं कर सकते। परन्तु उनके हिन्दी प्रकाशनों को भारतेन्दु द्वारा खरीदा हुआ ही मानेंगे। सौभाग्यवश भारत कला भवन संग्रह में उनके एकाधिक पोस्टकार्ड सुरक्षित हैं। ये उन्होंने पू. राधाकृष्ण दास जी को सम्बोधित किए हैं। इन पोस्टकार्डों में मुख्यत: भारतेन्दु के प्रकाशनों की चर्चा है, बिक्री के हिसाब-किताब सम्बन्धी उल्लेख हैं। इनसे हम मल्लिका की लिखावट मात्र से परिचित हो जाते हैं, भाषा सम्बन्धी कमियों से भी।

भारतेन्दु को मल्लिका के भावी जीवन के प्रति भारी चिन्ता थी तो आश्चर्य क्या! लक्ष्मण के समान अपने अनुज से वे कह गए थे, "मल्लिका का ख्याल रखना।" उनके अनुज बा. गोकुलचन्द्र ने इसका पूरा निर्वाह किया।[15]

यह भी विलक्षण चित्र है। इसमें दो 'महिलाएँ' एक समान साड़ी पहने और प्राय: मुँह ढँककर साथ-साथ बैठी हैं। ध्यान से देखने से एक 'भौंहन हँसे' वाली मुद्रा में है। चाल ढाल से, साड़ी के प्रकार और उसके पहनने की शैली से वे बंगाली भद्र महिलाएँ जान पड़ती हैं।

अन्त में ललाट की आकृति और केश के कुछ खुले अंश से ज्ञात हुआ कि ये स्वयं भारतेन्दु हैं और उनके पार्श्व में बैठी हुई आकृति मल्लिका है। ऐसा चित्र भारतेन्दु जैसे 'विचित्र-चित्त'[16] ही तैयार करा सकते थे।

कला भवन को ये चित्र श्री उग्रसेन साह की उदारता से प्राप्त हुए। गफूरन का चित्र मेरे पिताजी के संग्रह में था। कौन बता सकता है कि भारतेन्दु के विचित्र चित्त से इस श्रेणी के कितने और चित्र रहे होंगे। इतिहास बड़ा निर्मम होता है, उसके प्रवाह में कौन किधर गया कौन बचा, कहा नहीं जा सकता।

---

13. बा. पुरुषोत्तमदास जी से ज्ञात, 14. आशय वाम भाग स्थिता से है, 15. बा. पुरुषोत्तम दास जी से ज्ञात। स्वयं भारतेन्दु की पत्नी उनकी मृत्यु के कोई चालीस-बयालीस वर्ष के बाद भी वर्तमान थीं। भारतेन्दु के अन्तरंग संस्मरणों की खान थी, 16. यह पल्लव सम्राट महेन्द्र वर्मन प्रथम का एक विरूद था।

पर इतिहास के कालचक्र ने उपर्युक्त चित्र बचा रखे, इस हेतु हम उस काल देवता के ऋणी हैं।[17]

(रायकृष्ण दास इंटैक वाराणसी न्यास द्वारा 'भारतेन्दु उत्सव 2005' के अवसर पर दिनांक 16 फरवरी, 2005 को प्रकाशित पुस्तिका 'नेह के दीवाने' में संकलित निबन्ध। आभार : राय कल्याण कृष्ण)

●●●

17. लेखक को इसके अतिरिक्त कुछ अन्य चित्र भी उपलब्ध थे। पर यहाँ कुछ विशिष्ट चित्रों को लेकर इस अवसर पर वह उपस्थित हुआ है।

चित्र और हस्तलिपि

नागरी प्रचारिणी सभा की पत्रिका में
मल्लिका के उपन्यासों के साथ प्रकाशित उनका चित्र

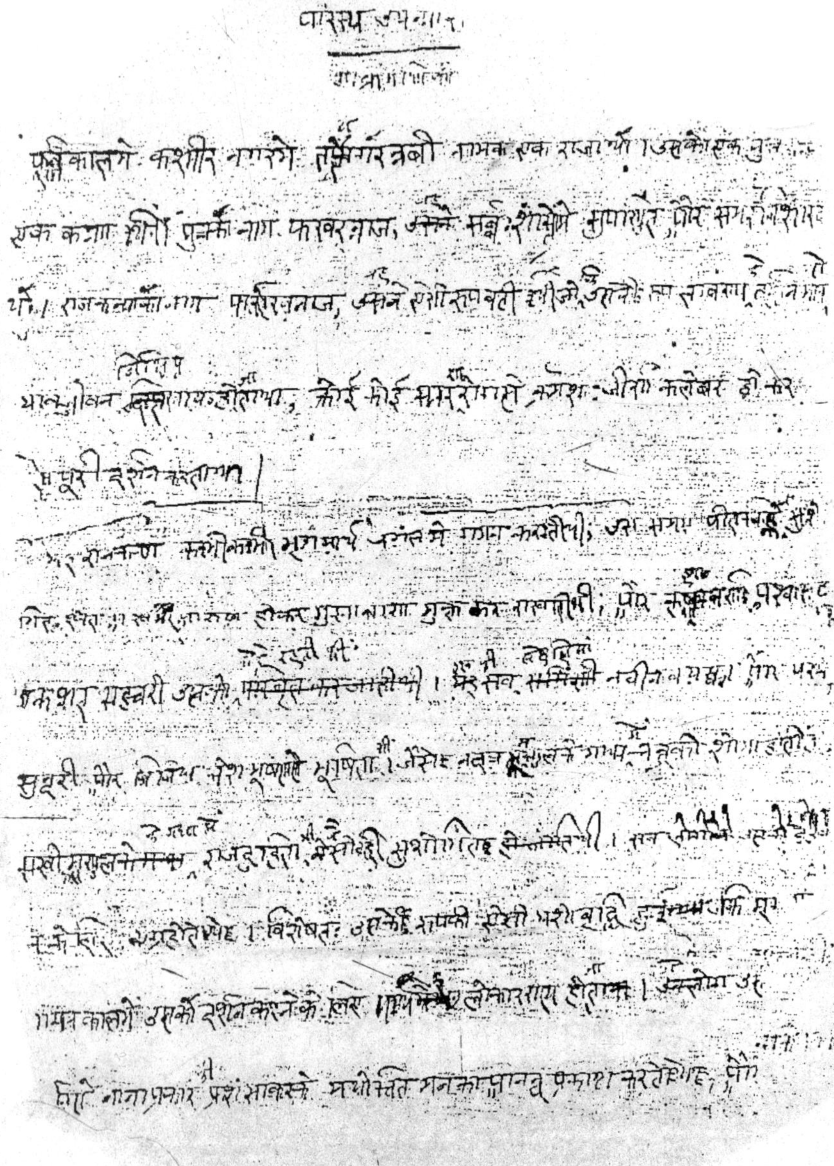

मल्लिका की हस्तलिपि (गिरीशचन्द्र चौधरी से प्राप्त)

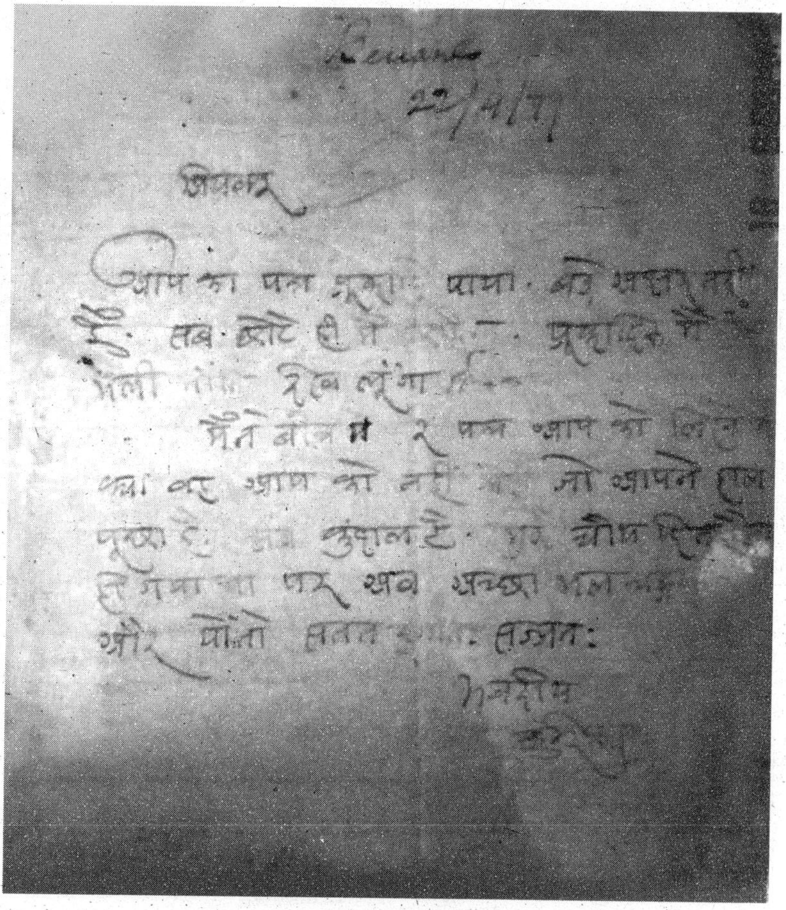

मल्लिका की हस्तलिपि (राय कल्याणकृष्ण से प्राप्त)

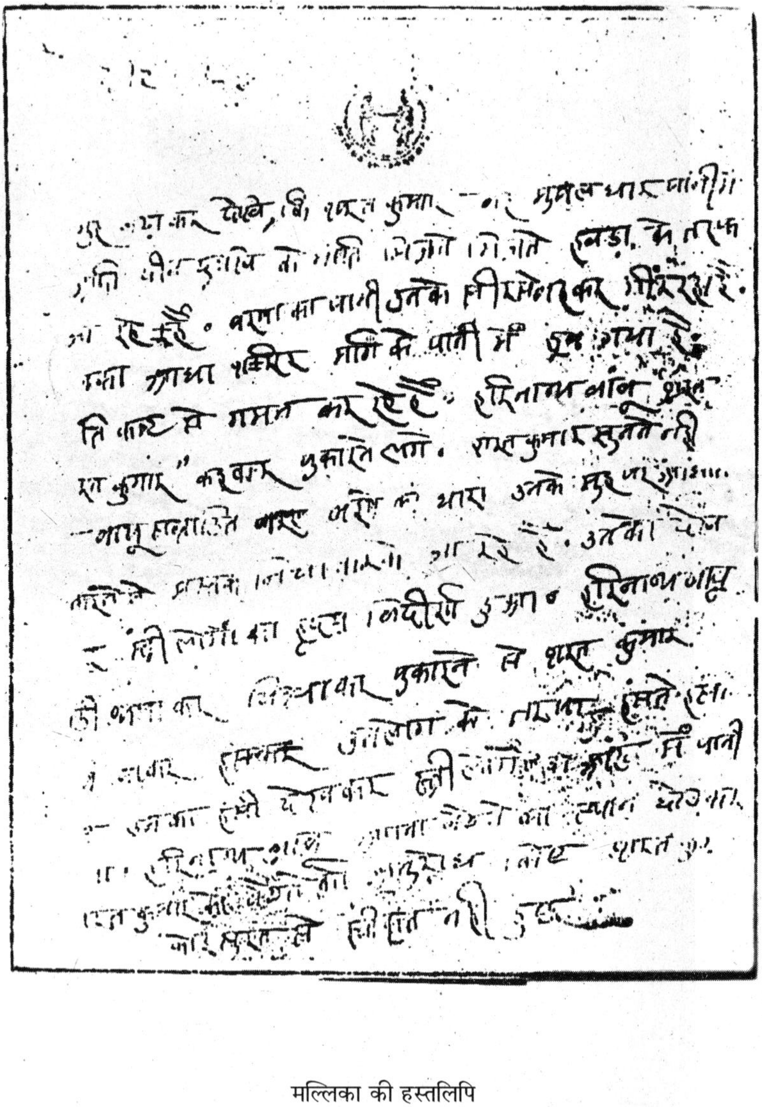

मल्लिका की हस्तलिपि

भारतेन्दु हरिश्चन्द्र एवं मल्लिका (भारत कला भवन, बी.एच.यू. में उपलब्ध चित्र)

भारतेन्दु हरिश्चन्द्र (राय कल्याणकृष्ण से प्राप्त चित्र)

भारतेन्दु हरिश्चन्द्र (राय कल्याणकृष्ण से प्राप्त चित्र)

भारतेंदु जी और माधवी (शुद्धि के पहले १८७६ ई.)
(● भारत कला भवन, बनारस के सौजन्य से)

17 अक्टूबर, 1976 को 'धर्मयुग' में प्रकाशित रायकृष्ण दास के लेख 'नेह के दिवाने' के साथ प्रकाशित चित्र (भारतेन्दु और माधवी)

माधवी शुद्धि के बाद (17 अक्टूबर, 1976 को 'धर्मयुग' में प्रकाशित चित्र)

भारतेन्दु हरिश्चन्द्र, सबसे बाएँ (राय कल्याणकृष्ण से प्राप्त चित्र)